ITALIEN
im 1. Jh. n. Chr.
km 100 200
Maßstab 1:5 540 000
GERMANIA
Danuvius
Augusta Vindelicum
Rhenus
Augusta Rauricorum
Lacus Venetus
Raetia
Noricum
Aenus
Anisus
Isonta
ALPES MONTES
ILLYRICUM
Lacus Lemanus
Rhodanus
Ticinus
Lacus Verbanus
Lacus Larius
Gallia Transpadana
Comum
Mediolanum
Vercellae
Ticinus
Tridentum
Atesis
Venetia
Via Postumia
Aquileia
Dalmatia
Lacus Benacus
Verona
Patavium
Mantua
Cremona
Placentia
Padus
Tanarus
Atria
Pola
Liguria
Parma
Mutina
Bononia
Aemilia
Genua
Via Aurelia
Via Aemilia
Ravenna
Rubico
Ariminum
Lucca
Florentia
Pisae
Arnus
Metaurus
Ancona
Etruria
Arretium
Umbria
Via Flaminia
Picenum
Lacus Trasimenus
Perusia
Clusium
Volsinii
Lacus Volsiniensis
Tiberis
Asculum
Hadria
Reate
Aternus
Tarquinii
Caere
Roma
Ostia
Praeneste
Anio
Corfinium
Lacus Fucinus
Sulmo
Samnium
Arpinum
Antium
Latium
Campania
Tarracina
Formiae
Capua
Vesuvius
Neapolis
Pompei
Beneventum
Aufidus
Luceria
Apulia
Cannae
Via Traiana
Venusia
Via Appia
Brundisium
Casuentus
Tarentum
Calabria
Poseidonia (Paestum)
Lucania
Heraclea
Via Popilia
Sybaris
Croton
Bruttium
Locri
Rhegium
Liparaeae Insulae
Messana
Panormus
Drepanum
Segesta
Via Valeria
Aetna
Lilybaeum
Sicilia
Himeras
Selinus
Agrigentum
Syracusae
MARE LIGUSTICUM
MARE TYRRHENUM
MARE ADRIATICUM
MARE IONIUM
MARE AFRICUM
Corsica
Aleria
Sardinia
Olbia
Sulci
Carales
Spalatum
Salonae
Utica
Carthago
Tunes
Bagradas
AFRICA
Zama
Ostia
Lavinium
Latium
Alba Longa
Via Appia
Volturnus
Capua
Beneventum
Clanius
Via Appia
Campania
Nola
Neapolis
Vesuvius
Cumae
Herculaneum
Misenum
Golf von Neapel
Pompei
Via Popilia
Stabiae
km 30

Campus

Gesamtkurs Latein. Ausgabe C

Herausgegeben von Clement Utz (Regensburg), Andrea Kammerer (Neutraubling), Reinhard Heydenreich (Fürth) und Christian Zitzl (Freyung).

Erarbeitet von Dr. Johanna Butz (Weiden), Dr. Wolfgang Freytag (München), Johannes Fuchs (Passau), Dr. Gerhard Hertel (Bamberg), Reinhard Heydenreich (Fürth), Ulf Jesper (Kiel), Andrea Kammerer (Neutraubling), Elisabeth Kattler (Würzburg), Birgit Korda (Freising), Christl Lobe (Bayreuth), Dr. Michael Lobe (Nürnberg), Diana Lohmer-Lößl (Cham), Dr. Stefan Müller (Hagen), Dr. Wilhelm Pfaffel (Regensburg), Andreas Rohbogner (Altötting), Sabine Rumpler (Straubing), Dr. Anne Uhl (Buxtehude), Clement Utz (Regensburg) und Christian Zitzl (Freyung).

Band 3 wurde bearbeitet von Reinhard Heydenreich, Ulf Jesper, Andrea Kammerer, Dr. Michael Lobe, Diana Lohmer-Lößl, Dr. Stefan Müller, Dr. Wilhelm Pfaffel, Clement Utz und Christian Zitzl.

Bamberger Wortschatz

1. Aufl. 1 [6 5 4 3 2 1] 2012 11 10
Die letzte Zahl bedeutet das Jahr dieses Drucks.
Alle Drucke dieser Auflage sind, weil unverändert, nebeneinander benutzbar.

www.ccbuchner.de

Lektorat: Bernd Weber
Illustrationen und Karten: tiff.any GmbH / Heimo Brandt, Berlin
Gestaltung und Satz: creo Druck & Medienservice GmbH, Bamberg / Ines Müller, Bamberg
Druck und Bindung: creo Druck & Medienservice GmbH, Bamberg

ISBN 978-3-7661-**7853**-4

Hinweise zur Konzeption und zur Arbeit mit *Campus*

Das Lehrwerk *Campus* bietet einen systematischen und altersgerechten Lateinkurs für den Sprachunterricht. Die **Grammatikstoffe** werden kleinschrittig und behutsam vorgestellt, intensiv eingeübt und in ansprechenden Texten repräsentiert. Das **Vokabular** basiert auf den statistischen Untersuchungen des Bamberger Wortschatzes und bezieht darüber hinaus den sog. Kulturwortschatz ein.

Jeder Jahrgangsband ist in zwei Teile gegliedert: Teil 1 umfasst die Lektionen mit Texten und Übungen, Teil 2 Wortschatz und Grammatik. Das Buch für das dritte Lernjahr bietet fünf Themenkreise und sieben Lektionen für die Übergangslektüre. Jeder Themenkreis wird durch eine Doppelseite mit den nötigen Basisinformationen eingeleitet. Diese enthält – in den weiß unterlegten Flächen – das **kulturkundliche Grundwissen**, das mit dem Schriftzug *fundamentum* gekennzeichnet ist.

Jede **Lektion** umfasst eine Doppelseite, die den Stoff übersichtlich vorstellt; diese hat regelmäßig folgendes Aufbauschema (vgl. S. 4 f.):

- Linke Seite (enthält keinen neuen Wortschatz, allenfalls einige Vokabeln, die den neuen Grammatikstoff repräsentieren):

E Lateinischer Text zur Einführung des Grammatikstoffs
Ü Aufgaben zur (ersten) Übung des Grammatikstoffs
I Sachinformation zum kulturellen Hintergrund der Lektion

- Rechte Seite (enthält den gesamten neuen Wortschatz):

T Lektionstext mit dem aktuellen Grammatikstoff und allen neuen Vokabeln
V Aufgaben zur inhaltlichen und sprachlichen Vertiefung

Für die Behandlung einer Lektion bieten sich – vereinfacht dargestellt – **zwei methodische Verfahren** an:

von links nach rechts: ▮ Behandlung des Grammatikstoffs und ggf. seiner Repräsentanten im Vokabular (E) ▮ Einübung des Grammatikstoffs (Auswahl aus Ü) ▮ Übersetzung und Erschließung des Lektionstextes, Erarbeitung des (restlichen) Lektionswortschatzes (T, V a) ▮ Sprachliche Vertiefung (Auswahl aus V)

von rechts nach links: ▮ Behandlung des Lektionstextes (T, V a) ▮ dabei: Erarbeitung des Grammatikstoffs und des Vokabulars (T) ▮ Einübung des Grammatikstoffs (Auswahl aus Ü, E) ▮ Sprachliche Vertiefung (Auswahl aus V)

Die Behandlung der Lektionstexte ist verbindlich; die anderen Bestandteile der Doppelseiten sind ein **Angebot**, aus dem die Lehrkraft gezielt auswählen muss.

Weiteres **fakultatives Zusatzmaterial** – beispielsweise für Intensivierungsstunden – bieten die acht *plus*-Lektionen, die den Stoff der jeweils vorangegangenen Kapitel umwälzen und vertiefen.

Bei der **Zeitplanung** sollte man – ohne Übergangslektüre – Folgendes berücksichtigen:

- Für eine Lektion können (bei vier Stunden pro Woche) drei bis 3,5 Unterrichtsstunden veranschlagt werden, wenn man auf die *plus*-Lektionen verzichtet.
- Wenn man alle *plus*-Lektionen in den Unterricht integrieren möchte, sind pro Lektion gut 2,5 Unterrichtsstunden anzusetzen.

Die Lektion – Auf einen Blick

Linke Seite

keine neuen Vokabeln
Ausnahme: beispielhafte Repräsentanten des neuen Grammatikstoffs

Einfacher Text:
Einführung bzw. Systematisierung des neuen **Grammatikstoffs**

Illustration
motivierender Einstieg in **E**

8

E

1. Dominus servam monere debet. Serva cibos parare debet.
2. Serva semper cibos domini parat.
3. Dominus vocat: „Para cibos, Homilia! Parate cibos, servi!“
4. Syrus: „Statim cibos paro.“
5. Syrus et serva cibos parant.
6. Cornelia intrat et rogat:
7. „Cur cibos paras, Homilia? Cui cibos paratis, servi?“
8. Homilia et servus: „Domino cibos paramus.“

Übungen
kleinschrittige Festigung der Grammatik, steigernde Anordnung, von der Einzelform zum Kontext

Kleiner Text, als **Hausaufgabe** geeignet (hier **Ü** f)

Ü

a) Ordne jedem Wortstamm eine Endung zu. Übersetze die gebildeten Verbformen:

-o debe- -te -t -mus
-o intra- -nt dele-
gaude- -tis -s pare- tace-
roga- -re terre- mone-

b) Konjugiere:
1. rogare et gaudere 2. intrare et videre
3. vocare et tacere 4. parare et parere

c) Irrläufer. Eine Verbform hat sich verirrt und gehört nicht in die Reihe. Begründe:
1. intramus - paremus - rogamus - vocamus
2. dolent - rogant - terrent - parant - monet
3. gaudes - taces - vides - pares - paras
4. paro - pareo - gaudes - terreo - taceo

d) Cornelia und Julia spielen. Sie springen imme vom Singular in den Plural und umgekehrt:
intro, rogat, mones, parant, timemus, vocas rogamus, vocant, paratis, paretis, dolent

e) Regentropfen haben die Endungen unleserlic gemacht. Ergänze sie und übersetze:
Servi cibos para__. Syrus puellas statim voca_. Iulia intra_: „Cur voca_, Syre? Et cur cibos para___, servi?“ Statim Syrus „Domino cibum para__ debemus. Itaque cibos para___. Domino et amicis placet cibos habere.“ Iulia: „Para__ cibos, servi!“

f) 1. Quis ibi vocat? Iulia vocat. 2. Avus et Cornelia rident et gaudent. Nam amica puellae villam domini intrat. 3. Dominus servas vocat. Servae domino parent et statim cibos parant.

Sachinformation
Vorbereitung auf **T**

I

Das Abendessen
Ganz Rom freute sich auf die wichtigste Mahlzeit des Tages, die cena. Da man Heizmaterial und Beleuchtung sparen musste, fand die cena normalerweise am späteren Nachmittag bis zum Einbruch der Dunkelheit statt. Bis zur cena blieb bei den meisten Römern die Küche kalt. Die cena war Mittelpunkt des Familienlebens und bestand aus mindestens drei Gängen: Vor-, Haupt- und Nachspeise. Bei keiner Vorspeise durften Eier fehlen. Den Hauptgang bildeten Fisch- und Fleisch gerichte. Zum Nachtisch gab es meist mit Honig bestr chene Süßigkeiten. Der Tisch der einfacheren Leu war nicht so reich gedeckt. Sie aßen häufig einen Br aus Getreide oder Bohnen, dem man auch andere Gemüse hinzufügte. Fleisch gab es sehr selten, au Fisch konnte man sich nicht täglich leisten.

34 a-Konjugation

Auf den **Lektionsdoppelseiten** ist nur die Behandlung des **T-Stückes** obligatorisch. Alle anderen Elemente – hier grün unterlegt – stellen ein Angebot dar, aus dem die Lehrkraft eine Auswahl nach methodischen und didaktischen Kriterien treffen wird.

Die römisch bezifferten *plus*-**Lektionen** haben fakultativen Charakter: Sie bieten keinen neuen Wortschatz und keinen neuen Grammatikstoff. Sie dienen der Festigung und Vertiefung der unmittelbar vorausgegangenen 3-4 Lektionen. Über ihre Durchnahme wird die Lehrkraft nach Bedarf entscheiden.

Rechte Seite

alle neuen Vokabeln

Zum Abendessen: Käse und Oliven

Der Sklave Syrus soll in Rom bei Julias und Cornelias Eltern übernachten und am nächsten Morgen zum Großvater, seinem Besitzer, zurückkehren. Die Mutter Corinna arbeitet schon nebenan in einer kleinen Küche. Syrus schaut ihr dabei zu, während die Töchter noch auf der Straße mit ihrem Freund Gajus spielen.

Syro servo placet dominae respondere et dominam rogare; nam linguam nunc amat. Dominam rogat: „Cur tu[1] cibos paras, domina? Cur tu laboras, domina? Cur puellae non laborant?" Itaque Quintus puellas nunc vocat: „Iulia, propera! Cornelia, propera! Properate! Cenam parare debetis." Filiae properant; statim intrant. Et Gaius amicus intrat.

Quintus: „Parate caseum[2] et olivas[3], filiae! Tum mensam ornate!" Puellae: „Primo mensam ornamus. Tum caseum paramus, ... non olivas. Nam Gaius olivas non amat." Gaius: „Sic est. Olivas non amo, sed caseum et fabas[4] amo." Corinna: „Parate amico fabas, filiae! Sic amicum delectatis." Profecto Gaius amicus gaudet; itaque Corinnae gratiam habet.

1 tū du
2 cāseus Käse
3 olīva Olive
4 faba Bohne

Vom Speisezettel der Römer: Brötchen, Eier, Oliven, Artischocken, Schnecken und verschiedene angemachte Speisen.

T – **Lektionstext mit dem aktuellen Grammatikstoff und allen neuen Vokabeln**

Abbildung Auseinandersetzung mit T und I

V – **Vertiefende Aufgaben**

a) Entscheide, ob die folgenden Aussagen richtig, falsch oder nicht in T enthalten sind:
1. Dominus puellas vocat. 2. Filiae statim intrant. 3. Servus copias complet. 4. Puellae olivas (Oliven) parant. 5. Gaius olivas non amat. 6. Gaius Quinto gratiam habet.

b) Ergänze die Prädikate in der angegebenen Form und übersetze:
1. Muros (augere, 3. Pl.) 2. Filiam (amare, 1. Sg.) 3. Turbam (videre, 1. Pl.) 4. Amicos (vocare, 2. Pl.) 5. Domino (parere, 1. Sg.) 6. Insulam (intrare, 2. Sg.) 7. Amicas (delectare, 2. Pl.) 8. Mensam (ornare, 3. Sg.)

c) *plus* Immer ich!
1. Die Herrin bereitet Speisen vor. Deshalb ruft sie Claudia und Tullia: „Ihr müsst arbeiten, Töchter! Bereitet das Essen vor und schmückt den Tisch!" 2. Claudia: „Immer muss ich arbeiten, immer muss ich gehorchen, immer muss ich eilen." 3. Tullia: „Immer arbeite ich, immer gehorche ich." 4. Die Mädchen: „Immer eilen wir, immer bereiten wir Speisen vor. Niemals sehen wir die Freundinnen."

Ferien – Auf dem Land 35

Inhaltliche Aufgabe:
Erfassung / Erschließung von T, ggf. weiterführende Recherche oder produktive Rezeption (hier V a)

Sprachliche Aufgabe(n):
zusammenfassende **Sicherung** des neuen Grammatikstoffs (hier V b); kleiner **Text**, als **Hausaufgabe** geeignet (hier V c)

Dichten, Denken, Deuten – die Griechen als Vorbild 12

Zwischen Anpassung und Auflehnung – große Römer im Konflikt **32**

Orientierung im Leben – Fragen an die Philosophie 52

Was Recht war und ist – ein bedeutendes Erbe 74

Vom Lehrbuch zur Lektüre – Aufbruch zu neuen Welten

Übergangslektüre

Dichten, Denken, Deuten – die Griechen als Vorbild

1

Wenn ihr etwas nicht versteht, behauptet ihr, es sei unlogisch. Logisch ist das, was man mit seinem Verstand erklären kann. Menschen früherer Zeiten haben sich die Welt, wie ihr wisst, mit Hilfe mythischer Geschichten erklärt, in denen Helden und Götter eine wichtige Rolle spielten. Im 6. Jh. v. Chr. aber bekam diese Art des Denkens Konkurrenz. Einige große griechische Denker wollten die Erscheinungen der Natur mit Hilfe des Verstandes (griech. logos) erklären.

Vom Mythos zum Logos

fundamentum

In der Antike erklärte man sich von jeher die jährliche Nilüberschwemmung damit, dass ein Gott die Schleusen der in den Nil einströmenden Flüsse geöffnet habe – das ist die mythische Vorstellung, die ein Naturereignis vom Willen der Götter abhängen lässt. Der Grieche Thales dagegen vermutete, dass der Nil durch entgegenwehende Passatwinde gestaut werde und es so zum Anstieg des Wasserspiegels und zur Überschwemmung komme. Thales versuchte also mit Hilfe des Verstandes eine naturwissenschaftliche Erklärung des Geschehens.
Dieses Umdenken gilt als Geburt der Philosophie in Europa. Philosophie heißt eigentlich „Liebe zur Weisheit" und meint zunächst das Streben nach verstandesgeleiteter Erkenntnis der Welt. Später befasste sich die Philosophie auch mit dem Menschen, etwa mit der Frage nach dem Glück und mit dem menschlichen Zusammenleben (mit der Ethik).

2

3

1 Nachdenkende Athene. Griechisches Weiherelief. Um 460 v. Chr. Athen, Akropolismuseum.

2 Brunnen am Michael-Fischer-Platz in Deggendorf.

3 Der ägyptische Flussgott Hapi, Personifikation des Nils und der Nilüberschwemmungen, eine Schale mit Früchten in den Händen. Relief um 1480 v. Chr. Medinet Habu, Theben (Oberägypten).

4 Das römische Theater von Taormina (Sizilien). Im 2. Jh. v. Chr. wurde der Bau über einem kleineren, griechischen Theater aus dem 3. Jh. v. Chr. errichtet.

5 Fragment einer apulischen Vasenmalerei, sog. Schauspielerscherbe. Um 350 v. Chr. Würzburg, Martin-von-Wagner-Museum.

6 Marmorporträt der Dichterin Sappho („Sappho aus Eresos"). Römische Kopie eines griechischen Originals aus dem 5. Jh. v. Chr. Das Porträt zeigt – wie unzählige andere römische Kunstwerke – die Übernahme griechischen Kulturgutes durch die Römer. Rom, Musei Capitolini.

4

Griechisches und römisches Theater

fundamentum

Mit dem Aufkommen philosophischen Denkens hatte der Mythos keineswegs ausgedient: Viele künstlerische Schöpfungen der Griechen sind ohne den Mythos nicht denkbar. In den Schauspielen zum Beispiel wurden Probleme des Einzelnen und der Gemeinschaft im Spiegel mythischer Gestalten und Geschichten dargestellt. Griechisches Theater war stets Freilufttheater: Meist war in einen Berghang ein Halbrund mit Sitzplätzen für die Zuschauer geschlagen worden. Vor der eigentlichen Bühne befand sich die sog. Orchestra, ein runder Platz, auf dem vor allem der Chor auftrat. Dahinter lag die Bühne für die Schauspieler mit dem Bühnenhaus, einer Fassade mit Hauseingängen, die den Schauspielern zum Auftritt bzw. Abgang dienten.
Die Römer übernahmen die Bühnentechnik und die Formen der Theaterstücke von den Griechen, entwickelten aber beides weiter.

Die Dichtung der Griechen als Vorbild

fundamentum

Die römische Literatur ist ohne die griechische Dichtung nicht denkbar. Römische Dichter nahmen sich ganz selbstverständlich berühmte griechische Dichter und deren Werke zum Vorbild und suchten diese zu übertreffen. Römische Schriftsteller wollten also nicht etwas gänzlich Neues erfinden und damit berühmt werden, sondern durch kunstvolle Nachahmung eines griechischen Originals die eigene Kenner- und Meisterschaft unter Beweis stellen: So nahm sich Vergil für seine *Äneis* die Epen Homers zum Vorbild, der Dichter Catull die Gedichte der griechischen Lyrikerin Sappho.

5

6

77

E

1. Magister: Quis istum orbem fecit? Quid iste orbis indicat?
2. Discipulus: Nescio. Aliquis orbem fecit. Et orbis certe aliquid indicat.
3. Magister: Certe isti viro claro aliquod nomen est. Scisne nomen alicuius viri magni?
4. Discipulus: Aliqua nomina virorum clarorum mihi in mentem veniunt. Ii aliquas res invenerunt.
5. Magister: Narra tandem, si quid scis! Responde, ne quem alium interrogem!
6. Discipulus: Num quis me iuvare potest?

Ü

a) Buchstaben-Rechnen. Löse die folgenden Gleichungen dem Beispiel entsprechend und bestimme die neuen Formen:
1. aliquis - s + d = aliquid 2. aliquis - q + c - s = ? 3. aliquis - i - s + o = ? 4. aliquis - i + e - s + m = ? 5. aliquis - q + c + u = ?

b)

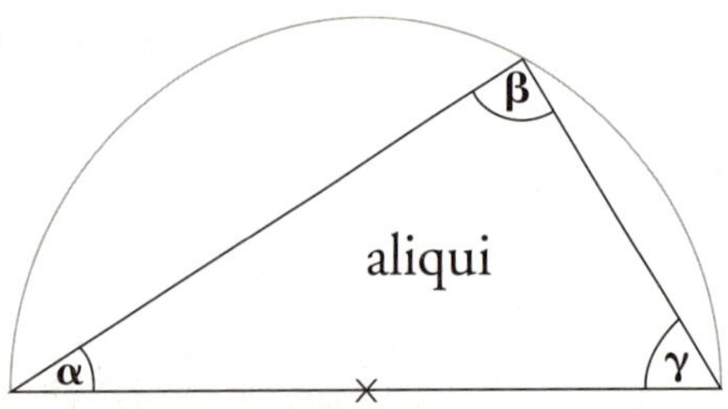

Bilde die Formen anhand der Vorgaben:
1. α = Akk. | β = *m* | γ = Sg.
2. α = Gen. | β = *f* | γ = Sg.
3. α = Abl. | β = *n* | γ = Sg.

Wie lauten die Formen, wenn jeweils gilt: γ = Pl.?

c) Thales hat wissbegierige Schüler. Wähle das jeweils passende Pronomen aus und übersetze.
1. Narra nobis (aliquid / quid) de caelo, Thales! 2. Si (aliquid / quid) narraveris, multa discemus. 3. (Aliquos / Quos) numeros in arena scriptos videmus. 4. Num (aliquis / quis) scit, quid indicent, nisi tu?

d) Philosophie macht reich
1. Aliquo die Thales cives de se dicere audivit: 2. „Certe Thales nobis aliqua consilia sapientia dare potest. 3. Sed num quod commodum ex ea re cepit? Ecce, vir pauper est.“ 4. His verbis motus Thales aliquod mirum fecit: Hieme (im Winter) haec parvo pretio emit, quae nemo quaesivit: trapeta (Olivenpressen). 5. Aestate autem ea magno pretio vendidit et dixit: „Videtis sapientes, si quid appetere volunt, hoc appetere posse.“

I

Thales von Milet

Thales, geboren um 600 v. Chr., stammte aus Milet in Kleinasien. In der Antike galt er als einer der Sieben Weisen. Berühmt wurde er nicht nur wegen des Thaleskreises, sondern auch, weil er als Erster die Frage nach einem gemeinsamen Ursprung aller Dinge gestellt haben soll. Damit gilt er als einer der Begründer der sogenannten Naturphilosophie: Sie versuchte das Wesen und die Entstehung der Welt nicht mehr mit Hilfe von Mythen oder der Religion zu erklären, sondern mit Hilfe der Physik. Während Thales das Wasser als das Urelement ansah, vermuteten die Philosophen nach ihm das Feuer, die Erde oder die Luft als Grundelement der Dinge.

Thales und der Forscherdrang

T

Thales vir doctus erat; homines eum „sapientem“ nominaverunt. Aliquis certe scit, quibus rebus imprimis studuerit: Thales cum cupidus esset scientiae[1], quaerebat, e quibus rebus terra constaret. Haec cogitabat: „Aliquid omnibus in rebus latet! Omnia ex eadem causa creata sunt; aliqua causa omnibus rebus communis est.“

Thales quidem putabat non aliquos deos terram creavisse nec mundum[2] aliquo casu factum esse. Haec erat eius opinio: „Si quid omnibus rebus commune est, certe est aqua. Num quod animal sine aqua vivere potest?“

Thales etiam motum caeli servabat. Quondam autem res mira ei accidit: Dum motum alicuius sideris clare lucentis[3] servat, in puteum[4] cecidit. Aliqua serva, cum id vidisset, eum risit: „O vir docte! Vere non sapis: Omnia misces. Si quis non cernit ea, quae in terra ipsa sunt, non oportet eum cursum siderum nocturnorum servare!“

[1] scientia Kenntnis, Wissen

[2] mundus Welt

[3] lūcēre leuchten

[4] puteus Grube, Brunnen

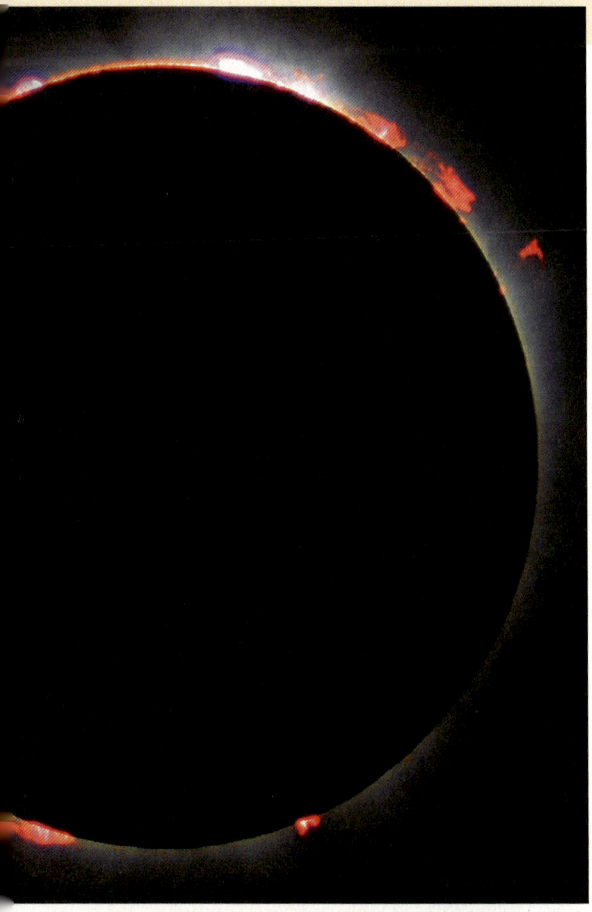

Zum größten Erstaunen seiner Landsleute sagte Thales die totale Sonnenfinsternis vom 28. Mai 585 v. Chr. voraus.

V

a) 1. Überlege, in welchem Zusammenhang die Formen des Indefinitpronomens (Z. 4–9) vorkommen. Was sagt dies über das Forschen des Thales aus? 2. Welche Einstellung vieler Menschen gegenüber Philosophen zeigt sich in der Äußerung der Sklavin (Z. 12 ff.)? Beurteile diese Einstellung.

b) Vokabelmathematik
et + iam = etiam. Addiere dem Beispiel entsprechend zwei Wörter oder Wortformen. Bilde so mindestens acht richtige Wörter oder Wortformen.

c) 1. Haec erat quondam opinio multorum hominum, etiam doctorum: 2. „Id, quod cernimus, non casu creatum est, sed a deis. 3. Mundus (Welt) e terra et mari constat. 4. In caelo carrus Solis (des Sonnengottes) ab equis trahitur. 5. Aliqua sidera cursum circum solem faciunt, aliqua sine motu in caelo haerent. 6. Haec omnia aliqui dei creaverunt. 7. Si quis aliam causam rerum esse putat, errat.“

78

E

1. Thales vir clarus erat: Unus e septem sapientibus vocabatur.
2. Quis erat clarior quam Thales? Quis erat sapientior?
3. Cui erat nomen clarius? Quis consilia sapientiora dabat?
4. Quis illo tempore erat vir clarissimus, quis sapientissimus?
5. Multi homines sapientissimi sunt.
6. Thales clarior erat; clarissimus omnium non erat.

Ü

a) Drei Philosophen im Vergleich. Steigere die Adjektive und dekliniere die Ausdrücke:
oculus clarus, os laetum, barba (Bart) longa.

b) Irrläufer
1. altum - altior - altius - altissimum
2. stultis - stultioris - stultissimus - stultioribus
3. forte - fortia - fortissima - fortiora

c) Ein Grieche auf Reisen schwärmt gegenüber einem Römer von seiner Heimat. Bilde die jeweils passende Form im Komparativ und übersetze.
1. Patria mea (**pulcher**) est quam tua.
2. Templa (**ingens**) sunt. 3. Carmina (**dulcis**) audis. 4. Ibi ora puellarum (**pulcher**) cernis quam hic. 5. Sole (**clarus**) gaudemus.
6. Nos (**laetus et felix**) sumus quam vos.

d) Der schlimmste Ort auf Erden. Verwandle die Adjektive jeweils in Superlative und übersetze:
1. Hoc loco homines **infelices** vivunt.
2. Vitam **tristem** agunt. 3. Bestiis **saevis** terrentur. 4. Regi **stulto** parent. 5. Labores **graves** sustinent.

e) Ein ziemlich dummer Weiser. Überlege für die Übersetzung jeweils, ob ein Vergleich vorliegt.
1. Multos homines conveni: sapientissimos et stultissimos. 2. Sed stultissimus erat is, qui se sapientissimum omnium putavit.
3. Quamquam verba stultiora dicebat, semper confirmavit: 4. „Nemo est sapientior.
5. Primo fueram sapientior – ut multi –, deinde – ut pauci – sapientissimus, sed nunc omnes superavi: 6. Ecce, sapientissimus sapientissimorum sum." 7. Sed non dubito, quin ille fuerit stultissimus stultissimorum.

f) Durchblick ist wichtig.

Felix, qui potuit rerum cognoscere causas.

I

Solon von Athen

Zu den Sieben Weisen wurde auch Solon gezählt. In seiner Vaterstadt Athen wurde er um 600 v. Chr. zum Reformer und Streitschlichter: Er beseitigte die Schulden der armen Kleinbauern, unterteilte die Bevölkerung in vier Klassen und richtete ein Volksgericht ein, an das sich jeder freie Athener wenden konnte. Nach Durchsetzung seines Reformwerks hat er die Athener zur Einhaltung der neuen Gesetze verpflichtet und das Land verlassen. Mit anekdotenhaften Zügen wurde sein Besuch beim lydischen König Krösus ausgestattet.

Solon, Krösus und das Glück

T

Anfang des 6. Jh.s v. Chr. galt Krösus, der König von Lydien, als der reichste Mann im Mittelmeerraum. Dieser hatte Solon, dessen Erfahrung und Weisheit sich herumgesprochen hatten, zu sich eingeladen.

Athenis[1] nemo sapientior erat quam Solo; immo Solo etiam extra Graeciam sapientissimus omnium vocabatur. Proinde Croesus, rex Lydiae[2], eum in domum regiam invitaverat[3] magnisque cum honoribus receperat. Interea servos suos iussit Soloni omne aurum omnesque opes regni sui ostendere, quas intra domum clauserat.

Croesus – credens neminem divitiorem, neminem beatiorem esse quam se ipsum – e Solone quaesivit: „O Solo, qui multas terras vidisti et omnes res humanas divinasque cognovisti, dic mihi aperte: Quis est homo beatissimus?"

Solon antwortete zu Krösus' Verblüffung: Tellos. Dieser – ganz unbekannte – Athener habe prächtige Kinder und Enkelkinder gehabt, die alle noch am Leben waren, als er selbst beim Kampf für seine Vaterstadt ruhmreich gefallen sei. An zweiter Stelle nannte er das Brüderpaar Kleobis und Biton: Sie seien in der Blüte ihrer Jugend, beim Dienst für ihre Mutter, eine Herapriesterin, ohne Schmerzen gestorben.

Rex tristis quaesivit: „Quin me beatissimum nominavisti, cum maximae sint opes mihi, illis Atheniensibus[4] autem minimae fuerint? Num me cum Atheniensibus pauperibus comparavisti?" Solo respondit: „Nullum regem vidi divitiorem, nullum potentiorem quam te; nunc feliciorem vitam agis, sed fortasse[5] brevissimo tempore iam infelix eris. Ego neminem beatum vocabo, priusquam ad vitae finem venerit: Tum demum licebit fatum iudicare, quod dei ei dederunt."

[1] Athēnīs in Athen
[2] Lӯdia Lydien (Landschaft Kleinasiens)
[3] invitāre einladen
[4] Athēniēnsēs *m Pl.* die Athener
[5] fortāsse *Adv.* vielleicht

a) 1. Stelle vor der Übersetzung der ersten Texthälfte die Adjektive im Komparativ und Superlativ zusammen. 2. Erläutere mit Hilfe ihrer Bedeutung die Frage, um die es Krösus und Solon geht.

Kleobis und Biton. Griechische Plastiken. Um 590 v. Chr. Delphi, Museum.

V

b) Kleobis und Biton

1. Solo dixit illos fratres felicissimos fuisse. 2. Matri suae, cum pedibus ire non iam posset, opem tulerant et matrem ipsi carro gravissimo ad templum Iunonis deae traxerant. 3. Sacro ibi facto mater a dea petivit, ut filii neque magnas opes neque regna, sed summum bonum (Glück) acciperent. 4. Subito post vitam breviorem eodem die fratres vitam amiserunt. 5. Sic illos neque aurum regium neque gloria in bello parta beatissimos fecerat, sed fatum divinum.

79

E

1. Croesus Soloni filias suas ostendit:
„Omnes pulchrae sunt. Sed quae pulcherrima est?“

2. Solo: „Miser sum, amice, immo miserrimus omnium.

3. Nam non solum difficile, sed etiam difficillimum est tibi respondere.

4. Omnes enim pulcherrimae sunt.

5. Prima est pulchrior quam secunda.
Secunda est pulchrior tertiā.
Sed tertia est pulchrior primā.“

6. Croesus: „Di magni, nemo est Solone sapientior.“

Ü

a) -li-, -ri- oder -issi- ?
pulcher[?]mus, facil[?]ma, miser[?]mum, brev[?]mae, pauper[?]mo, potent[?]mi, superb[?]ma, veter[?]mis, asper[?]mos, difficil[?]marum, diligent[?]ma, celer[?]mis

b) Die erste Tochter des Krösus liebt den Tanz. Ihre Verehrer überbieten sich mit Komplimenten. Ergänze dem Beispiel entsprechend:
1. „Motus tui **pulchri** sunt.“ - „Immo **pulcherrimi**.“ 2. „Difficile est corpus sic movere.“ - „Immo ...“ 3. „Tuos pedes celeres amo.“ - „Immo ...“ 4. „Facile est te amare.“ - „Immo ...“ 5. „Miser est, qui te non amat.“ - „Immo ...“

c) Die zweite Tochter musiziert gern. Ihre Verehrer loben sie mit mehr oder weniger gelungenen Vergleichen. Übersetze und verwandle die Konstruktion mit quam in einen Ablativ des Vergleichs:
1. „Vox tua est clarior quam lux.“ 2. „Manus tuae sunt celeriores quam venti.“ 3. „Os tuum est latius quam porta.“ 4. „Sonus vocis tuae est dulcior quam vinum.“ 5. „Carmina tua mihi sunt cariora quam vita mea.“

d) Die dritte Tochter dichtet zur Freude ihres Vaters.
1. „Tuum carmen novum pulcherrimum est .“ 2. „Tamen me miserrimam puto.“
3. „Difficile est carmina scribere, sed difficillimum est verba divina invenire.
4. Tu hanc artem difficillimam didicisti.
5. Itaque nulla puella est beatior te.“
6. „Nulla puella est beatior eā, quae haec verba scripsit. 7. Neque enim ego hoc carmen scripsi, sed Sappho.“

I

Sappho von Lesbos

Neben Naturwissenschaft und Philosophie blühten im Griechenland des 7. und 6. Jh.s v. Chr. auch die Künste. Es war der Höhepunkt der griechischen Lyrik, also kleinerer Gedichte, die zur Lyra (einem Saiteninstrument) vorgetragen wurden. Die bedeutendste Lyrikerin war die Dichterin Sappho von der Kykladeninsel Lesbos. Sie unterrichtete in der Stadt Mytilene die Mädchen der reichen Adligen in Poesie, Musik, Gesang und Tanz. Zeitweise lebte sie – wohl aus politischen Gründen – auf Sizilien in der Verbannung. Als Dichterin wurde sie schon in der Antike so sehr geschätzt, dass sie als „zehnte Muse“ bezeichnet wurde.

Sappho – die zehnte Muse

T

Zur gleichen Zeit wie Sappho dichtete in Mytilene Alkaios, der sich mit den Politikern anlegte und nach Ägypten ins Exil gehen musste. An ihn richtet Sappho aus der Verbannung in Sizilien einen Brief, mit dem sie auf ein Gedicht des Alkaios antwortet:

Sappho Alcaeo amico salutem dicit.
Epistula tua versus pulchros mihi attulit. Pulcherrima autem sunt illa verba, quibus crines[1] meos cum violis[2] comparavisti: „O violiplexa[3] Sappho!“ Nemo mihi umquam carmen pulchrius misit. Hi versus pulchriores sunt omnibus carminibus, quae cognovi. Quis nunc me est beatior? Equidem scio, quam difficile sit verba poetica[4] invenire; paulo difficilius est versus pulchros componere, difficillimum autem est carmina tam pulchra perficere, ut hominibus tristibus solacio sint.
Hoc tu versibus tuis effecisti.
Prioribus quidem annis carmina de bello et de re publica composuisti, ego de amore et nuptiis, de gaudiis et de puellis. Tales autem versus mihi in exilio miserrimo vix contingunt. Ab omnibus deserta sum. Multi homines huius insulae carmina mea mollia vocant; molliora sunt, ut ipsi aiunt. Quid ego desiderem, vetus carmen meum tibi ostendet, cuius initium huic epistulae addidi. Vale!

[1] crīnis, crīnis *m* Haar
[2] viola Veilchen
[3] violiplexus veilchenlockig
[4] poēticus dichterisch

„Alii exercitum equitum[5], alii peditum[6],
alii navium aiunt terra in nigra
esse pulcherrimum; sed ego aio illud,
quod quis amarit[7].“

[5] eques, equitis Reiter
[6] pedes, peditis Fußsoldat
[7] amārit ~ amāverit

Alkaios und Sappho. Griechische Vasenmalerei. Um 470 v. Chr. München, Antikensammlungen.

V

a) 1. Stelle die Adjektive zusammen, die Sappho in Verbindung mit Gedichten und Versen nennt.
2. Siegfried Obermeier lässt in seinem Sappho-Roman (2001) die Dichterin Folgendes sagen: „Alle waren sich darin einig, dass es dem weiblichen Geschlecht nicht gestattet sei, die gleichen Freiheiten wie die Knaben, Jünglinge und Männer zu genießen. Mein Traum war es, dies zu ändern.“ Recherchiere, wie Sappho dies erreichen wollte.

b) S-A-P-P-H-O
Suche zu jedem Buchstaben eine zu Sappho passende Vokabel aus dem Register heraus. Begründe deine Entscheidungen.

c) Sappho schreibt aus dem Exil an ihre Tochter:
1. „O mea filia dulcissima et pulcherrima! 2. Nemo vitam tristiorem agit matre tuā. 3. Hic nullae nuptiae amicarum mihi solacio sunt. 4. Difficillimum mihi est versus componere. 5. Neque initium vitae novae facere mihi contingit. Vale!“

Männer und Frauen – zwei Welten?

T

Wegen ihrer ausgezeichneten Ausbildung waren die von Sappho erzogenen Mädchen hoch angesehen. Viele Adlige suchten sich ihre zukünftigen Ehefrauen aus diesem Kreis. Die Heirat mit einem Adligen bedeutete zwar ein Leben in Reichtum, aber auch den Abschied vom bisherigen Leben. Eunike ist eine dieser jungen Frauen; die Heirat mit einem attischen Aristokraten wird sie schon bald über das Meer ins weit entfernte Salamis führen.

„Ut initio veris hyacinthus[1] pedes pastorum[2] timet, sic ego nuptias timeo et cunctas res futuras. Multa enim de marito meo comperi: Litteras non amat, nihil honestius putat gloria belli. Viri nobilis[3] esse existimat equos exercere bestiasque necare. Maxime gaudet, si cum sociis vitam in castris agit, si quos hostes vincit aut aliqua urbe capta virtutem suam laudari audit. Ei arma et agmina gaudio sunt, non ars nec litterae. Si quos auctores amat, si quos versus legit, certe delectatur crudelibus carminibus Homeri[4], crudelioribus Alcaei aut illis omnino crudelissimis Tyrtaei, qui milites adducere studet, ut sua sponte mortem petant. Nam ille pulcherrimum putat virum fortiter pro patria pugnantem vitam amittere.
Equidem talibus carminibus non delector, nostra carmina alia sunt: Mollia, dulcissima, laetissima sunt, de amicitia, de gaudio, de amore composita sunt. Ea comprehendi non possunt, nisi quis intellegit tales versus signa nostrae amicitiae et societatis[5] esse. Inde carmina nostra adversis in rebus solacium laborum esse possunt."

[1] hyacinthus: *vgl. Fw.*
[2] pāstor Hirte
[3] nōbilis, e adelig, vornehm
[4] Homērus, Alcaeus, Tyrtaeus: s. Eigennamenverzeichnis
[5] societās, ātis *f* Gemeinschaft

V

a) Ein Wissenschaftler beschreibt die Dichtung Sapphos so: „Sappho wusste, dass sie durch ihre Liedkunst die Mädchen in eine Welt hineinführte, die unzerstörbar war. Es ist bis heute nicht gelungen und wohl auch nicht möglich, diese außerordentliche Kunst fassbar zu machen. Sie muss vom heutigen Leser – so wie damals von den Mädchen – selbst erspürt werden." Versuche, die in Sapphos Gedichten dargestellte Welt zu „erspüren", und stelle sie der „Männerwelt" gegenüber. Gehe dabei von den Abbildungen aus und überprüfe, ob deine Vermutungen sich im Text bestätigen lassen.

b) Welche Aufgabe hat die Dichtung in der Welt Sapphos (Z. 13–16) und welche in der Welt der Männer (Z. 7–11)? Welche Beispiele aus der heutigen Zeit kennst du dafür, dass Literatur eine ähnliche Bedeutung wie im antiken Griechenland hat?

Sappho und drei ihrer Schülerinnen. Griechische Vasenmalerei. Um 440 v. Chr. Athen, Archäologisches Nationalmuseum.

XXVI *plus*

Die Übungen **a)** bis **d)** könnt ihr in **Gruppenarbeit** lösen:

1. Teilt euch auf in Gruppen zu je vier Schülern. Jede Gruppe bearbeitet eine der Aufgaben **a)** bis **d)**. Achtet darauf, dass alle Aufgaben verteilt sind.
2. Nachdem alle Gruppen ihre Aufgabe gelöst haben, bleibt aus jeder Gruppe ein Schüler sitzen (Schüler 1), die anderen gehen jeweils zum Schüler 1 einer anderen Gruppe. Dieser erklärt ihnen nun die Lösung der Aufgabe, die er vorher in seiner Gruppe bearbeitet hat.
3. Wenn alle Schüler die Lösung verstanden haben, kehren sie wieder in ihre alte Gruppe zurück. Jeder stellt nun die Lösung, die er erfahren hat, den anderen vor und beantwortet ihre Nachfragen.
4. Dann klärt ihr offene Fragen in der Klasse. Besprecht die Vor- und Nachteile dieses Verfahrens.

a) Krieg und Frieden.
Bilde jeweils den Superlativ und übersetze:
1. bellum **turpe** gerere 2. pacem **dulcem** desiderare 3. milites **crudeles** timere 4. civibus **miseris** adesse 5. proelium **asperum** exspectare 6. rem **difficilem** temptare 7. hostem pugna **brevi** vincere 8. vulnera **gravia** accipere 9. victoria **celeri** gaudere 10. vitam **placidam** agere

b) In der Dichterwerkstatt. Stelle zunächst acht sinnvolle Sätze zusammen und übersetze sie. Überlege dann, welche Kombination die lustigste wäre.

A	Mors est nigrior	1	vento.
B	Oculi tui sunt clariores	2	mari.
C	Tu es saevior	3	verbis.
D	Nemo est potentior	4	sideribus.
E	Fama est celerior	5	leone.
F	Hic labor erat gravior	6	saxo.
G	Nulla arma sunt acriora	7	nocte.
H	Nihil est incertius	8	deis.

c) Formenstaffel
1. aliquis → Gen. → Akk. → *n* → Nom. → Dat.
2. aliquos → *f* → Dat. → *n* → Gen. → Sg.
3. aliquā → Pl. → Nom. → Sg. → Akk. → *m*
4. si quam → *n* → Dat. → Pl. → Abl. → *m*

d) Erschließe das Bild mit Hilfe folgender Fragen:
1. Ubi est Sappho? 2. Quid Alcaeus facit? 3. Quod praemium in parva mensa positum est? 4. Num ceterae puellae amicae Alcaei sunt? 5. Utrum Alcaeus in patria sua an loco alieno cantat?

Sir Lawrence Alma-Tadema: Sappho und Alkaios. 1881. Privatsammlung.

e) Vokabelgedichte. Informiere dich darüber, was ein „Elfchen" ist, und schreibe eines auf Lateinisch.

80

E

1. „Hic versus bonus est.
Inveniamne versum, qui melior est quam hic?
Optimum versum quaero.
2. Versus novus malus est.
Is peior est quam ceteri.
Puto me pessimum versum omnium scripsisse.
3. Iam multos versus scripsi.
Sed necesse est plures scribere.
Laetus ero, si plurimos scripsero.
4. Quid est melius: magna an parva carmina scribere?
Ego maiora carmina minoribus praefero.
Amo maxima, minima mihi odio sunt."

Ü

a) Dichterstreit. Bringe die Buchstaben in die richtige Reihenfolge und übersetze:
1. „Ego ROMLEI sum quam tu." 2. „Nemo RELIMAO carmina scripsit quam ego." 3. „LEPRUS versus scripsisti quam ego, sed POREISE." 4. „Versus tui MIESSIP sunt." 5. „RIPUMLI boni sunt, nonnulli TIPIMO sunt."

b) Gegensätze. Bilde dem Beispiel entsprechend jeweils die gleiche Form des Gegenteils:
1. maximum carmen ↔ minimum carmen 2. optimi homines ↔ [?] 3. peiora verba ↔ [?] 4. minoribus versibus ↔ [?] 5. maiorem partem ↔ [?] 6. meliori solacio ↔ [?]

I

Ibykos und die Kraniche
Im süditalischen Rhegion (heute: Reggio di Calabria) wurde Anfang des 6. Jh.s v. Chr. der griechische Dichter Ibykos geboren. Er war Verfasser leidenschaftlicher Gedichte. Bekannt wurde er durch sein tragisches Ende, dem Friedrich Schiller (1759–1805) die berühmte Ballade „Die Kraniche des Ibykus" widmete.

c) Ein Dichter erzählt drei Leuten von einer Reise. Jedes Mal steigert er das Erlebte etwas mehr. Steigere die Adjektive erst im Komparativ, dann im Superlativ und übersetze jeweils:
1. **Multa** pericula subii. 2. Cum **magnis** bestiis pugnavi. 3. Domus **bonorum** et **malorum** hominum intravi. 4. **Parvas** insulas et **magnas** silvas vidi. 5. A **multis** sceleratis me defendi.

d) Übersetze und zeichne nach den folgenden Angaben Fahndungsbilder:
Tres sceleratos componimus: 1. Primus sceleratus maius caput habet secundo, sed minus tertio. 2. Tertio scelerato aures minimae sunt. 3. Dexter oculus primi scelerati minor est. 4. Tertius sceleratus plura vulnera in capite accepit quam ceteri. 5. Secundus peiores dentes (Zähne) habet quam primus, sed meliores quam tertius. 6. Os tertii scelerati paulo minus est quam primi, sed maius quam secundi.

Die Kraniche des Ibykos

T

Um an den Festspielen in Korinth teilzunehmen und seine Lieder vorzutragen, war Ibykos nach Griechenland gesegelt. Einige Stunden von Korinth entfernt war er an Land gegangen.

Ibycus ad urbem Corinthum paene pervenerat, cum complures scelerati – cupiditate auri impulsi – eum in silva obscura oppresserunt. Poeta sceleratis, cum plures et fortiores essent, resistere non potuit. Magna voce Ibycus deos hominesque auxilio vocare vult, sed nemo in silva obscura adest. At subito nonnullae grues[1] per aerem volant et locum sceleris petunt. Eos poeta advocat[2]: „O grues divinae, nuntii Iovis Optimi Maximi! Nisi quis mihi adest, vos este testes ultoresque[3] necis meae!"

[1] grūs, gruis *f* Kranich

[2] ad-vocāre herbeirufen

[3] ultor Rächer

Die Mörder flüchten sich in den Trubel der Spiele. Der Leichnam des Ibykos wird bald gefunden, die Nachricht vom Mord schockiert alle Besucher. Wenige Tage später findet in Korinth eine Theateraufführung statt, die von der Rache der Götter handelt. Auch die Täter sitzen im Theater. Als ein Kranichschwarm über die Zuschauer hinwegfliegt, durchbricht eine entsetzte Stimme aus den hintersten Rängen die gespannte Stille des Theaters:

„Ecce, amici: grues Ibyci!" Nomine Ibyci audito maior pars hominum horruit[4]. Nam plurimis fatum crudele poetae adhuc in animo erat. Minor autem pars eorum subito cognovit eum, qui illa verba ediderat, aliquid de nece Ibyci scire. Ergo una cum sociis ad iudicem ductus et interrogatus est. Id, quod scelerati pessimi denique dixerunt, peius erat, quam iudex exspectaverat. Postremo enim illi scelerati non gruibus, sed maiore et meliore vi victi sunt: conscientia[5].

[4] horrēre schaudern

[5] cōnscientia Gewissen

Kraniche (lat. Grus grus) im Flug.

V

a) 1. Bildet Gruppen zu je vier Schülern. Eine Hälfte der Gruppen übersetzt Z. 1–7, die andere Z. 8–21.
2. Wenn ihr fertig seid, bildet neue Vierergruppen zusammen mit Schülern, die die jeweils andere Texthälfte übersetzt haben. Tragt die Übersetzung der Textteile vor und erläutert sie.
3. Übersetzt T noch einmal in der Klasse und klärt folgende Fragen: Warum rief Ibykos die Kraniche um Hilfe? Wie wurden die Täter überführt?

b) Im Theater von Korinth sang der Chor, der die Rachegöttinnen darstellte, Folgendes:
1. „Nos amicae optimae eius sumus, qui culpa caret. 2. Nemo maiores fortioresque amicas vidit. 3. At si quem cupiditas peior et obscura ad necem impulerit, tum nos testes facinoris pessimi erimus. 4. Is vitam meliorem non iam aget, sed lucem solis fugiet nec post mortem liber poena erit!"

DIE GRIECHEN
ERFINDER DES DRAMAS

1

DER URSPRUNG DES DRAMAS

Das Drama (griech. „Handlung") ist eine Erfindung der Griechen – viele griechische Begriffe wie Theater („Schaustätte") oder Szene („Bühnenbau") erinnern daran. Das Drama erfüllte in Griechenland wichtige gesellschaftliche Aufgaben: Natürlich war es zur Unterhaltung da, aber es diente auch der Belehrung. Es erinnerte an religiöse und staatsbürgerliche Pflichten und machte auf soziale Widersprüche aufmerksam. Die im Drama dargestellten Figuren und ihre Schicksale sollten bei den Zuschauern Emotionen wecken und sie dazu anregen, ihr Verhalten zu überdenken.

Man geht davon aus, dass das Drama seinen Ursprung in Umzügen und Liedern zu Ehren des Weingottes Dionysos hatte. Dabei traten mit Masken verkleidete Begleiter des Dionysos auf: flötenspielende Satyrn, dazu tanzende Silene mit Bocksbärten und Pferdeschwänzen. Um 530 v. Chr. wurde diesem Chor ein Schauspieler hinzugefügt, später kamen ein zweiter und dritter hinzu, sodass neben Chorgesang und Tanz auch Dialoge als Elemente eines Theaterstücks möglich wurden.

CHOR UND SCHAUSPIELER

Typisch für griechische Dramen blieb der Auftritt eines Chors. Er griff zwar nicht in die Handlung ein, kommentierte aber das Geschehen, sprach Warnungen und Ratschläge aus, äußerte die Gedanken und Gefühle des Publikums bzw. des Dramendichters. Die Schauspieler traten mit Gesichtsmasken auf, um das Rollenspiel zu vereinfachen. Alle Rollen wurden von Männern gespielt.

GELDGEBER UND THEATERWETTBEWERBE

Die Kosten für die Inszenierung eines Theaterstücks (Kostüme, Bühnenausstattung, Chorproben) wurden von den reichsten Bürgern Athens übernommen. Gewann solch ein Sponsor mit seinem Theaterstück einen Wettbewerb, hatte er das Recht, ein Denkmal mit dem bronzenen Dreifuß aufzustellen, den er als Preis erhielt. Jeder Autor musste in einem solchen Wettbewerb, der am Fest der Großen Dionysien in Athen stattfand, drei Tragödien und als Abschluss ein heiteres Satyrspiel präsentieren.

2

3

4

TRAGÖDIE UND KOMÖDIE

Tragödien sind ernsthafte Schauspiele, deren Handlung sich an einem einzigen Tag und einem einzigen Ort abspielt. Sie zeigen einen Sagenhelden oder historische Gestalten in einer tiefen Krise, die oft in eine Katastrophe mündet. Die berühmtesten Tragödiendichter waren Aischylos, Sophokles und Euripides. Der Ablauf eines tragischen Dramas war stets der gleiche: Auf die Vorrede (den Prolog), die dem Publikum die Handlung kurz vorstellte, folgte das Einzugslied des Chores (die Parodos), dann das Theaterstück in drei bis fünf Akten (sog. Epeisodia *n Pl.*). Getrennt wurden die einzelnen Akte durch ein Standlied des Chores (Stasimon). Den Schluss bildete das Auszugslied des Chores (die Exodos).

Die **Komödie** war ein heiteres Theaterstück, in dem ursprünglich nicht nur menschliche Fehler und Schwächen im Allgemeinen, sondern vor allem auch das Fehlverhalten von Politikern öffentlich verspottet und gescholten wurde. Die Komödie hatte damit eine wichtige Bedeutung für die Demokratie. Nachdem die athenische Demokratie untergegangen war, wandten sich die Komödiendichter dem Alltagsleben zu, indem sie bestimmte Menschentypen dem Spott des Publikums preisgaben, wie den geizigen Alten oder den liebestollen jungen Mann. Im 17. Jh., also fast zwei Jahrtausende später, schrieb der berühmte französische Dichter Molière Komödien nach eben diesem Vorbild.

1 **Tragische Maske. Mosaik aus der Casa del Fauno in Pompeji. 1. Jh. n. Chr. Neapel, Museo Archeologico Nazionale.**

2 **Der Weingott Dionysos und sein Gefolge. Griechische Vasenmalerei. Um 520 v. Chr. Paris, Musée du Louvre.**

3 **Tragödienchor. Szenenbild aus dem Film „Mighty Aphrodite". USA 1995.**

4 **Rekonstruktion des Dionysos-Theaters in Athen. Der im 6. Jh. v. Chr. am Südhang der Akropolis errichtete Bau gilt als Geburtsstätte des griechischen Theaters und des Dramas überhaupt.**

5 **Vorbereitungen zu einem Satyrspiel. Griechische Vasenmalerei aus Apulien. Um 410 v. Chr. Neapel, Museo Archeologico Nazionale.**

5

81

E

1. „Aqua! Bona aqua!“ - „Tace!“ - „Cur bibere non vis?“
2. „Fabulam aspicere volo. Aquam emere nolo.“
3. „Et dominus, qui apud te sedet?“ - „Etiam ille non vult.“
4. „Vultisne cibos?“ - „Etiam cibos nolumus.“
5. „Cur non vultis? Boni sunt.
6. Hodie homines oculos a fabula avertere nolunt.
7. Heri autem multi fabulam aspicere noluerunt.“
8. „Tace! - Noli dicere! - Ne quid dixeris!“

Ü

a) Dramatische Lücken. Ergänze die jeweils fehlenden Formen:
1. nolunt, non vis, nolumus, nolo 2. noluisti, noluerunt, noluit, noluistis 3. nolebas, nolebamus, nolebam, nolebat 4. nolemus, nolam, nolet, noletis 5. nolint, nolit, nolitis, nolis 6. nollem, nollet, nollent, nolles

b) la-le-li-lo-lu. Setze die passende Silbe ein (jede darf nur einmal verwendet werden) und bestimme die Form:
1. no●● 2. nol●●mus 3. no●●te
4. no●●erunt 5. no●●m

c) Ein Drama im Zuschauerraum. Formuliere dem Beispiel entsprechend und übersetze:
1. Filius surgit. Mater: „Noli surgere!“
2. Filius sororem terret. Mater: „...!“ 3. Filius et filia flent. Mater: „...!“ 4. Filia fratrem ridet. Mater: „...!“ 5. Mater desperat. Aliae matres: „...!“

d) Der Regisseur gibt den Schauspielern letzte Anweisungen. Übersetze diese und verwandle sie in Prohibitive mit ne und Konj. Perf.:
1. Noli parva voce dicere! 2. Noli populum metuere! 3. Noli te celeriter movere!
4. Nolite populo terga ostendere! 5. Nolite verba mutare! 6. Nolite superbi esse!

e) Ein junger Mann will Schauspieler werden.
1. Pater et mater: „Te mala verba stultorum poetarum recitare nolumus.“ 2. Filius: „Talia verba discere nolam.“ 3. Pater: „Avus tuus et ego mercatores sumus: Cur hanc vitam agere non vis?“ 4. Filius: „Dei me obscurum esse noluerunt.“ 5. Pater et mater: „Noli nobis resistere!“ 6. Filius: „Ne me prohibueritis!“

I

Die „Antigone“ des Sophokles

Im 5. Jh. v. Chr. wirkten in Athen die Tragödiendichter Aischylos, Sophokles und Euripides. Eines der berühmtesten Stücke ist die „Antigone“ des Sophokles (440 v. Chr.). Diese Tragödie spielt in der Stadt Theben in sagenhafter Frühzeit: Die Stadt war von einer feindlichen Truppe unter Führung des Polyneikes angegriffen worden, der seine ehemalige Heimatstadt erobern wollte. Sein Bruder Eteokles war in der Stadt geblieben und verteidigte sie. Die beiden Brüder fielen im Zweikampf. Der neue Herrscher Kreon, der Onkel der Gefallenen, verbot nun ausdrücklich, die Leichen der Feinde, also auch die des Polyneikes, zu bestatten. Dem widersetzte sich Antigone, die Schwester von Eteokles und Polyneikes.

Ein unmenschliches Verbot

T

Antigone wurde dabei ertappt, als sie über die Leiche des Polyneikes Staub streute und ihn damit symbolisch bestattete; sie wird nun vom König zur Rede gestellt:

Creon: Ne negaveris te scelus impium fecisse! Mea praesidia te aspexerunt.
Volumus te aperte respondere; te tacere nolumus.
Antigona: Nolo tacere: Id feci, sed factum iustum fuit.
Quisnam vetare vult me fratrem carum in terra condere?
Creon: Ego rex sum, qui statuit leges; eas transcendere[1] non licet.
Antigona: Sed tu noli dare leges, quas dei nobis imponere noluerunt!
Maiores et meliores sunt divinae leges: Rex, noli transire has leges!
Creon: Tace, pessima! Ne quid dixeris! Ne contra regem peccaveris!
Superbia te impulit nec pia mens: Id ne negaveris!
Regis sententiam legemque neglexisti: Cave poenam regiam!
Antigona: Poenas duras deorum timeo, non sententias hominum.
Creon: Is autem homo, qui terram patriam oppressit, „hostis" vocatur.
Hostis, etsi occisus est, mihi tamen odio est.
Antigona: At ego non odii causa, sed ut amarem, nata[2] sum.
Creon: Ergo ama mortuos et inferos; sed vivis ne restiteris!

[1] trānscendere überschreiten

[2] nātus, a, um geboren

Kreon lässt Antigone verhaften und in den Palast führen. Ihr droht die Todesstrafe, da Kreon ein Exempel statuieren will. Über dem Geschehen schwebt wie eine Mahnung der Satz des Chores: „Vieles ist schrecklich; nichts aber ist schrecklicher als der Mensch."

Antigone wird von einem Wächter vor Kreon geführt. Süditalisches Vasenbild. Um 380 v. Chr. London, British Museum.

a) 1. Stelle anhand der Formen von nolle aus dem Text zusammen, was Kreon bzw. Antigone nicht wollen. 2. Welche Substantive oder Adjektive sind Attribute der leges, von denen Kreon und Antigone jeweils sprechen? 3. Wie rechtfertigt Antigone ihr Verhalten, wie Kreon das seine?

V

b) Ismene warnt ihre Schwester Antigone:
1. „Non iustum, sed impium est contra leges regis peccare; noli neglegere id, quod ille statuit! 2. Ne credideris te fortiorem rege esse! 3. Regi licet duriorem poenam tibi imponere, quam leges divinae volunt. 4. Cave regis iram! Ne me reliqueris, sed audi sororis piam sententiam! 5. Nolo te amittere superbiae tuae causa."

E

1. Rex civibus imperat:
„Tacete et audite legem novam!"
2. Populus se ipsum monet:
„Taceamus et regem audiamus!
Ne quid dicamus, dum rex dicit!"
3. Rex iubet: „Omnes homines legi
novae pareant! Is, qui resistet, óccidat!
Ne venia detur scelerato!"

Ü

a) Strenge Vorschriften. Suche nur die Formen heraus, die im Konjunktiv Präsens stehen:
1. imperamus, petamus, petemus, videmus, speremus, animus, simus 2. audiat, peccat, prohibeat, eat, prematur, servatur 3. intellegant, statuant, nuntiant, ferant, teneantur, sollicitantur, imponantur

Kreon und Haimon in einer Szene des Brecht-Stückes „Die Antigone des Sophokles" am Berliner Ensemble. 2006.

b) Lasst uns dem Beispiel entsprechend Hortative bilden und übersetzen!
Regi parere volumus. → Regi pareamus!
1. Legi resistere nolumus. 2. Vivere volumus.
3. Meliorem legem postulare volumus.
4. Liberi a timore esse volumus.

c) Wähle die passende Form aus und übersetze:
1. Rex: „Custodes eos, qui non parent, (**capiant** / **capiantur**)!" 2. Cives: „Ne rex leges deorum (**transeat** / **transeant**)!"
3. Rex: „Omnes scelerati poenas duras (**timent** / **timeant**)!" 4. Filius regis: „Sententiae civium (**audiant** / **audiantur**)!"
5. Cives: „Dei nobis auxilio (**veniant** / **veniunt**)!" 6. Rex: „Lex omnibus sceleratis perniciei (**sit** / **esset**)!" 7. Filius regis: „Ne (**necatur** / **necetur**) virgo, quae capta est!"

d) Vir sapientissimus dixit:
1. „In theatrum (!) eamus! 2. Ibi videamus, quid homines iusti ac pii sustineant!
3. Sed fabula nos non solum delectet!
4. Bona fabula etiam timorem et lacrimas efficiat! 5. Animus noster moveatur!
6. Fabula nos ita terreat et moveat, ut liberi a metu ac curis theatrum relinquamus!"

Antigone – eine tragische Heldin

T

Antigone ist nicht nur Kreons Nichte, sondern auch die Verlobte seines Sohnes Haimon. Ihm hält der König eine Moralpredigt, um seine Strenge zu rechtfertigen. Haimon aber will den Vater zur Einsicht bringen. Im Hintergrund steht währenddessen der Chor der thebanischen Greise.

Haemon: O pater, ne id tantum audiveris, quod tu iustum aestimas!
Sed audiamus, quid cives cogitent, quid cives dicant!
Ne neglegamus sententias civium nostrorum!
Creon: Quid? Tune, adulescens, regem docere vis? Hoc incredibile est!
Haemon: Iam cives dicunt Antigonam esse innocentissimam[1];
nam fratrem impie offerri canibus feris noluit.
Creon: Illa peccavit contra ius legesque, commisit scelus.
Numquam illam tecum iungam; nec dos dabitur vobis.
Haemon: Furore caecus[2] es, pater! Ergo pereamus ambo, Antigona atque ego!
Creon: Indigne fili! Te huius sermonis mox pudebit!
Custodes! Adducatur statim illa virgo ex aedibus! Ne in custodia
maneat! Statim occidatur sub oculis sponsi[3]!
Haemon: Sub oculis meis ea non occidetur. Istud ne speraveris!

Nun schaltet sich der Chor, der scheinbar unbeteiligt zugesehen hatte, ein:

Chorus: O ingens factum! Rex, qualem mortem decrevisti virgini?
Creon: Claudatur viva, sola intra sepulcrum saxeum[4],
quod nullus umquam pes humanus attinget. Eamus!

Antigone wird in einem Felsengrab eingemauert. Der verblendete König nimmt die Drohung Haimons nicht ernst. Auch vom weisen Seher Teiresias lässt er sich nicht umstimmen. Zuletzt wendet sich sein Rasen gegen ihn selbst: Haimon nimmt sich vor der Gruft Antigones das Leben; Haimons Mutter erdolcht sich. Zu spät erkennt Kreon seine Schuld.

[1] innocēns, ntis unschuldig

[2] caecus, a, um blind

[3] spōnsus Bräutigam

[4] sepulcrum saxeum Felsengrab

V

a) 1. Ordne die Konjunktive in Z. 2–13 den beiden Hauptfiguren zu. Welche Verteilung ergibt sich? 2. Was sagt diese Verteilung über Haimons Haltung aus, was über Kreon? 3. Welche Zeile zeigt, dass sich Kreon von seinem Sohn schon distanziert hat? 4. Stellt Z. 9–11 in einem Standbild dar (Kreon und Haimon). Erörtert, was die Haltung der Personen ausdrücken soll. Vergleicht damit das Szenenbild auf S. 28. 5. Überlege, wie der Chor (Z. 15) zum Geschehen Stellung bezieht.

b) Vokabeltheater
Stellt euch die neuen Lernwörter gegenseitig vor, indem ihr sie pantomimisch darstellt.

c) Erfolglos beschwört die Königin ihren Mann Kreon:
1. Ne te pudeat verba uxoris audire! 2. Incredibiles sermones in aedes regias allati sunt. 3. Quin filium cum Antigona iungere vis, cur virgini dotem negas? 4. Ne commiseris tale scelus! 5. Cedamus amori, omittamus vetus odium!“

Kann der Mensch seinem Schicksal entfliehen?

T

Die griechische Tragödie zeigt häufig Helden, die unverschuldet schuldig werden. Als die perfekte Tragödie schlechthin galt schon in der Antike der „Ödipus" des Sophokles: Ödipus, der König von Theben, muss erkennen, dass er unwissend schreckliche Verbrechen begangen hat. Im Laufe des Stückes wird ihm schrittweise die Wahrheit enthüllt. Mit dieser Schuld können die Verantwortlichen nicht leben: Ödipus sticht sich die Augen aus, seine Mutter Iokaste erhängt sich. Nach der Katastrophe spricht Ödipus mit dem Seher Teiresias, der ihm die Wahrheit schon am Anfang des Stückes verkündet hatte:

Oedipus: Quae causa est, cur dei me perdiderint? Quid feci?

Tiresias: Ne putaveris te umquam fatum effugere posse. Non dei, sed superbia tua maxima te perdidit.

Oedipus: Nonne ego omnia feci, ut perniciem vitarem? Nam mihi adulescenti oraculum[1] pessima nuntiavit: „Tu patrem interficies matremque uxorem facies!" Etiam sacerdotes perterriti erant et me e templo expulerunt; statimque domum reliqui, ut novam patriam quaererem.

Tiresias: Sed domus, quam tum celerrime reliquisti, patria vera non erat. Videamus, quae deinde feceris: Nonne oraculo cognito senem occidisti? Ne dixeris hoc factum sapiens fuisse! Si illum hominem non necavisses, facillime prohibuisses, ne eae res, quas timueras, acciderent. Postea, cum regem Laium, patrem tuum, necavisses, nos a Sphinge[2] liberavisti rexque novus factus Iocastam uxorem fecisti. O factum stultum! Si quis prohibere vult, ne matrem uxorem faciat, uxorem quaerere debet, quae aetate minor[3] est.

Oedipus: Quo modo haec scire potui? Ne me damnaveris!

Tiresias: Profecto haec scire non potuisti. Ego tamen te damno. Nam scire debuisti fatum et fortunam in deorum potestate esse.

[1] ōrāculum: *vgl. Fw.*

[2] Sphinx, ingis: Fabelwesen, das die Gegend um Theben in Furcht versetzte und von Ödipus getötet wurde

[3] aetāte minor jünger

Ödipus löst das Rätsel der Sphinx. Griechische Vasenmalerei. Um 470 v. Chr. Rom, Musei Vaticani.

V

a) Informiert euch über die Details der Ödipussage.

b) Diskutiert, ob Ödipus an seinem Verhängnis unschuldig oder schuldig ist: Hat er alles getan, um das Eintreten der Prophezeiung zu verhindern, oder hat er es erst ermöglicht? Sind die Vorwürfe des Teiresias berechtigt?

c) Was glaubt ihr: Steht eure Zukunft heute schon fest oder könnt ihr sie beeinflussen?

XXVII *plus*

Die Aufgaben dieser Seite können in **Freiarbeit** erledigt werden. Ihr solltet wenigstens sechs Aufgaben bearbeiten, die Reihenfolge ist euch überlassen.

Ü

a) Formenstaffel

1. bonus → *n* → Komparativ → Pl. → Superlativ
2. malos → Komparativ → Gen. → Sg. → Superlativ
3. magnarum → Sg. → Superlativ → Abl. → Komparativ
4. parvus → Dat. → Superlativ → *f* → Komparativ
5. multas → Komparativ → *n* → Abl. → Superlativ

b) Versteckt. Welche Formen von nolle findest du im Buchstabenraster?

N	O	N	V	I	S
O	N	O	L	L	E
N	O	L	I	T	E
V	L	U	N	O	N
U	E	I	O	N	O
T	B	M	L	O	L
I	A	U	I	L	U
S	M	S	M	I	I

c) Was wäre, wenn? Führe die Gedanken des Ödipus zu Ende.

1 Nisi pater mihi ignotus fuisset, ...
2 Nisi patrem necavissem, ...
3 Si mater me cognovisset, ...
4 Si dei me iuvissent, ...

A ... liber a culpa essem.
B ... eum non necavissem.
C ... beatam vitam agerem.
D ... mihi non nupsisset.

d) Was ist möglich? Welche Formen von ferre lassen sich mit Hilfe der folgenden Buchstaben bilden? Mehrfachverwendung ist erlaubt.

F · E · I · N · B · A · U · S · T · R · O · M

e) Aus zwei mach eins. Verbinde die Sätze nach dem Beispiel und übersetze:
1. Rex necatus erat. Omnes sceleratum quaesiverunt. → Rege necato omnes sceleratum quaesiverunt. 2. Iniuria facta erat. Sceleratus inventus non est. 3. Oppidum captum est. Cives fugerunt.

f) Vokabelorakel
Bei diesem Spiel werden drei Spieler benötigt: Einer von euch stellt eine Frage (auf Deutsch oder Latein); der zweite ist das Orakel und antwortet mit drei – möglichst unzusammenhängenden – Vokabeln, die aus den letzten drei Lektionen stammen müssen. Der dritte ist ein Priester, der die Vokabeln übersetzt und den Sinn des Orakelspruchs erläutert. Nach jeder Runde wechseln die Rollen.

g) Italienisch – ganz einfach. In einem italienischen Lexikon steht unter dem Stichwort „Ödipus":

> Edipo uccide suo padre Laio, re di Tebe, e sposa sua madre Giocasta.

1. Welche lateinischen Wörter und griechischen Namen erkennst du wieder?
2. Was bedeutet wohl das italienische Wort „sposare" (von lateinisch spondēre - geloben, versprechen)?

Zwischen Anpassung und Auflehnung – große Römer im Konflikt

1

Die folgenden Lektionen umspannen rund zwei Jahrhunderte der römischen Geschichte – von der Blütezeit der römischen Republik im 2. Jh. v. Chr. über ihre Krise im 1. Jh. v. Chr. bis zum Beginn der Kaiserzeit unter Augustus. Diese Zeit war geprägt durch das Aufeinandertreffen unterschiedlicher Interessen und Wertvorstellungen: Das römische Reich wurde im 2. und 1. Jh. v. Chr. immer größer und mächtiger, gleichzeitig drangen neue kulturelle Einflüsse nach Rom, die mit den althergebrachten Sitten der Römer nur schwer vereinbar waren. In der Spätphase der Republik kam es daher zu Konflikten um den Stellenwert der griechischen Kultur, zwischen Jung und Alt – und auch im vielgepriesenen Goldenen Zeitalter unter Kaiser Augustus war nicht alles Gold, was glänzte ...

Rom und Griechenland

fundamentum

„Das eroberte Griechenland eroberte den unzivilisierten Sieger" – so beschrieb der römische Dichter Horaz das Verhältnis zwischen Rom und Griechenland. Rom hatte aufgrund seiner militärischen Überlegenheit Griechenland zu einer Provinz des Reiches gemacht, hatte aber in kultureller Hinsicht gegenüber den Griechen eine Menge aufzuholen. Die stolzen römischen Sieger sahen sich einem Volk gegenüber, das auf den Gebieten von Literatur, Philosophie, Redekunst, Architektur und Wissenschaft Gewaltiges geleistet hatte. Damit umzugehen war für manchen konservativen Römer zunächst nicht einfach. Später waren gebildete Griechen als Lehrer und Ärzte in den Haushalten römischer Adeliger sehr begehrt.

2

3

4

Alt und Jung – Politik und Dichtung

fundamentum

Rom war eine patriarchalische Gesellschaft, in der die Männer alle führenden Positionen besetzten. So wie der pater familias in der Familie den Ton angab, sah man es auch im Staat als selbstverständlich an, dass junge Männer Älteren zu weichen hatten, wenn es um die Besetzung politischer Ämter ging.

Zur Zeit Cäsars wurden wichtige Staatsämter zunehmend auch über große militärische Taten errungen. Damit verloren junge Adelige die Hoffnung auf eine politische Karriere, die ihnen früher zugestanden hatte. Manche von ihnen zogen sich daher gänzlich ins Privatleben zurück. Nicht wenige versuchten sich auch als Schriftsteller und wagten es, Würdenträger in ihren Dichtungen öffentlich zu kritisieren – wie der junge Catull, der in seinen Gedichten über Größen wie Cicero und Cäsar spottete.

Die Zeit des Augustus

fundamentum

Augustus war es gelungen, das Jahrhundert der Bürgerkriege in Rom zu beenden und den innenpolitischen Frieden wiederherzustellen. Dies hatte einen hohen Preis, denn die Herrschaft des Augustus bedeutete den Beginn des Kaisertums und das Ende der Republik. Auch wenn Augustus öffentlich so tat, als fielen die politischen Entscheidungen noch im Senat – tatsächlich bestimmte er allein die Richtlinien der Politik. Augustus wurde als vorbildlicher Herrscher und Friedenskaiser gerühmt, er führte aber auch blutige Eroberungszüge gegen andere Völker – und gegen seine persönlichen Widersacher. Durch eine strenge Ehe- und Sittengesetzgebung wollte er die Moral seiner Landsleute heben. Wer sich diesen Vorstellungen entgegenstellte, wurde hart bestraft, so z. B. Augustus' eigene Tochter Julia und der Dichter Ovid, die er beide in lebenslange Verbannung schickte.

5

1 Augustus von Prima Porta. Panzerstatue des Kaisers, gefunden in der Villa seiner Frau Livia bei Prima Porta. Um 20 v. Chr. Rom, Vatikanische Museen.

2 Augustus auf der sella curulis. Vor ihm ein Germane, der ihm ein Kind reicht. Römischer Denar, geprägt in Lyon (Gallien). 8 v. Chr. Berlin, Münzkabinett.

3 Bankettszene. Römische Wandmalerei. 1. Jh. n. Chr. Neapel, Museo Archeologico Nazionale.

4 Priesterkollegium in feierlicher Prozession. Relief von der Ara Pacis Augustae (Altar des Augustusfriedens) in Rom. Eingeweiht 9 v. Chr.

5 Kaiserin Livia Drusilla (58 v. Chr.–29 n. Chr.), Ehefrau des Augustus. Als tugendhafte Ehefrau und vorbildliche Mutter war sie die lebende Verkörperung der von Augustus propagierten gesellschaftlichen und moralischen Erneuerung. Porträtbüste aus dem 1. Jh. v. Chr. Paris, Musée du Louvre.

83

E

1. Romanus: „Multa de Graecis audivi.
   Utinam haec omnia vera sint!
   (Velim haec omnia vera sint!)
   (Haec omnia vera sint!)“
2. Graecus: „Utinam (Velim) nihil falsum audiveris!“
3. Romanus: „Vos vitam dulcissimam agere audivi.
   Utinam (Vellem) Graecus essem!“
4. Graecus: „Di magni! Utinam (Vellem) plus de nobis audivisses!“
5. Graecus secum: „Quam stulti sunt Romani! Utinam ne in Italiam venissem!“

Ü

a) Setze in den Konjunktiv:
agebant - vales - composuerunt - feceramus - relinquunt - volebam - fuerat - volo - vocat

b) Unterscheide und übersetze!
1. Utinam taceres! - Taceas! - Utinam tacuisses! - Utinam tacueris! 2. Utinam ne interrogavisset! - Utinam ne interrogaverit! - Utinam ne interroget! - Utinam ne interrogaret! 3. Velim amici adsint! - Vellem amici adessent! - Vellem amici adfuissent!

c) Wähle die passende Form aus und übersetze:
1. Graeci urbem intrant et sperant: „Utinam Romani (**gauderent** / **gaudeant**), quod venimus!“ 2. Multi Romani Graecos desiderant: „Utinam Graeci iam (**adessent** / **adfuissent**)!“ 3. Nonnulli senatores sollicitati sunt: „Utinam ne Graeci mores malos (**attulerint** / **attulissent**)!“

d) Griechischlehrer gesucht! Bilde jeweils die passende Form im Konjunktiv und übersetze:
1. Utinam hanc linguam celeriter (discere)! 2. Utinam litteras iam (discere)! 3. Utinam amici mei Graeci (esse)! 4. Bonum magistrum mox (invenire)! 5. Vellem eum iam (invenire)! 6. Velim ille sapiens (esse)!

e) … Zeta, Eta …
1. Discipulus: „Has litteras didici: α, β, γ, δ, ε … Utinam litteram proximam (den nächsten) certe scirem! 2. Dubito, utrum ζ an η sit. Utinam verba magistri memoria tenuissem! 3. Velim amicus hoc sciat!“ 4. Amicus: „Primum ζ, deinde η.“ Discipulus secum: „Utinam ne erraverit! 5. Nunc septem litteras scio. Ceteras nescio. Ne magister me interroget!“

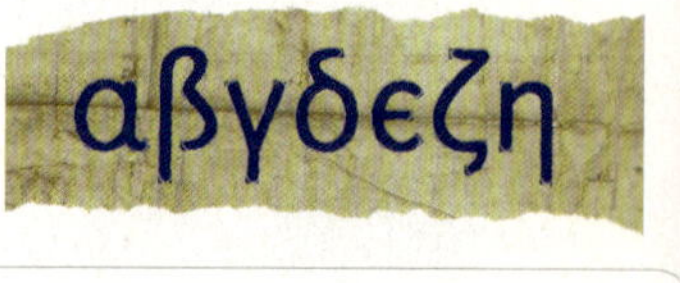

I

Cato Censorius

Cato (234–149 v. Chr.) machte zunächst als Offizier der römischen Armee, später in der Politik eine große Karriere, die ihn bis zum Amt des Zensors führte – mit der Aufgabe, auch auf angemessenes Verhalten seiner Mitbürger zu achten. Dabei zeigte er sich als besonders sittenstrenger und konservativer Römer, als vir vere Romanus. Er wurde nicht müde, seine Landsleute vor dem Einfluss griechischer Denk- und Lebensart zu warnen. Auf der anderen Seite lernte er selbst Griechisch und nutzte die Erkenntnisse der griechischen Wissenschaft für seine Schriftstellerei.

Griechenland hat uns verändert

T

Auf dem Weg zu einem Freund trifft der Feldherr und ehemalige Konsul Flamininus unvermutet den etwas missmutigen Zensor Marcus Porcius Cato.

Flamininus: Salve, Marce! Quid agis? Utinam valeas!

Cato: Equidem valeo, sed urbem nostram non iam cognosco. Nonne vides in omnibus viis Romae Graecos esse? Opto, ut mecum venias! Ecce! Hic philosophi Graeci orationes periculosas[1] habent. Modo dicunt iustitiam[2] civibus usui esse, modo negant iustitiam necessariam esse – et populus istis orationibus levibus credit. Hoc modo mentes civium vehementer perturbantur. Velim isti philosophi Romam mox relinquant! Abeant! Nam cives nostri voluptates Graecorum amant, libros Graecos legunt, potius disputare[3] quam laborare cupiunt, per totam noctem more Graecorum bibunt, vinum fundunt. Utinam ne vitia Graecorum Romanos corrumperent! Utinam ne Graeciam cepissemus! Facile enim Graecia capta victores nunc capit. Utinam mos maiorum plus valeret!

Flamininus: Vellem ne tam durus in cives esses! Tu ipse cultum Graecorum amare coepisti. Nonne ego apud te multa opera Graeca vidi? Nonne ipse linguam Graecam didicisti?

Cato: Recte dicis: Ego virtutes Graecorum colo, alii vitia eorum diligunt. Utinam cuncti cives more meo vitam agerent! Vale!

[1] perīculōsus: Adj. zu perīculum
[2] iūstitia Gerechtigkeit
[3] disputāre diskutieren

Bankettszene auf der Innenwand eines griechischen Sarkophags. Um 480 v. Chr. Pästum, Museo Archeologico Nazionale.

a) 1. Was wirft Cato den in Rom lebenden Griechen, was seinen römischen Mitbürgern vor? 2. Erscheint dir Catos Haltung gegenüber den Griechen konsequent? Begründe deine Meinung.

b) Was Flamininus bei der Begegnung mit Cato dachte:
1. Utinam nostrum quoque tempus diligas! 2. Utinam ne de moribus maiorum semper narrares! 3. Utinam eadem humanitas tibi sit quae virtus! 4. Utinam artes litterasque Graecorum iam antea laudavisses!

V

c) Römer und Griechen – zwei Welten
1. Nonnulli philosophi Graeci existimabant nihil melius esse quam voluptatem. 2. Itaque otium (Freizeit) diligebant. 3. Multis Graecis in urbe Roma viventibus senatores inter se dixerunt: 4. „Utinam ne hic modus vitae populum nostrum corrumpat! 5. Optamus, ut populus noster more maiorum vitam agat. 6. Utinam Romani magis officium quam voluptatem diligerent!“

84

E

1. Cato neminem salutat. Nam in curiam properat.
   Cato in curiam properans neminem salutat.
2. Cato curiam petit. Nam senatores monere vult (monebit).
   Cato senatores moniturus curiam petit.
3. Cato: „Periculum instat: Carthago bellum gestura est.“

Ü

a) Bilde jeweils das Partizip Futur Aktiv:
delere - diligere - perturbare - capere - facere - pervenire - corrumpere - dare

b) Aus zwei mach eins! Verbinde die Sätze dem Beispiel entsprechend und übersetze dann:
Cato orationem habuit. **Senatoribus persuadere voluit.** → Cato **senatoribus persuasurus** orationem habuit.
1. Cato bellum poposcit. **Carthaginem exstinguere voluit.** 2. Senatores dubitaverunt. **Pacem servare voluerunt.** 3. Consules in curiam venerunt. **De periculo referre voluerunt.**

c) Unterscheide und übersetze:

1. Cato ... curiam intrat.
   - Carthaginem reprehendens
   - Carthaginem reprehensurus
2. Senatores ... convenerunt.
   - a magistratibus arcessiti
   - magistratus arcessituri
3. Populus ... tacuit.
   - orationem auditurus
   - orationem audiens
4. Carthago ... exercitum coegit.
   - hostes appetitura
   - ab hostibus appetita

d) Die Gefahr rückt näher. Cato will das in der folgenden Rede deutlich machen. Verwandle darum wie im Beispiel das Futur in Formen mit -urus und esse. Übersetze dann.
Carthago arma capiet. →
Carthago arma captura est.
1. Carthago milites conscribet. 2. Hostes Romanos ridebunt. 3. Carthago Africam opprimet. 4. Auctoritatem nostram amittemus.

e) Schützt unseren Feind!
1. Senator sapiens orationem habiturus surgit. 2. „Vos omnes, senatores, bellum aut pacem censuri in curiam venistis. 3. Non solum de sorte hostium, sed etiam de sorte nostra decreturi sumus. 4. Cato Carthaginem deleturus poscit, ut hostem exstinguamus. 5. Equidem Romam servaturus posco, ne hostem exstinguamus. 6. Nam ii, qui hostibus carent, superbi futuri sunt.“

I

Der jüngere Scipio Africanus

Scipio war der Sohn des berühmten Feldherrn Lucius Aemilius Paullus. Seinen Namen trug er, weil ihn ein Sohn des Scipio Africanus, des Siegers über Hannibal, adoptiert hatte, um das Weiterleben seiner vom Aussterben bedrohten Adelsfamilie zu gewährleisten. Der jüngere Scipio trat in die Fußstapfen des Vaters und wurde selbst ein erfolgreicher Feldherr. 146 v. Chr. besiegte er Karthago endgültig. Später bemühte er sich, zusammen mit anderen adligen Römern die griechische Kultur in Rom heimisch zu machen.

Ein trauriger Sieger

T

Nach der Niederlage Hannibals hatte Rom den Karthagern verboten, je wieder Krieg zu führen. Als aber der afrikanische König Masinissa in das Gebiet der Karthager eindrang, setzten sich diese zur Wehr. Da sie damit gegen den Friedensvertrag gehandelt hatten, griffen die Römer unter der Führung des jüngeren Scipio Karthago an und machten es 146 v. Chr. dem Erdboden gleich. Von einem Hügel aus blickt Scipio mit seinem Freund Laelius auf die rauchenden Überreste der einst so stolzen Stadt hinab.

Scipio: Trans mare veneramus Carthaginem capturi, non deleturi. Qui hoc accidere potuit?

Laelius: Scio, amice, te hoc noluisse. Semper in senatu sententiam Catonis reppulisti, qui iterum atque iterum dicebat: ‚Ceterum censeo: Carthaginem delere necesse est.' Cato multique nobiles timebant, ne Poeni vires colligerent bella nova adversus nos gesturi.

Scipio: Cur Poeni foedus[1] ruperunt? Cur tam diu nobis restiterunt? Utinam legatio eorum ad me venisset pacem petitura! Libenter Poenis pepercissem, nisi per tantum spatium temporis milites nostros occidissent.

Laelius: Nemo tibi crimini dabit, quod officium imperatoris Romani praestitisti: Imperatorem enim oportet hostes superbos exstinguere eorumque munitiones delere.

Scipio: Huc veni Poenos poena affecturus. Certe urbem deleturus non eram. At spes me fefellit. Ecce! Illic magna incendia magnam urbem exstinctura sunt: Fuit Carthago!

Laelius: Amice, te lacrimas fundere video.

Scipio: Flere me non pudet. Timeo enim, ne hoc fatum crudele etiam urbi nostrae instet. Nonne memor es fabulae de pernicie Troiae? Etiam Hector flens perniciem Troiae patriae providerat.

[1] foedus, eris *n* Vertrag

Hektors Tod – kurz vor dem Untergang Trojas. Griechische Vasenmalerei. 5. Jh. v. Chr. Paris, Musée du Louvre.

V

a) 1. Wie wird die innere Zerrissenheit Scipios sprachlich deutlich? 2. An welcher Stelle von T erscheint Scipio als ein in der griechischen Kultur bewanderter Mann (vgl. I)? 3. Überlege, warum Scipio weint.

b) Achte auf die Übersetzung des Partizip Futur:
1. Scipio Carthaginem oppressurus magnum numerum militum colligere studuit. 2. Itaque iussit etiam iuvenes nobiles intra paucos dies armis ornatos in castra convenire. 3. Sed ii memores periculorum bellum timebant. 4. Tamen hoc spatio illic aderant – at pugnaturi non erant.

85

E

1. Iuvenis ridens: „Lege hoc carmen, amice!“
Amicus: „Te hoc diligere video.
Etiam me hoc dilecturum esse spero.“
2. Iuvenis: „Puto nos magna voce risuros esse.“
3. Amicus legit - nec ridet:
„Hoc carmen senatorem honestum laedit.
Puto id turpe esse et senatorem tristem futurum esse.“

Ü

a) Setze die passenden Endungen ein und übersetze:
1. Audivi senatores mox in curiam vent■■■■ esse. 2. Scio senatum bona consilia capt■■■■ esse. 3. Puto consules nos a periculis servat■■■■ esse. 4. Spero iuvenes auctoritatem senum respect■■■■ esse.

b) Bilde dem Beispiel folgend jeweils einen AcI und übersetze dann:
Poeta scit: „Populus ridebit.“
→ Poeta populum risurum esse scit.
1. Poeta putat: „Carmina nonnullos homines laedent.“ 2. Senatores sperant: „Poeta carmina non iam componet.“ 3. Populus conicit: „Poeta plura carmina scribet.“ 4. Mercatores sperant: „Plurimi homines libros novos ement.“

c) Stelle aus den Wortschätzen 78-84 alle Komposita zusammen und ordne sie ihren Grundwörtern zu.

d) Wähle die sinnvollste Fortsetzung und übersetze:
1. Poeta carmen malum scripsit. Audit ...
A se reprehendere. **B** se reprehendi.
C se reprehensurum esse.
2. Periculum instat. Cives sperant ...
A consulem se servare. **B** consulem se servavisse. **C** consulem se servaturum esse.
3. Senator tristis est. Scit ...
A se laesurum esse. **B** se laesum esse.
C se laedere.

e) Durch Loben beleidigen
1. Poeta: „Senator, de quo carmen novum scribam, se optimum omnium civium putat; sperat multos poetas se laudaturos esse.
2. Equidem cives eum risuros esse cupio.
3. Itaque gloriam eius specie (zum Schein) augebo: Contendam neminem meliorem quam illum futurum esse (fore). 4. Spero hoc modo homines illius superbiam cognituros esse.“

I

Cicero und Catull

Cicero (106-43 v. Chr.) stammte aus der Kleinstadt Arpinum und galt in Rom als homo novus, als unbekannter Außenseiter ohne senatorische Vorfahren. Er stieg jedoch durch seine Redegabe zum berühmtesten Anwalt Roms und sogar zum höchsten Staatsamt, dem Konsulat, auf. Als Konsul des Jahres 63 v. Chr. schlug er eine innenpolitische Verschwörung nieder. Catull (84-54 v. Chr.), eine Generation jünger als Cicero, kam ebenfalls aus der Provinz, aus Verona, nach Rom, interessierte sich aber nicht für eine politische Laufbahn, sondern lebte ausschließlich für seine Dichtkunst. Für ältere Römer wie Cicero war dieser alternative Lebensentwurf eine Provokation – Catull seinerseits stichelte in seinen Gedichten gerne gegen die Vorstellungen und Werte der Älteren.

Diese Jugend von heute!

T

Cicero Attico suo salutem dicit.

O tempora, o mores! Verba mihi desunt: Catullus poeta me carmine malo risit – non putavi istum adulescentem me palam verbis laesurum esse. Mihi quidem, cum iuvenis Romam venissem, tanta audacia non erat. Immo auctoritatem nobilium colebam, consilia senum libenter audiebam. Tunc sperabam me unum ex illis viris claris futurum esse. Post evenit, quod optaveram: Consul clarus civitatem a coniuratione civium corruptorum conservavi.

Sed quid volunt Catullus eiusque familiares, qui poetae novi appellantur? Negant se umquam ad rem publicam accessuros esse; ostendunt se usque vitam otii plenam acturos esse. Isti iuvenes inter se convivia laeta habent, libellos et amorem diligunt, rem publicam virtutemque militarem neglegunt. Quotiens conveniunt, carmina sua tantum recitant.

Te teste, Attice, confirmo me numquam habiturum tempus, ut legam carmina istorum poetarum. Etiamsi[1] vita mihi esset aeterna, carmina inania istorum certe non legerem. Satis dixi.

Vale!

[1] etiamsī auch wenn

Stephan Bakalowitsch: Catull liest aus seinen Gedichten. 1885. Moskau, Tretjakow-Galerie.

a) 1. Ciceros Brief gliedert sich in zwei Teile, die jeweils von einem Tempus beherrscht werden. Überprüfe, ob diese Zweiteilung auch inhaltlich zu begründen ist. 2. Erschließe aus T, was Cicero vom Verhalten eines jungen Mannes gegenüber Älteren erwartet. 3. Was bemängelt Cicero im Einzelnen an Catull und seinen Freunden?

b) Setze jeweils den Infinitiv Futur ein und übersetze dann:
1. Cicero: „Promitto me numquam carmina Catulli (legere). 2. Spero istos iuvenes non iam carmina, sed res gestas (conscribere). 3. Iuro me poetas talia carmina recitantes non iam (audire). 4. Exspecto et alios viros sapientes item (agere)."

V

c) Die Sichtweise Catulls und der poetae novi:
1. Quotiens Cicero vitam nostram palam reprehendit! 2. Ad rem publicam accedere nolumus, etsi scimus Ciceronem otium nostrum semper reprehensurum esse.
3. Carmina, convivia, amores magis nos delectant quam honores aut officia militaria.
4. Neque enim senatorum neque imperatorum, sed poetarum gloriam petimus.

Catull provoziert

T

Vivamus, mea Lesbia, atque amemus,
rumoresque senum severiorum
omnes unius aestimemus assis!
Soles occidere et redire possunt:
nobis, cum semel occidit brevis lux,
nox est perpetua una dormienda.

Lass uns leben, meine Lesbia, und uns lieben,
und das Gerede der allzu strengen Greise
soll uns alles zusammen keinen einzigen Cent wert sein!
Sonnentage können vergehen und wiederkehren;
wir aber, wenn einmal unser kurzes Lebenslicht erloschen ist,
müssen eine einzige endlose Nacht schlafen.

Catulls Moralvorstellungen waren für konservative Römer eine Provokation. Als besonders empörend empfanden sie, dass er ein Verhältnis mit einer vornehmen Römerin hatte, der er den Namen „Lesbia“ gab, und dass er dieses Verhältnis offen in seinen Gedichten beschrieb. Doch Catull scherte sich wenig um die Ansichten anderer (vgl. das abgedruckte Gedicht). Als Catull seinem Freund Licinius einen Entwurf seiner Gedichte zeigte, warnte ihn dieser:

Porträt eines Dichters. Römische Wandmalerei. 1. Jh. n. Chr. Pompeji, Haus des Menander.

Licinius: Cur tales versus scribis? Cur tam aperte de amore Lesbiae dicis? Nam certe scis te versibus tuis multos senatores aliosque viros nobiles maxime violaturum esse.

Catullus: Utinam ne fama mea tibi curae esset! Equidem „omnes rumores senum severiorum unius assis aestimo“! Spero etiam te carmina mea tandem intellecturum esse. Ne quaesiveris, quos „senes severiores“ versibus meis laesurus sim; immo quaeras, cur eos laesurus sim! „Vivamus, mea Lesbia, atque amemus“: Bene scio tales versus „senibus“ magno odio esse. Eorum enim vita non ex amore, sed e negotiis, officiis, honoribus constat. Eiusmodi vitam et mores reprehendo atque repello. Dei mihi dent, ut aliam vitam agere possim. Velim vitam sine armis, sine bello agam! Amore aeterno captus puellam meam canto. Una gloria mihi tribuatur: gloria poetae! Itaque puellam meam „Lesbiam“ nominavi. Illo nomine illa praeclara Sappho in mentem veniat, quae carminibus suis mores virorum reprehendit!

V

a) Wogegen richtet sich Catulls Protest? Belege deine Antwort am Text.

b) Informiere dich über den historischen Hintergrund zu Catulls Leben und versuche zu erklären, warum Catull in seiner Dichtung „protestieren“ wollte.

XXVIII *plus*

Ü

a) Stimmengewirr beim Gastmahl

1. Utinam ne tempus fugeret! 2. Servi bonos cibos afferant! 3. Utinam ne vinum tantum bibissem! 4. Puella me amet! 5. Vellem numquam huc venissem! 6. Velim puella amorem meam cognoverit!

b) Übersetze und unterscheide:

1. puella amans / amata / amatura
2. amici reprehendentes / reprehensi / reprehensuri
3. poeta laudans / laudatus / laudaturus

c) Übersetze dem Beispiel entsprechend ins Englische.

Carmen scribam. → I will write a poem.
Carmen scripturus sum. → I am going to write a poem.

1. Id faciam. Id facturus sum. 2. Carmina legemus. Carmina lecturi sumus. 3. Duo carmina comparabo. Duo carmina comparaturus sum.

d) Bilde jeweils den Infinitiv Futur Aktiv.

violare - sollicitare - agere - intellegere - legere - esse - venire - cognoscere - inferre - respondere

e) Zu viel des Guten! Entferne alle überflüssigen Buchstaben, damit Adverbien entstehen.

1. dulciterr 2. fortiitter 3. sapienterter 4. honestee 5. diligenteterer 6. miseree

f) Ein wichtiger Rechtsgrundsatz:

Audiatur et altera (der / die andere) pars!

g) Die Steigerungsmaschine. Steigere mit ihrer Hilfe die angegebenen Adjektive.

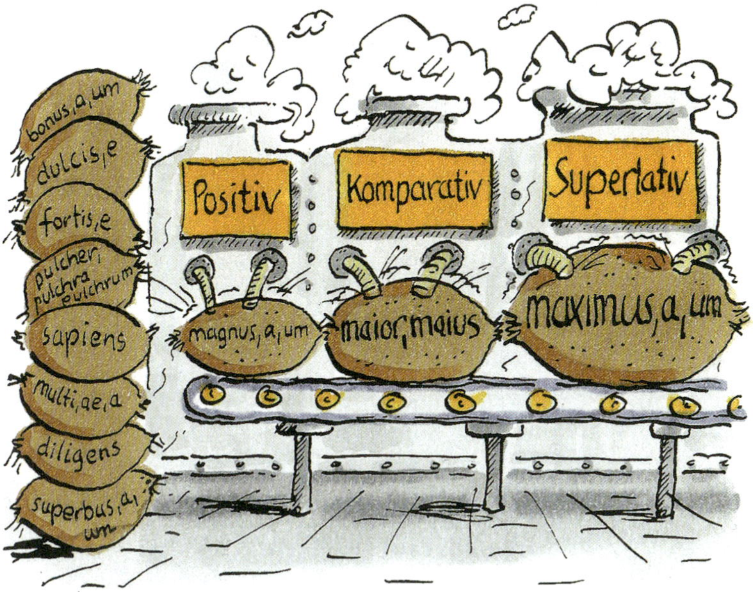

h) Übersetze die Fortsetzung des Catullgedichts (von S. 40 oben):

Da mi basia mille, deinde centum,
dein mille altera, dein secunda centum,
deinde usque altera mille, deinde centum.
Dein, cum milia multa fecerimus,
conturbabimus illa, ne sciamus ...

mī ~ mihi
bāsium ~ Kuss
dein ~ deinde
altera ~ weitere
conturbāre ~ turbāre

i) Italienisch – ganz einfach!
Vergleiche die Verse Catulls aus Aufgabe h) mit der italienischen Übersetzung.

Dammi mille baci, poi cento,
poi altri mille, poi altri cento,
poi di seguito altri mille, poi cento.
Poi, quando avremo fatto molte migliaia,
conturbiamoli, per non conoscere ...

AUGUSTUS –
EINE GOLDENE ZEIT FÜR KUNST UND LITERATUR

1

DIE GESCHICHTLICHE LEISTUNG DES AUGUSTUS

Nach einem Jahrhundert andauernder Bürgerkriege und Machtkämpfe (133–31 v. Chr.) waren ganze Landstriche Italiens verwüstet, die meisten Bürger verängstigt, das Vertrauen in die Politik geschwunden. Recht und Ordnung lagen darnieder.

Es ist die große Leistung des ersten Kaisers von Rom, für eine Wende gesorgt zu haben: Man rühmte sein Zeitalter als eine Epoche des Friedens, auch wenn diese pax Augusta mit viel Blut bezahlt worden war. Augustus gelang es außerdem, die in den Wirren der Bürgerkriege fast vergessene Religion wiederzubeleben, indem er verfallene Tempel renovieren ließ und alte Priesterschaften wieder einsetzte.

2

DIE LITERATUR

Charakteristisch für die augusteische Erneuerung ist ihre Rückwärtsgewandtheit: Man suchte sich Vorbilder in der Frühzeit der römischen Republik. Die Werte, die Rom in dieser „guten alten Zeit" bestimmt hatten, sollten wieder ins Bewusstsein der Römer gebracht werden: Fleiß, Bescheidenheit, Opferbereitschaft, Sittlichkeit und eheliche Treue.

Die Schriftsteller der augusteischen Zeit griffen diese Themen auf: **Horaz** schwärmt von den Freuden des einfachen Landlebens und beschwört in seinen Gedichten die Werte, die Rom groß gemacht haben. Der Historiker **Livius** blickt in seinem Geschichtswerk auf die sagenhaften Anfänge der römischen Republik zurück. **Vergil** erinnert mit seinem Epos an Äneas, den trojanischen Vorfahren der Römer, den er als Inbegriff der pietas zeichnet – als Muster eines Mannes, der bestimmt ist von Ehrfurcht vor den Göttern und von Pflichterfüllung gegenüber seiner Heimat.

Ein genialer Mittler zwischen den Dichtern und dem Kaiserhaus war der aus altem etruskischem Adel stammende **Mäzenas**: Er entdeckte dichterische Talente, unterstützte sie finanziell und führte sie in die kaiserlichen Kreise ein. Sein Name lebt bis heute im Begriff „Mäzen" fort.

1 Büste des Kaisers Augustus, bekränzt mit der Bürgerkrone aus Eichenlaub. 40–50 n. Chr. München, Staatliche Antikensammlung.

2 Charles François Jalabert: Die Dichter Horaz, Vergil und Varius im Haus des Mäzenas. 19. Jh. Nîmes, Musée des Beaux-Arts.

3 Die sog. „Gemma augustea". Das kostbare Schmuckstück, das sich ursprünglich im Besitz des Kaiserhauses befand, besteht aus zwei geschnittenen Edelsteinschichten. 19 x 23 cm. Um 10 n. Chr. Wien, Kunsthistorisches Museum.

3

KUNST UND ARCHITEKTUR

Zahlreiche Kunstwerke und Bauten der augusteischen Epoche wurden vom Kaiser in Auftrag gegeben, finanziert und allen Bürgern Roms zugänglich gemacht. Wie die Literatur kündeten auch Kunst und Architektur von den Wertvorstellungen und den politischen Erfolgen des Augustus: Die Künste boten damit allen Schichten des römischen Volkes Identifikationsmöglichkeiten mit der Herrschaft des Prinzeps.

Die im Auftrag des Senats errichtete Ara pacis Augustae feierte den Frieden und Wohlstand unter Augustus. Die Reliefs dieses Altars zeigen u. a. eine feierliche Prozession von Priestern und von Angehörigen des Kaiserhauses und rücken so die Mission Roms als von den Göttern gesegnete, friedensstiftende Macht in den Mittelpunkt der Betrachtung. Eine riesige Sonnenuhr ließ den Schatten ihres Zeigers, eines Obelisken, am Geburtstag des Augustus auf den Eingang der Ara pacis fallen, als Symbol dafür, dass dieser Kaiser der von den Göttern auserkorene Friedensbringer war.

Der Apollotempel auf dem Palatin setzte der persönlichen Schutzgottheit des Augustus ein Denkmal, auf dem Augustusforum waren in langen Reihen Ehrenstatuen für vorbildliche Politiker und Feldherren der Republik zusammen mit den mythischen Gründerfiguren Äneas und Romulus aufgestellt.

Auf der „Gemma augustea" (Abb. oben) wird Augustus schließlich sogar als göttliches Wesen dargestellt: Die Stadtgöttin Roma persönlich hat neben Augustus Platz genommen und feiert zusammen mit den Göttinnen des Sieges und des Friedens die Errungenschaften des Kaisers und seiner Familie.

E

1. Maecenas: „Scribere res difficilis est.
2. Itaque pauci homines ad scribendum idonei sunt.
3. Dei artem scribendi hominibus tribuerunt.
4. Ego non solum pecuniā, sed etiam laudando et monendo poetas iuvo.
5. Dum carmina audio, saepe oculos claudo. In audiendo saepe oculos claudo."

Ü

a) Bilde alle Formen des Gerundiums zu:
laudare, tacere, invenire, cognoscere, facere

b) Suche nur die Formen des Gerundiums heraus:
prehendo, prehendendo, monendi, monenti, descendendo, descendo, descendendi, descendi, descendenti, reprehendo, reprehendendo, reprehensum, reprehendendum

c) Bilde wie im Beispiel den Genitiv des Gerundiums und übersetze:
ars (scribere) → ars scribe**ndi**
1. ars (cantare) 2. ars (dicere) 3. ars (volare) 4. voluntas (effugere) 5. voluntas (manere) 6. cupiditas (legere) 7. modus (vivere)

d) Ein Interview mit Mäzenas
1. „Quo modo poetis tuis ades, Maecenas?" – „Laudando et confirmando eis adsum."
2. „Audivi te nonnullos poetas donis delectare." – „Dando et donando eos iuvo, qui scribendo vitam beatam agere non possunt."
3. „Reprehendisne poetas tuos?" – „Reprehendendo homines laeduntur. Hoc nolo.
4. Omnes autem moneo, ut Augusto honorem tribuant. Monendo neminem laedo."

e) In oder ad? Wähle aus und übersetze:
1. (ad audiendum / in audiendo) ridere 2. servum (ad scribendum / in scribendo) arcessere 3. librum (ad legendum / in legendo) deligere 4. (ad cogitandum / in cogitando) tacere 5. carmen (ad recitandum / in recitando) idoneum

f) Ein bewegendes Gedicht
1. In convivio poeta carmen recitaturus est: „Nunc est tempus recitandi, amici. Audite carmen meum!" 2. Ad recitandum poeta surgit. 3. In surgendo autem mensam forte attingit. 4. Attingendo mensa ita movetur, ut cibi ad terram cadant. 5. Amici rident: „Recitando non solum animos, sed etiam mensas et cibos movere potes."

I

Horaz und Epikur

Horaz, der Sohn eines Freigelassenen, machte eine erstaunliche Karriere. Sein Vater hatte ihm ein Studium in Athen ermöglicht, wo er unter anderem die Lehre des griechischen Philosophen Epikur kennenlernte. Epikur empfahl den Menschen ein bescheidenes Leben in Zurückgezogenheit und die Nutzung des unwiederbringlichen Augenblicks (Carpe diem). In Rom entdeckte Mäzenas das dichterische Talent des Horaz und nahm ihn in seinen Kreis auf. Der Dichter bevorzugte ein Leben fernab politischer Wirrungen, wie es die Lehre Epikurs vorsah. Überglücklich war Horaz, als Mäzenas ihm ein Landgut in den Sabiner Bergen schenkte.

Statt Stadt Land

Horaz schreibt seinem Freund und Dichterkollegen Tibull einen Brief. Begeistert spricht er über das Landgut, das ihm Mäzenas vor kurzem geschenkt hat.

Horatius Tibullo suo salutem dicit.
Maecenas mihi rus parvum dedit, ut scis – tandem vere vivere possum! Nunc mihi iucundus modus vivendi est, Tibulle. Illuc cum me recepi, urbem raro desidero. Hic remanere volo. Specta mortales illos, qui in urbe vitam incertam agunt! Ii mille in negotiis occupati artem vivendi omnino neglegunt. Ego autem ruri nec turba nec clamore hominum perturbor. Neque invidia neque cupiditas auri me sollicitant. Quiescendi causa saepe sub aliqua arbore sedeo. Quam iuvat pecora laeta videre, quam iuvat carmina avium[1] audire! Hic quiescendo et tacendo et cogitando delector, hic maxima mihi voluptas legendi est. Vita rustica[2] mihi tempus gratum ad scribendum praebet. In illo otio mihi iucundissime vivere licet. Scisne dictum Epicuri, illius philosophi divi Graeci? „Carpe diem!" Ego libenter concedo me ruri more Epicuri vivere. Ruri otio delector, ruri tempus vivendi differre non possum. Vale!

[1] avis, is Vogel

[2] rūsticus, a, um ländlich, bäuerlich

Wandmalerei aus der Casa del Bracciale d'Oro in Pompeji. 1. Jh. n. Chr.

a) 1. Um welche Textsorte handelt es sich? Begründe deine Antwort. 2. Wo gefällt es dir besser – in der Stadt oder auf dem Land? Begründe deine Ansicht. 3. Was bemängelt Horaz in der Stadt, was liebt er dagegen am Landleben? Stelle deine Ergebnisse in zwei Spalten (urbs – rus) gegenüber. 4. Stelle zusammen, in welchen Wendungen vita und vivere in T auftreten. Welche Schlüsse auf die Aussageabsicht des Horaz kannst du daraus ziehen?

b) Überlege, wer die folgenden Sätze äußern könnte:
1. Docendo discimus. 2. Scribere scribendo, dicendo dicere disces. 3. Ad cogitandum et agendum homo creatus est.

c) Ein eingefleischter Stadtrömer kann das Lob des Landlebens nicht verstehen:
1. Non intellego, cur tot Romani in otium ruris se recipiant. 2. Ruri raro me aliquid delectat: Nec agros nec pecora videre mihi iucundum est. 3. At quam pulchra, quam grata, quam diva Roma est! 4. Semper sermones aures tangunt, semper homines toto ex orbe Romam veniunt. 5. Voluptas spectandi et audiendi me maxime hic tenet. 6. ROMA est AMOR!

88

E

1. „Ars scribendi difficilis est." - „Ego scribere possum."
2. „Puto artem carmina scribendi difficilem esse." - „Ego hanc artem didici."
3. „Clarius dicam: Ars carmina bene scribendi difficilis est." - „Hanc quoque artem didici."
4. „Quis es? Catullus an Horatius?" - „Libros meos legendo comperies, quis sim."

Ü

a) Trenne die Wörter und übersetze:

1. Poeta homines delectat **carminarecitando**.

2. Homines artem laudant **versusbenerecitandi**.

3. Poeta cupidus est **versusnovoscomponendi**.

b) Länger und länger

1. ars celeriter scribendi → ars librum celeriter scribendi → ars librum bonum celeriter scribendi 2. voluntas populum delectandi → voluntas populum carminibus delectandi → voluntas populum carminibus optimis delectandi → voluntas populum carminibus optimis iterum atque iterum delectandi
3. carmina componendo gloriam petere → carmina pulchra componendo gloriam petere → carmina pulchra diligenter componendo gloriam petere

c) Suche zu acht der unter 88 M angeführten Suffixe je ein weiteres Beispiel aus dem Register des Lehrbuchs.

d) Viel Spaß. Fülle die Lücken jeweils mit zwei verschiedenfarbigen Bausteinen auf, sodass möglichst großer Unsinn entsteht. Die Bausteine dürfen mehrfach verwendet werden.

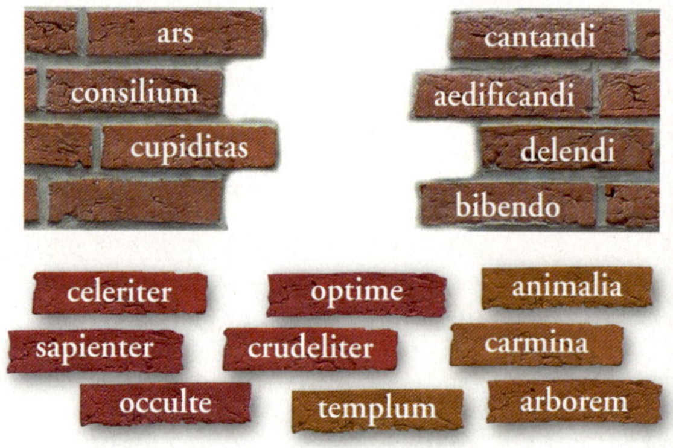

e) Ein großes Talent

1. Senator gaudet: „Semper cupidus sum poetas novos cognoscendi. 2. Heri carmina adulescentis audivi, qui alios poetas arte versus scribendi et recitandi superat.
3. Ingenium eius laudo: Pauci homines ad bene scribendum idonei sunt. 4. Adulescens tales versus faciendo gloriam sibi parabit. 5. Certe multi homines ingenium eius carmina diligenter legendo cognoscent."

I

Ovids Berufswunsch

Ovid wurde 43 v. Chr. als Sohn einer wohlhabenden Familie geboren. Sein Vater schickte ihn und den älteren Bruder nach Rom, wo beide Rhetorik studierten. Der Bruder schlug die juristische Laufbahn ein, Ovid allerdings wollte Dichter werden, denn – wie er im Rückblick formuliert – alles, was er schreiben wollte, sei automatisch zum Vers geworden: et quod scribere temptabam, versus erat.

Berufswahl – eine Qual

T

Als Ovid in den Ferien seine Heimat Sulmo besucht, kommt es zum Streit mit dem Vater. Welchen Berufsweg soll der junge Mann einschlagen?

Pater: Nonne scis, cur te fratremque Romam miserim? Vos artem bene dicendi discere volui. Et ecce exemplum fratris tui probi: Studium ius discendi maxime eum incendit; itaque mox causidicus[1] honestus erit. Et tu? Mera somnia[2] mihi narras: „Cupidus sum gloriam poetae quaerendi." Dicam tibi, quod sentio: Non es paratus ad laborandum; utilia non curas.

Ovidius: Equidem diversa cupio. Cum puer iam essem, cupiditas carmina scribendi me ceperat – et id, quod scribere temptabam, versus erat. Quin mihi versus facere permittis? Romae multi meum ingenium carmina scribendi et recitandi laudant.

Pater: Contra ego poetas scio, qui putabant se carmina edendo magnas opes sibi paraturos esse. Iisdem paulo post auxilio aliorum opus erat. Haud raro poetis pauperibus ne tectum quidem erat.

Ovidius: Nonne scis dignitatem Vergilii et Horatii? Ii poetae egregios se praebent.

Pater: Profecto grandia nomina poetarum profers. Sed tu, puer, pare et omitte versus, aut ...

Ovid hörte jedoch nicht auf seinen Vater – und wurde einer der erfolgreichsten Dichter Roms.

[1] causidicus Rechtsanwalt

[2] mera somnia *n Pl.* nichts als Träume

Vergil zwischen den Musen Kalliope und Melpomene. Römisches Mosaik. 3. Jh. n. Chr. Tunis, Musée du Bardo.

a) 1. Was ist dem Vater wichtig, was seinem Sohn? Stelle die Verben und die Substantive, die sie verwenden, gegenüber. 2. Stell dir vor, du müsstest als Streitschlichter zwischen Ovid und seinem Vater vermitteln. Wie würdest du dabei vorgehen? 3. Wer seine Interessen und Fähigkeiten besser kennt, findet leichter den passenden Beruf. Welche Kriterien hältst du bei der Berufswahl für wichtig?

b) Übersetze und überlege dir zu jedem Satz eine kleine Geschichte:
1. Frequenter ignoscendo e stulto improbum facies. 2. Nihil agendo homines turpiter agere discunt. 3. Diu cogitando amicos delige!

V

c) Vielleicht haben sich Horaz und Vergil nach einer Dichterlesung des jungen Ovid folgendermaßen unterhalten:
1. Horatius: „Haud raro iuvenes Romae carmina scribendo gloriam et dignitatem petunt. 2. Sed, Vergili amice, pauci tantum poetae egregii sunt. 3. Ovidio isti non solum ingenium nova inveniendi, sed etiam ars bene recitandi est. 4. Multum exercendo is certe poeta egregius erit." 5. Vergilius: „Immo, iam est! Exemplo aliorum poetarum ei opus non est."

Flirten für Anfänger

T

Es ist früher Morgen, langsam erwacht das bunte Treiben auf dem Forum. Am Stand der Brüder Sosii, der bekanntesten Buchhändler Roms, legen Sklaven die Buchrollen zum Verkauf aus. Besonders gut verkauft sich das neue Werk des jungen Dichters Ovid, über das schon ganz Rom hinter vorgehaltener Hand spricht. Schon der Titel Ars amatoria („Liebeskunst") verspricht eine interessante Lektüre. Um den Verkauf noch weiter zu steigern, haben die Sosii einen Werbetext an die Außenwand ihrer taberna geschrieben, in den sie Zitate aus dem Werk eingebaut haben:

Quot sidera caelum, tot puellas Roma habet! Si quis artem amandi non scit, nulla alia in urbe hanc artem facilius discet. Sed puella pulcherrima, quae tibi maxime placet, sua sponte ad te non veniet. Immo eam quaerere debes. Itaque ad discendum paratus sis! Discendo enim venator[1] scire potest, ubi praeda maxima capiatur. Diligentissime audi consilia mea: Primum tibi turba auxilio est. Frequentissime pete Circum Maximum, fora et theatra[2] puellarum plena! Imprimis in theatris puellas pulchras invenies. Non minus idonea sunt certamina[3] equorum, quae turbam spectantem delectant. Ibi prope ad puellam delectam sede, aspice eam saepius et, quasi casu effectum esset, tange eius corpus corpore tuo. Deinde nocte ineunte aditum ad convivia pete: Nam vinum curas doloresque celerrime pellit et cupiditates vehementius excitat. Venus[4] vino venit!

[1] vēnātor Jäger

[2] theātrum: *vgl. Fw.*

[3] certāmen, inis *n* Wettkampf

[4] Venus: Göttin der Liebe

Antonio Canova: Venus und Adonis. Marmorgruppe. Um 1790. Genf, Villa La Grange.

V

a) Welche Auffassung von Liebe und welches Verhältnis zwischen Männern und Frauen werden in Ovids Ratschlägen erkennbar? Achte auf die Wortwahl, besonders auf Bilder und Metaphern.

b) Du hast in XXVIII T und XXIX T zwei Auffassungen von Liebe kennengelernt. Vergleiche damit deine Auffassung von Liebe und Partnerschaft.

XXIX *plus*

Teste dich selbst. Bearbeite die Aufgaben a) bis d).

a) Steigere die Adverbien und übersetze:
1. misere vivere 2. superbe reprehendere 3. fortiter sustinere

b) Suche nur die Formen des Gerundiums heraus:
agendo - agendi - agentem - ad agendum - sperandi - speranti - sperans - contendendi - contendenti - contendi

c) Bestimme den Kasus des Gerundiums und übersetze:
1. flendo 2. ad flendum 3. in flendo 4. flendi causā

d) Übersetze:
1. tempus gaudendi 2. voluntas amicos videndi 3. spes locum tristem celeriter relinquendi

Wenn du Probleme mit einer Aufgabe hattest, löse die entsprechende der folgenden Aufgaben:

a') Bilde die fehlenden Formen:
1. diligenter → diligentius → [?] 2. honeste → [?] → honestissime 3. acriter → [?] → acerrime 4. celeriter → celerius → [?] 5. feliciter → [?] → [?] 6. vehementer → [?] → [?]

b') Bilde das Gerundium, indem du die fehlenden Buchstaben ergänzt:
turba ■■ i - mone ■■ o - ad servi ■■■ um - in trah ■■■ o - ad scrib ■■■ um

Beschreibe jeweils, woran man erkennt, dass die folgenden Formen kein Gerundium sind:
monentem - comprehendo - comprehendenti - ostendi

c') Ordne die richtige Übersetzung zu:
1. ad cogitandum 2. cogitando 3. in cogitando 4. cogitandi causā
durch Nachdenken - wegen des Nachdenkens - zum Nachdenken - beim Nachdenken

Bestimme und übersetze:
1. clamandi causā 2. clamando 3. in clamando 4. ad clamandum

d') Übersetze:
voluntas imperatorem potentem *reprehendendi*

Wenn du mit a) bis d) keine Schwierigkeiten hattest, löse mindestens eine der folgenden Aufgaben:

e) Unterscheide und übersetze:
1. Utinam Augustus mihi veniam det / daret! 2. Utinam Augustus litteras meas legerit / legisset! 3. Utinam uxor litteras novas mihi scribat / scripserit!

f) Unterwegs in Rumänien. Nimm die folgenden Vokabeln mit auf die Reise und übersetze die markierten Stellen im anschließenden Dialog.

> bene - esse - fortis, e - Germanus, a, um - in - mihi - multum - multus, a, um - non - noster, nostra, nostrum - placere - stare - terra - tres, tria

„Eşti german?" („... du ...?) – „Da sunt." („Ja, ... ich.") – „Dar vorbeşti bine româneste!" („Du sprichst aber ... Rumänisch.") – „Multumesc frumos!" („... Dank!") – „Îţi place ţara noastră?" („Dir ...?") – „Da, îmi place foarte mult." („Ja, es ...") – „Mai stai mult în România?" („... du noch ... Rumänien?") – „Nu, doar trei zile." („..., nur ... Tage.")

Orientierung im Leben – Fragen an die Philosophie

1

Die griechische Philosophie übte eine gewaltige Faszination auf die römische Oberschicht aus. Dabei sah es zunächst nicht danach aus: Der römische Politiker Cato hatte im Jahre 155 v. Chr. eine griechische Philosophengesandtschaft aus Rom ausgewiesen, weil einer der Gesandten an einem Tag überzeugend dargestellt hatte, warum Gerechtigkeit sinnvoll ist, und am nächsten Tag ebenso überzeugend genau das Gegenteil behauptete. Cato befürchtete, dass diese Art des Denkens, das die Dinge von zwei Seiten beleuchtet und somit in Zweifel zieht, die römische Jugend von den althergebrachten Werten abbringen würde. Aber schon ein Jahrhundert später war es für römische Adelige selbstverständlich geworden, sich mit der Philosophie zu beschäftigen.

fundamentum

Die Römer und die Philosophie

Nach der Eroberung Griechenlands verdienten griechische Gelehrte in Rom ihren Lebensunterhalt als Hauslehrer bei Adeligen. Bald wurde es für wohlhabende junge Römer üblich, in Athen Philosophie zu studieren. Dort lernten sie die drei großen Disziplinen der griechischen Philosophie kennen: Ethik (die Lehre vom richtigen Handeln), Physik (die Lehre von der Natur) und Logik (die Lehre vom richtigen Argumentieren). Ein wichtiger Grund, warum die Römer sich für die Philosophie interessierten, waren die schlimmen Erfahrungen der langen Bürgerkriege: Man suchte Trost in der Philosophie und erwartete sich von ihr Antworten auf die Frage, wie man richtig leben solle. Die althergebrachte römische Religion bot vielen Menschen offensichtlich keine ausreichenden Antworten mehr auf diese Fragen.

2

3

1 Die sog. Korenhalle auf der Athener Akropolis. Um 420–406 v. Chr.

2 Ein philosophisches Gespräch. Relief auf einem römischen Sarkophag der Kaiserzeit. Vatikan, Museo Gregoriano Profano.

3 Doppelporträt der Philosophen Seneca und Sokrates. 1.–3. Jh. n. Chr. Berlin, Antikensammlung.

4 Rekonstruktion der Bibliothek der Villa dei Papiri. Herkulaneum.

5 Das J. Paul Getty Museum in Malibu (Kalifornien) wurde 1971 als originalgetreuer Nachbau der Villa dei Papiri errichtet.

4

Griechische Theorie und römische Praxis

fundamentum

Griechische Denker beobachteten und beschrieben genau die Erscheinungen der Natur und das Verhalten der Menschen. Alles, was sie wussten, setzten sie systematisch zueinander in Beziehung und leiteten daraus Schlussfolgerungen ab, d. h. sie bildeten Theorien. So kamen sie durch reines Nachdenken auf die Idee, die Welt könnte aus kleinsten unteilbaren Teilchen, sog. Atomen, bestehen. Die moderne Naturwissenschaft hat durch Experimente diese Theorie bestätigt.
Das philosophische Denken der Römer bezog sich vor allem auf die praktische Lebensführung (Ethik). Hier übernahmen sie von der griechischen Philosophie, was ihnen nützlich schien, um das Leben besser zu bewältigen und Regeln für ein funktionierendes Staatswesen zu entwickeln.

Die Leistung Ciceros

fundamentum

Es ist das Verdienst Ciceros, den Römern die griechische Philosophie in lateinischer Sprache vermittelt zu haben – in über 30 Büchern, die in der kurzen Zeitspanne von Cäsars Diktatur 46–44 v. Chr. entstanden. Cicero ging es vor allem darum, die Gedanken der Griechen seinen römischen Lesern zu vermitteln. Nicht zuletzt ist es ihm gelungen, wichtige philosophische Begriffe und Sachverhalte in der lateinischen Sprache auszudrücken.

5

Die folgenden Lektionen spielen in Herkulaneum, in der sog. „Villa dei Papiri". Erbaut wurde die Villa im 1. Jh. v. Chr. von L. Calpurnius Piso Caesoninus, dem Schwiegervater Julius Cäsars. Dessen Sohn, Lucius Calpurnius Piso Pontifex, Konsul des Jahres 15 v. Chr., ließ die Villa erweitern und mit kostbaren Kunstwerken schmücken. Vor allem aber richtete er in seinem Haus eine Bibliothek mit über 1800 Papyrusrollen ein. Die meisten dieser Rollen enthielten Texte griechischer Philosophen.

E

1. Omnes servi fugerunt. Locum suum quisque reliquit.
2. Dominus se quemque capturum esse sperat.
3. Servi poenas timent; itaque fortissimus quisque alios monet:
4. „Cur poenas cuiusque generis timetis? Timete servitutem!“

5. Servi dominum crudelem esse sciunt.
   Multos servos vindicatos esse viderunt.
   Dominum se inventurum non esse sperant.
6. Ira commotus dominus servos quaerit.
   Ab amicis auxilium petit servos inventurus.
   Amici fugam servorum suorum timentes ei adsunt.
7. Domino amicos colligente servi urbem relinquunt.
   Urbe relicta servi silvas petunt.

Ü

a) Froschquaken. Dekliniere mit überdeutlicher Aussprache quisque, quidque.

b) Ein Sklavenjäger berichtet:
1. Se quisque servus fugiens prodit. 2. Vestigia sua quemque produnt. 3. Patriam suam quisque petit. 4. Servi cuiusque domini duri fugiunt. 5. Fortissimus quisque comprehenditur. 6. Fuga sua cuique perniciei est.

c) Formen auf der Flucht. Bestimme die fehlenden Infinitive und ergänze sie:
1. vindicare - [?] - vindicavisse - [?] - vindicaturum esse
2. [?] - peti - petivisse - petitum esse - [?]
Bestimme das fehlende Partizip und ergänze es:
3. vindicans - [?] - vindicaturus 4. petens - petitus - [?] 5. [?] - monitus - moniturus

d) Ein entlaufener Sklave plant seine Rückkehr. Hilf ihm, indem du die richtigen Formen findest:
1. „Me **peccare** / **peccavisse** / **peccaturum esse** dicam. 2. Talibus verbis **dicentibus** / **dictis** / **dicturis** veniam petam. 3. Poenam **vitans** / **vitatus** / **vitaturus** deos auxilio vocabo.“

e) Kann man sich selber stehlen?
1. Dominus: „Optimum quemque servum fugisse audivi. 2. Eos domo relicta ad portum properavisse scio. 3. Me eos ibi capturum esse spero. 4. Servos captos ut sceleratos poena afficiam. 5. Eos fures esse constat. 6. Omnes enim sciunt servum rem esse et dominum eam rem possidere. 7. Vir rem rapiens fur est. 8. Ergo se ipsum quisque servus fugiens rapit et fur turpis est.“

Jeder ist sich selbst der Nächste

T

Herkulaneum im Jahre 62 n. Chr. Im Haus einer vornehmen Familie herrscht große Aufregung. Am Vortag hat es nach wiederholten leichten Erdstößen ein heftiges Erdbeben gegeben. Calpurnia, die Tochter des Hausherrn, kommt ins Atrium und begrüßt den Verwalter (vīlicus) des Landgutes, der sich mit ihrem Vater unterhält.

Calpurnia: Salve, vilice! Valentne omnes in villa rustica[1]? Estne incolume pecus? Suntne incolumes equi?

Vilicus: Omnes valent. Sed terrā motā suas quisque res curavit. Tum servos timore permotos monebam: „Ne equos calamitate sollicitatos neglexeritis! In stabulum[2] ite pecusque curate! Optimus quisque servus officium suum bene praestabit, etsi in ultimum periculum veniet. Ne me invito discesseritis, si qui pudor vobis inest[3]!" Omnes paruerunt – praeter Xanthum servum, qui equo rapto effugit.

Calpurnia: Xanthum furtum commissurum esse numquam credidi.

Vilicus: Iste equum abstulit, cum villam rusticam relicturus esset. Oportet te, domine, poenis cuiusque modi in sceleratum vindicare.

Pater: Iram retine, vilice! Tu cupis me ira adductum furem vindicaturum esse. At humanitas me prohibet: Humanitate adductus Xantho parcam, si redierit. Nam scimus se ipsum quemque maxime amare. In tali calamitate sibi quisque proximus est, suam quisque salutem aliorum saluti praefert.

Calpurnia: Aequus ac humanus es, pater.

Überschwänglich verabschiedet Calpurnia ihren Vater; eilig bricht dieser nun zum Landgut auf, um die Schäden, die das Erdbeben verursacht hat, in Augenschein zu nehmen.

[1] vīlla rūstica Landgut

[2] stabulum Stall

[3] inesse *m. Dat.* in jdm. sein

Bronzeporträt des Lucius Calpurnius Piso Pontifex (48 v. Chr.–32 n. Chr.). Neapel, Museo Archeologico Nazionale.

a) 1. Kläre mit Hilfe von Schlüsselwörtern aus Z. 3–8, mit welchem Problem der Verwalter am Vortag zu tun hatte. 2. Versetze dich in die Lage des Sklaven Xanthus. Was hättest du an seiner Stelle getan? 3. Erkläre, was der Vater mit dem Begriff humanitas (Z. 15 f.) meint.

V

b) Xanthus überlegt:
1. Pudor me a furto non prohibet, nam libertatem desidero. 2. Equum ablaturus sum, cum hanc villam relinquere et in patriam discedere cupiam. 3. Spero me Italiam incolumem relicturum esse. 4. Fortuna iuvante proximo die Asiam (!) petiturus sum. 5. Utinam dei aequi sint meque a servitute liberent!

E Lydia serva dicit:

1. „Homines deos non timent.
   Homines deos non verentur.
2. Deos neglegi posse putamus.
   Deos neglegi posse arbitramur.
3. Etiam ego deos neglegi posse arbitrata sum.
4. Nunc fateamur nos erravisse!
5. Nam dei terram moverunt, cum eos non vereremur.
6. Totam familiam moneo: Veremini deos et sacra facite!
7. Pollicere ac iura, Calpurnia, te Neptuno sacrum facturam esse!
8. Deum terras mariaque turbavisse suspicor.“

Ü

a) Ich, du, er (sie, es), wir, ihr, sie.
Bringe die Formen in die richtige Reihenfolge und bestimme sie genau:
1. verebatur - vereor - verebimini - veritus es - veriti erant - vereremur 2. arbitratae essent - arbitramini - arbitratus eris - arbitrati sumus - arbitrabitur - arbitrer

b) Welche Übersetzung ist richtig?

... homines vindicantur ...

1 ... sie werden die Menschen bestrafen ...
2 ... die Menschen werden bestraft ...

... sacerdotes verentur ...

1 ... die Priester verehren ...
2 ... die Priester werden verehrt ...

... sacrum pollicetur ...

1 ... er / sie verspricht ein Opfer ...
2 ... ein Opfer wird versprochen ...

c) Ein Priester klagt die Menschen an.
1. „Deos non veremini. 2. In periculo deis multa polliciti estis. 3. Nunc se quisque deis nihil debere arbitratur. 4. Sed qui deos non veretur, vindicabitur. 5. Fatemini vos peccavisse! 6. Deos magna ira commotos esse suspicor. 7. Vos eos vereri necesse est. 8. Nam ii semper vos curant.“

d) Das Schweigen der Götter
1. Antiquis temporibus multi homines deos veriti sunt, quia auxilium aut consilium eorum petebant. 2. Itaque eis templa aedificabantur ac statuae eorum ornabantur. 3. Sed saepe dei auxilio non venerunt et tacuerunt, etsi homines dona polliciti erant. 4. Itaque nonnulli viri sapientes deos sorte hominum non moveri suspicati sunt.

I

Entrückte Götter
Der griechische Philosoph Epikur (341–270 v. Chr.) ist der Ansicht, dass es zwar Götter gibt; sie kümmerten sich aber nicht um das Leben der Menschen, weshalb sie auch nicht verehrt werden müssten. Die Angst, von den Göttern bestraft zu werden, sei daher unnötig: Die Menschen könnten sich auf ihr Leben konzentrieren. Das Glück (griech. *eudaimonía*) liegt nach Epikur in einem ruhigen, ausgeglichenen, sorgen- und schmerzfreien Leben.

T

Sind die Menschen den Göttern gleichgültig?

Nach dem Abschied des Vaters läuft Calpurnia aus dem Atrium in die Bibliothek, um Nikodemus, ihrem Hauslehrer, zu helfen: Dieser ordnet gerade die vielen Papyrusrollen, die während des Erdbebens aus den Bücherschränken gerollt sind.

Nicodemus: Hercule! Iam diu vitam in Campania ago et in aedibus patris tui moror. Numquam vero talis pernicies nos incessit.

Calpurnia: Dei nobis istam perniciem intulerunt, quia parum eos verebamur. Lydia serva heri memoravit Neptunum tridente[1] terras mariaque turbavisse, quia ira vehementi commotus erat. Cras[2] cum Lydia Neptuno sacrum faciam. Arbitrarisne deos nobis ignoturos esse?

Nicodemus: Te precor, Calpurnia, ne tam stulta sis quam Lydia. Cur suspicabamini motum terrae a deis effectum esse? Dei quidem terram non moverunt. Depone igitur timorem deorum, Calpurnia! Audi dicta Epicuri philosophi! Dei, ut Epicurus ratus est, vitam aeternam ac beatam sine curis procul a terra agunt. Nescio, cur sacerdotes semper auxilium deorum polliceantur. Epicurus enim docet deos felicissime viventes neque homines tueri neque omnino res humanas curare.

Calpurnia: Si vera est ea sententia, fateor stultum esse deos vereri.

[1] tridēns, ntis *m* Dreizack

[2] crās *Adv.* morgen

Als Nikodemus ihr erzählt, dass alles in der Welt – auch die Götter und sogar die Seele des Menschen – aus kleinsten Teilchen, den sog. Atomen, bestehe, schweigt Calpurnia nachdenklich.

Der sog. Poseidon von Kap Artemision. Griechische Bronzeplastik. Um 460 v. Chr. Athen, Archäologisches Nationalmuseum.

V

a) 1. Welche Ursache vermutet Calpurnia hinter dem Erdbeben? Lies in einem Mythenlexikon unter dem Stichwort Poseidon / Neptunus Genaueres nach. 2. Aus welchem Grund vertritt Nikodemus eine andere Ansicht? 3. Überlege, welche anderen Vorstellungen der Menschen durch Epikurs Theorie in Frage gestellt werden. 4. Was meint Calpurnia mit ihrer Aussage in Z. 16 f.? Ermittle in einem Wörterbuch die verschiedenen Bedeutungen des Verbs vereri.

b) Wieso gibt es Erdbeben?

1. Thales philosophus, qui in Asia (!) moratus est, arbitrabatur aquam motum terrae efficere. 2. Ratus enim est orbem aquā portari ut magnam navem. 3. Ut navis undis movetur, sic terra motu Oceani (!) movetur. 4. Ita philosophus etiam timorem deorum vicit. 5. Tunc homines iram deorum non iam veriti sunt. 6. Alii vero, qui de natura cogitabant, alias causas esse suspicabantur. 7. Quidam fassi sunt causam motus terrae in ignibus esse. 8. Illi memorant ignes a Vulcano deo sub terra incensos motum terrae efficere.

91

E Nicodemus:

1. „Lydia putat deos aut nos tueri aut calamitates moliri.
2. Sed dei apud nos nihil moliuntur.
3. Procul a nobis vitam beatam agunt.
   Nec vident homines pati nec audiunt eos queri.
4. Si tu dolores páteris vel ego patior - dei non moventur.
5. Ipsi autem dolores non patiuntur, numquam queruntur.
6. Utinam homines exemplum deorum sequerentur!
7. Mox cum Lydia his de rebus loquar.
8. Tum ei dicam: Sequere Epicurum!"

Ü

a) Nikodemus räumt auf. Unterstütze ihn, indem du die Formen nach Konjugationsklassen sortierst:
arbitror - sequor - tuetur - molitur - veriti sumus - locuti sumus - ratus est - suspicemur - polliceremur - patior - fateor - querar

b) Calpurnia hat sich nach ihrem Gespräch mit Nikodemus Stichwörter notiert. Fülle sie mit den nachfolgenden Verbformen sinnvoll auf:

1. Nicodemus dicta Lydiae [?] 2. Nicodemus Epicurum omnino [?] 3. Ille dicit deos nulla mala [?] 4. Tamen homines multa [?] 5. De his rebus cum patre [?] 6. Nescio, utrum Nicodemum an Lydiam [?]

loquar - moliri - patiuntur - questus est - sequar - sequitur

c) Verkehrt herum. Lies und übersetze.
1. rutiuqes ihposolihp atcid sumedociN
2. itap muroed saneop senimoh tagen ellI
3. tecod irilom alam allun subinimoh soeD

d) Calpurnias wirrer Traum
1. In somno Calpurnia rem miram videt: Dei cum Epicuro loquuntur. 2. Iuppiter philosophum deos in exilium misisse queritur. 3. Epicurus autem ridet et ridens in mille partes frangitur. 4. Dei philosophum eodem modo sequuntur. 5. Subito Nicodemus adest: Omnes partes tanto labore colligere temptat, ut vehementer patiatur. 6. Multa magister molitur, sed partes parvae iterum atque iterum eum fugiunt.

Bunte Fassade in der historischen Altstadt von Nabburg in der Oberpfalz.

Pflücke den Tag!

T

Bis tief in die Nacht denkt Calpurnia über Nikodemus' Kritik an der Religion nach. Am nächsten Morgen will sie ihren Vater dazu befragen. Dieser ist jedoch noch immer auf dem Landgut beschäftigt. Während des Unterrichts bemerkt Nikodemus das traurige Gesicht von Calpurnia:

Calpurnia: Pater semper multis in officiis occupatus est, multa molitur. Saepe experior, quam raro ei sit otium. Precare patrem, Nicodeme, ne me neglegat! Velim pater habeat tempus mecum fabulandi[1]!

Nicodemus: Ne questa sis! Ne patrem reprehendas! Pater enim negotia sua sequitur.

Calpurnia: Mihi in mentem veniunt dicta Horatii poetae, quae me docuisti: „Dum loquimur, tempus iam fūgit. Itaque carpe diem!" At quo modo homo diem carpere potest? Diesne carpitur, cum pater negotia in foro agit? Diesne carpitur, cum totum fere diem causas agit? An diem carpit, cum curis solutus familiae et amicis se dat?

Nicodemus: Diem carpit, qui voluptatibus se dat neque dolores patitur. Id, quod sensus nostros delectat aut quo quisque gaudet, voluptas est: Alius – velut pater tuus – communi saluti consulit, alius magnas opes sibi parat et sua tantum commoda curat, alius libros legit.

Calpurnia: Equidem maximam voluptatem consequor, cum pater tempus sibi sumit multosque sermones mecum habet.

Nicodemus: Bene loqueris. Patrem tuum hac prece aggrediar.

Calpurnia: Utinam pater id consilium sequatur, Nicodeme!

[1] fābulārī plaudern

V

a) 1. Worin besteht für Horaz, einen Anhänger Epikurs, ein glückliches Leben? 2. Sammle die in T genannten verschiedenen voluptates. Welche anderen voluptates könnte man hinzufügen? 3. Sammelt kurze Definitionen von „Glück" und diskutiert sie.

b) Eins folgt aufs andere:

1. Rem tene, verba sequentur.
2. Iudicis est semper in causis verum sequi.
3. Cura sequitur crescentem pecuniam.

c) Herakles begegnet zwei Frauen, die ihn vor eine schwierige Wahl stellen:

1. Prima femina haec fere dixit: „Te precor, ut me audias. Ego sum Voluptas. 2. Si me secutus eris, semper beatus eris. 3. De rebus iucundis tantum cogitabis, numquam quereris, nihil patieris. 4. Necesse non erit negotia difficilia agere; semper maximam voluptatem consequeris." 5. Secunda autem femina talia locuta est: „Ne istam secutus sis, Hercules! 6. Non Voluptas, sed Vitium eius nomen est. 7. Ego sum Virtus. Audi verba mea! 8. Expertus es homines nihil sine labore moliri. 9. Si vero opera gravia aggressus eris, gloria afficieris."

Ameise und Grille

T

Calpurnia ist nach dem Gespräch mit Nikodemus sehr verwirrt. Seine Forderung „Carpe diem!“ hat sie fasziniert, aber auch irritiert; denn dieses Lebensmotto widerspricht vielem, was sie bislang gelernt und geglaubt hat. Bei einem Spaziergang teilt sie Nikodemus ihre Gedanken mit:

Utinam verba tua intellegere possim! Sed verbis tuis vehementer perturbata sum. Nonne is, qui diem carpit, suas tantum voluptates sequitur res futuras salutemque communem neglegens? Quondam cum patre locuta sum, qui fabulam a quodam poeta Graeco inventam narravit: „Formica[1] et cicada[2] in campo habitabant. Aestate cicada semper gaudebat ridebatque; carmina pulcherrima cantans vitam beatam sine curis agebat. Hieme[3] autem instante cibis carebat et sortem suam querens formicam adiit, quae magnam copiam frumenti aestate collegerat: ‚Formica‘, inquit, ‚vires me deficiunt[4]. Da mihi cibum! Nisi me iuveris, miserrime peribo.‘ At formica: ‚Quid aestate fecisti?‘ ‚Aestate totos dies cantabam!‘, cicada respondit. Tum formica: ‚Quia aestate cantavisti, nunc patere famem[5] et dolores!‘“
Sic pater dixit eaque fabula me movit. Cicada enim iure a formica reprehensa est, quia rebus futuris non providerat. Quid ergo faciam? Utrum diem carpam an tempore utar[6] rebus futuris providens?

[1] formīca Ameise
[2] cicāda Grille
[3] hiems, hiemis *f* Winter
[4] dēficere *hier:* verlassen
[5] famēs, is *f* Hunger
[6] ūtī *m. Abl.* etw. nutzen

La cigale et la fournie. Farbdruck nach einer Illustration von Calvet-Rogniat. Um 1910. Paris, Privatsammlung.

V

a) Die in Z. 5–12 erzählte Geschichte ist eine Fabel. Untersuche, welche fabeltypischen Merkmale sie aufweist.

b) Welche Lehre enthält die Fabel? Überlegt, in wem ihr euch eher wiedererkennen könnt: in der Ameise oder in der Grille?

XXX *plus*

Ü

a) Übersetze und löse mindestens fünf Aufgaben deiner Wahl. Übe das, was du noch nicht gut kannst. Freiwillige Vorübung: Präge dir die wichtigsten **Vokabeln**[1] ein.

1. Cicada (Grille) cibo **carens**[2] famem (Hunger) **passa est**[3].
2. Curis **commota**[4] vitam miseram **questa est**[5].
3. Cibum **acceptura**[6] ad formicam (Ameise) **aggressa est**[7]:
4. „Da mihi – te **precor**[8] – cibum! Nam scio cibum a te **collectum esse**[9]."
5. Formica: „Te iure vitam miseram **agere**[10] **arbitror**[11]."
6. Cicada: „**Polliceor**[12] me mores **mutaturam esse**[13]."

1 Ordne jeder Vokabel die passende Bedeutung zu. Präge sie dir ein und lass dich abfragen.
accipere - aggredi - arbitrari - carere *m. Abl.* - cibus - colligere - commovere - cura - ius - miser - mores - mutare - pati - polliceri - precari - queri *m. Akk.* - vitam agere

Charakter - Nahrung - Recht - Sorge - erbärmlich - sich beklagen über - bewegen - bitten - erhalten - ein Leben führen - nicht haben - herangehen - leiden - meinen - sammeln - verändern - versprechen

2 In welchem Zeitverhältnis steht das Partizip zum Prädikat? Denke daran auch bei folgender Variante des Satzes: Cicada cibo carens famem patitur.

3 Welche Übersetzung trifft zu?
A. Die Grille ... litt Hunger. B. Von der Grille wurde Hunger ... gelitten. C. Die Grille hatte ... Hunger gelitten.

4 In welchem Zeitverhältnis steht das Partizip zum Prädikat? Denke daran auch bei folgender Variante des Satzes: Curis commota vitam miseram queritur.

5 Übersetze und unterscheide:
queritur - queretur - queruntur - questa est - questa erat

6 In welchem Zeitverhältnis steht das Partizip zum Prädikat? Denke daran auch bei folgender Variante des Satzes: Cibum acceptura ad formicam aggreditur.

7 Formenstaffel
aggredior → Pl. → 3. Pers. → Sg. → Perf. → Konj.

8 Welche Übersetzung trifft zu?
A. Ich werde von dir gebeten. B. Ich werde von dir gebeten werden. C. Ich bitte dich.

9 Bestimme die Infinitive:
collegisse - colligere - collecturum esse - collectum esse - colligi

10 In welchem Zeitverhältnis steht der Infinitiv zum Prädikat? Denke daran auch bei folgender Variante des Satzes: Te iure vitam miseram agere arbitrata sum.

11 Gib an, welche Veränderung jeweils vorgenommen wurde:
arbitratur → arbitrabitur → arbitrabor → arbitror → arbitrata eram → arbitrata sum

12 Bilde die entsprechenden Formen von polliceri:
promisi - promitto - promiseram - promittam (Fut.)

13 In welchem Zeitverhältnis steht der Infinitiv zum Prädikat? Denke daran auch bei folgender Variante des Satzes: Speravi te mores mutaturam esse.

b) Gedanken über Jedermann

1. Suae quisque fortunae faber (Schmied) est.
2. Quanta est in quoque fides, tantum cuique committitur.
3. Vir iustus cuique dat, quod suum est.
4. Tam miser est quisque quam credit.

ANTIKE STOFFE IN MODERNER FORM

Antike Stoffe, Texte und Motive leben oft in veränderter Form bis heute weiter. Gerade Fabeln sind ein gutes Beispiel für die Rezeption (Wiederaufnahme) ihrer Themen und Motive: Viele Fabeln wurden in den letzten 2.500 Jahren immer wieder von verschiedenen Autoren nach-, um- oder neu erzählt. Dies soll exemplarisch an verschiedenen Versionen der Fabel von der Ameise und der Grille gezeigt werden.

JEAN DE LA FONTAINE

Die Fabel von der Grille und der Ameise stammt vermutlich von dem griechischen Fabeldichter Äsop (6. Jh. v. Chr.); bekannt geworden ist sie vor allem in der Fassung des französischen Dichters Jean de La Fontaine (1612–1695). In der deutschen Übersetzung lautet dessen Text:

Die Grille, die den Sommer lang
zirpt' und sang,
litt, da nun der Winter droht',
harte Zeit und bittre Not.
Nicht das kleinste Würmchen nur,
und von Fliegen keine Spur!
Und vor Hunger weinend leise,
schlich sie zur Nachbarin Ameise,
und fleht' sie an in ihrer Not,
ihr zu leih'n ein Stückchen Brot,
bis der Sommer wiederkehre.
„Hör", sagt sie, „auf Grillenehre,
vor der Ernte noch bezahl'
Zins ich dir und Kapital."
Die Ameise, die wie manche lieben
Leut' ihr Geld nicht gern verleiht,
fragt' die Borgerin: „Zur Sommerszeit,
sag' doch, was hast du da getrieben?"
„Tag und Nacht hab' ich ergötzt
durch mein Singen alle Leut'."
„Durch dein Singen? Sehr erfreut!
Weißt du was? Dann tanze jetzt!"

Illustrationen von Benjamin Rabier zu einer Ausgabe der Fabeln Lafontaines. Paris 1906.

Walt Disney: The Grasshopper and the Ants. 1934.

THE GRASSHOPPER AND THE ANTS

Einen anderen Verlauf nimmt die Geschichte in der Walt-Disney-Fassung des Stoffes. In dem Zeichentrickfilm „The Grasshopper and the Ants" aus dem Jahre 1934 genießt die Grille den Sommer und verhöhnt die Ameisen, weil sie jetzt schon für den Winter vorsorgen. Die Ameisenkönigin warnt die Grille vor dem Winter, doch die ignoriert alle Ratschläge. Im Winter wandert die hungernde Grille umher, kommt schließlich zum Ameisenhügel und bittet um Hilfe. Die Ameisen haben Mitleid und retten die Grille. Die Ameisenkönigin erinnert die Grille zwar an ihre Fehler während des Sommers, wirft sie aber nicht hinaus, sondern engagiert sie als Musiker für die dunklen Wintertage. So erfreut die Grille die Ameisen und versüßt ihnen das Leben durch ihre Lieder.

HELMUT ARNTZEN: RATSCHLÄGE FÜR AMEISEN

Die Version von Helmut Arntzen (geb. 1931) erzählt die Geschichte weiter und ist nur verständlich, wenn man die Originalversion kennt.

„Was Singen und Arbeiten betrifft, so habe ich schon deiner Mutter gute Ratschläge gegeben", sagte die Ameise zur Grille im Oktober. „Ich weiß", zirpte die, „aber Ratschläge für Ameisen."

Thomas Escher: Grille und Ameise. 20. Jh.

Gustave Doré: Grille und Ameise. Kupferstich um 1870.

GUSTAVE DORÉ

Der französische Maler Gustave Doré (1832–1883) hat die Szene illustriert. Wie interpretiert er die Fabel? Beachte, dass auf seinem Bild weder Grille noch Ameise zu sehen sind.

a) Vergleicht die verschiedenen Versionen der Fabel. Was ändert sich, was bleibt immer gleich? Welche gefällt euch am besten?

b) Verfasst selbst eine eigene Version dieser Fabel. Ihr könnt auch eine andere euch bekannte Fabel umschreiben. Tragt eure Fabeln in der Klasse vor.

c) Recherchiert weitere Beispiele für die Rezeption antiker Stoffe.

92

E

1. Nicodemus a Calpurnia interrogatus sapienter respondet.
   Calpurnia cum magistro locuta patrem consulere vult.
   Filia patrem consultura domum petit.
2. Calpurnia patrem interrogans ut philosophus loquitur.
   Pater cum Calpurnia loquens Epicurum reprehendit:
   „Arbitratus nihil immortale esse Epicurus errat."
3. Calpurnia cupida plura interrogandi est.
   Pater consilium iterum cum filia loquendi capit.

Ü

a) Welche Übersetzung ist richtig?

... vir precatus, ut ...
1. ein Mann, der darum gebeten hat, dass
2. ein Mann, der darum gebeten worden ist, dass

... philosophus laudatus ...
1. ein Philosoph, der gelobt hat,
2. ein Philosoph, der gelobt worden ist,

... viri sapientes deos veriti ...
1. weise Männer, die Götter verehrt haben,
2. weise Männer, die von Göttern verehrt worden sind,

b) Calpurnia drückt sich etwas umständlich aus. Hilf ihr, indem du die Sätze dem Beispiel entsprechend veränderst. Übersetze dann.
Nicodemus, **qui Epicurum sequitur**, haec dicit: → Nicodemus **Epicurum sequens** haec dicit: 1. Homines, qui voluptates sequuntur, beate vivunt. 2. Mortem, quae vitam nostram aggreditur, timere non debemus. 3. Sacerdotes, qui deos hominibus adesse arbitrantur, nos fallunt.

c) Calpurnias Vater wird von einem Sklaven begleitet, der ihm sagt, was wann zu tun ist. Übernimm diese Rolle und bilde dem Beispiel entsprechend das Gerundium. Übersetze dann.
„Domine, nunc tempus est ... in foro (morari) morandi. 1. amicum miserum (tueri). 2. auxilium ab amicis (precari). 3. cum senatoribus (loqui). 4. in templo deos (vereri). 5. ruri multa opera (moliri)."

d) Aus Lust wird Frust
1. Philosophi Epicurum sequentes voluptatem summum bonum esse arbitrantur. 2. Sed homines voluptatem secuti saepe patiuntur. 3. Nam voluptatem rem praesentem esse rati rebus futuris non provident. 4. Itaque ab aliis philosophis consilium voluptatem sequendi reprehenditur. 5. Cicero haec fere scribit: „Nemo ipsam voluptatem reprehendit aut fugit, quia voluptas est, sed quia magni dolores sequuntur eos, qui voluptatem sapienter sequi non possunt."

I

Die Seele in der antiken Philosophie

Epikur lehrt, dass die Seele – wie auch alles andere auf der Welt – aus Atomen zusammengesetzt ist. Wenn ein Mensch stirbt, lösen sich die Atomverbindungen auf, aus denen die Seele gebildet war. Nach dem Tod gebe es also nichts, wovor der Mensch Angst haben müsste, da er keine Wahrnehmung mehr habe.
Die stoische Philosophie hingegen sieht die Seele als unsterblich an: Jede Seele sei ein kleiner Teil eines göttlichen Geistes, mit dem sie sich nach dem Tod wieder vereine.

Sind wir unsterblich?

T

Am Abend kehrt Calpurnius endlich vom Landgut zurück. Nach einem erfrischenden Bad nutzt er die Zeit, mit seiner Tochter im Garten zu plaudern. Aufmerksam hört er an, was Calpurnia ihm berichtet.

Calpurnia: Heri in bibliotheca[1] versata sum. Ibi cum Nicodemo colloquebar. Cum eo colloquens nonnulla dicta eius mirabar. Nicodemus enim Epicurum consequens opinatur et homines et deos et omnes res ex atomis[2] constare. Contendit etiam animam ex atomis ortam esse. Nunc te rogo – verita, ne dicta eius vera sint.

Pater: Cum cupida sis naturam animae experiendi, audi, quid dicam: Nicodemus negat animam immortalem esse. At ego tibi ostendere conabor animam divinam esse, quamvis in corpore humano habitet.

Calpurnia: Id mihi ostendas!

Pater: Illa anima divina immortalis est; nam illa est ratio.

Calpurnia: Sed quid accidit, cum homo moritur? Nonne moriendo anima quoque exstinguitur?

Pater: Vide et intuere hominem, cuius corpus quasi domicilium[3] animae est: Cum quis ultimum spiritum reddit, anima morientis discedit. E corpore autem proficiscens redit ad fontem suum. Hortemur igitur omnes, ut animae immortali provideant!

[1] bibliothēca: *vgl. Fw.*

[2] atomus: *vgl. Fw.*

[3] domicilium Wohnsitz

Mosaik aus dem Gartentriclinium eines pompejanischen Hauses. 1. Jh. n. Chr. Neapel, Museo Archeologico Nazionale.

V

a) 1. Wie stellt sich Nikodemus die Seele vor? Welche Gegenposition nimmt der Vater ein? 2. Suche eine elegante Übersetzung für die Wendung ultimum spiritum reddere (Z. 14). 3. Recherchiere, welche Vorstellungen die Römer vom Leben nach dem Tod hatten. Vergleiche die Ergebnisse mit der Auffassung, die Calpurnias Vater vertritt. 4. Erläutere, was der Vater mit seiner Ermahnung in Z. 15 f. meinen könnte.

b) Calpurnias Vater erzählt:
1. Heri aedificia praeclara intuens diu in foro versabar. 2. Forte amicum de fortuna querentem conveni. 3. Eum hortatus sum, ut mihi de curis narraret. 4. Cum eo colloquens patrem eius mortuum esse comperi. 5. Solacium ei afferre conabar; sed dolores ratione victi non sunt.

E

1. Nicodemus: „Epicurus, magister noster laudandus, forum fugit.
2. In libro legendo plura comperit quam in foro.
3. Libro legendo etiam mens nostra exercetur.
4. Ad libros legendos silentio opus est.
5. Itaque Epicurus consilium turbae fugiendae dedit.
6. Cupidus hoc consilium sequendi sum.
   Cupidus huius consilii sequendi sum."

Ü

a) In einem Lateinlexikon steht zu dem Adjektiv secundus Folgendes:

> **secundus**, a, um (altes Gerundivum zu sequor): der folgende, der nächste, der zweite ... z. B. secundum factum Herculis

Erläutere den Lexikon-Eintrag und bilde das Gerundivum von sequi nach der dir bekannten Regel. Was fällt dir beim Vergleich der Formen auf?

b) Die markierten Formen stehen im falschen Satz. Setze sie jeweils in den richtigen und übersetze.
1. Nicodemus cupidus vitae beatae **fugiendae** est. 2. Consilium multitudinis **agendae** Nicodemo placet. 3. Ita tempus ad libros **docendos** ei est. 4. In libris **scribendis** nova dicta Epicuri invenit. 5. Ad discipulos **legendos** haec verba recitat. 6. Epistulis **legendis** cum amicis colloquitur.

c) Nikodemus wandelt dem Beispiel entsprechend Gerundivum in Gerundium um. Unterstütze ihn bei dieser kniffligen Arbeit.
1. spes vitae beatae agendae → spes vitam beatam agendi 2. voluntas turbae fugiendae → voluntas turbam ... 3. libris legendis → libros ... 4. consilium epistulae scribendae → ... 5. discipulis docendis → ...

d) Lebe im Verborgenen!
1. Nicodemus amico scribit: „Fuge multos, fuge nonnullos, fuge paucos ad hoc unum servandum: te ipsum. 2. Nam turba res timenda est: Nos turbat. 3. Ad amicum conveniendum fuge forum, fuge amphitheatrum! 4. In horto (Garten) parvo de vita beata agenda sermonem iucundum habebis."

Büste des Philosophen Epikur. Um 270 v. Chr. Berlin, Staatliche Antikensammlung.

Was machst du aus deinem Leben?

T

Calpurnias Bruder Severus hat vor kurzem die Männertoga (toga virīlis) erhalten und gilt somit als volljährig. Seitdem begleitet er den Vater, der Anwalt ist, oft auf das Forum, so auch am folgenden Morgen. Calpurnia aber möchte ihren Bruder überreden, die nächsten Tage mit ihr und Nikodemus auf dem Landgut zu verbringen.

Calpurnia: Toga virili accepta plurimam operam studiumque ponis in legibus discendis, in moribus maiorum imitandis.

Severus: Certe eosdem honores persequi volo quos pater et avus. Haec via recta est ei, qui e gente nobili natus est.

Calpurnia: Sed audi: Nicodemus, magister noster amandus, ratus est deos summo otio quasi vitam beatam ac contentam agere. Si deis pares esse volumus, nos e negotiis recipere et vitam privatam agere debemus. Sic hominibus est tempus vitae beatae agendae.

Severus: Nicodemus errat. Pater mihi praecipit, ut in causis agendis verser. Ita maximam voluptatem consequar. Scio exempla multorum virorum, qui virtute maiorum imitanda summos honores consecuti sunt.

Calpurnia: Sed Nicodemus mihi ostendit, quibus verbis Epicurus philosophus usus sit: „Sapiens ultro non accedet ad negotia publica." Cur plerique homines parati non sunt ad vestigia Epicuri sequenda?

Severus: Tace, Calpurnia! Otium tantum petere Romanos pudet. Non e libris legendis neque e fabulis philosophorum audiendis, sed e negotiis publicis et exemplis maiorum voluptatem capiam. Verus enim sapiens dixit: „Moribus antiquis res stat[1] Romana virisque." Nunc vero in forum progrediar.

[1] stāre *m. Abl.* *hier:* beruhen auf

Calpurnia und ihre Mutter fahren, begleitet von Nikodemus, auf das Landgut hinaus. Dort herrscht große Aufregung: Die Tochter des Gutsverwalters bekommt gerade ein Kind und Calpurnia darf bei der Geburt dabei sein.

V

a) 1. Was rät Calpurnia ihrem Bruder? Was hältst du von diesem Rat? 2. Mit welchem Argument entgegnet ihr Severus? Stelle aus den Aussagen des Severus Wendungen zusammen, die das Engagement im öffentlichen Leben Roms bezeichnen. 3. Wie kannst du für die Gemeinschaft Engagement zeigen?

b) Eine Erkenntnis der Philosophie:

Nemo sine vitiis nascitur.

c) Severus denkt über seine Zukunft nach:
1. Cum verba Calpurniae me moverint, vitam privatam agere me pudet. 2. Patrem imitari cupio, nam ille iam adulescens honores petivit. 3. Mihi praecipit, ut operam in re publica ponam. 4. Bonus enim vir ad privatam tantum vitam agendam natus non est. 5. Eo consilio utar, quia maioribus par esse volo. 6. Magistratus accipiendi causa forum petam; nam mihi est magna spes in virtute progrediendi.

94

E

1. Severus: „Pater meus vir laudandus est.
Pater meus laudandus est.
2. Rem publicam diligendam esse dicit.
3. Officia publica - ut ait - fugienda non sunt.
4. Si quid faciendum est, non quaerit:
‚Quis hoc faciet?‘ Immo dicit: ‚Hoc mihi faciendum est.‘“

Ü

a) Ein anderer Sohn, ein anderer Vater.
1. „Pater meus reprehendendus est. 2. Rem publicam neglegendam esse dicit. 3. Officia – ut ait – fugienda sunt. 4. Si quid faciendum est, dicit: ‚Hoc mihi faciendum non est.‘ Et quaerit: ‚Quis hoc faciet?‘“

b) Severus will sich Ratschläge seines Vaters notieren. Er ist sich aber nicht mehr sicher, wann **non** zu setzen ist. Entscheide und übersetze.
1. Magistratus corrumpendus (non) est. 2. Scelus committendum (non) est. 3. Cives miseri iuvandi (non) sunt. 4. Amici prodendi (non) sunt. 5. Officia praestanda (non) sunt. 6. Res publica a periculis servanda (non) est. 7. Civitas fallenda (non) est.

c) Auch diesen Rechtsgrundsatz lernt Severus:
Pacta (Verträge) sunt servanda.

d) Ein Tagesplan für die Familie. Wer hat was zu tun? Bilde jeweils den Dativus auctoris und übersetze.
1. Libri • diligenter ponendi sunt. 2. Causa • agenda est. 3. Sacrum • faciendum est. 4. Oratio Ciceronis • legenda est. 5. Officia dominae • praestanda sunt. 6. Equi • curandi sunt.

e) Junge Männer haben es besonders schwer.
1. „Salve, Severe!“ - „Salve, Quinte! Cur tam tristis es, amice?“ - „Patior. Nam vita iucunda mihi agenda non est. 2. Cottidie (täglich) pater me in forum trahit; ibi mille amici eius mihi salutandi sunt. 3. Pater saepe dicit: ‚Honores tibi petendi sunt. 4. Exempla maiorum tibi imitanda sunt.‘ 5. Mox etiam oratio mihi habenda est – mihi, cui ars dicendi odio est. 6. Di magni, cur haec omnia adulescentibus facienda sunt?“

I

Mädchen aus der römischen Oberschicht
Römische Mädchen wurden schon ab dem 12. Lebensjahr verheiratet und waren als Tochter, später als Ehefrau, dem pater familias untergeordnet. Sie besaßen kein eigenes Vermögen und erlernten meist keinen Beruf. Die Hauptaufgabe einer Frau aus der Oberschicht war in der Regel die Aufsicht über das Haus. Eine vornehme Römerin war für die Zusammenstellung des Essens, für die Überwachung der Sklaven und die Erziehung der Kinder zuständig, soweit diese nicht von einer Amme betreut wurden.

Wie frei bin ich wirklich?

T

Einige Tage später sitzen Calpurnia und ihre Mutter im schattigen Säulengang der Villa zusammen. Calpurnia erzählt, wie sie sich den Tag über um die Pferde des Gutshofes gekümmert hat. Sie beschwert sich aber auch, dass ihr großer Bruder nur noch selten die Freizeit mit ihr zusammen auf dem Land verbringt.

Calpurnia: Severus libenter in foro versari videtur. Cur eandem vitae viam ingredi cupit ac pater?
Mater: Studium Severi laudandum est. Nam frater tuus opinatur actiones atque causas neglegendas non esse. At tibi, Calpurnia, alia officia praestanda magnaque onera ferenda sunt. Nam curam domus remittere mulieri non licet.

Bei diesen Worten fällt Calpurnia wieder die Geburt ein, die sie vor kurzem miterlebt hat.

Calpurnia: Iam diu, mater, mecum agitabam, qui cursus vitae mihi sequendus esset. Non familiam tantum curare mihi cordi est – nunc tandem scio, quo modo utilia perficere possim: Tibi confiteor, quanta cupiditas mihi sit munera obstetricis[1] suscipiendi.
Mater: Scilicet munus obstetricis laudandum esse videtur; te vero non decet[2]. Manifestum est te iuveni nobili mox nupturam esse. Tum marito providere eique parere consuesces. Etiam liberi quam optime tibi alendi atque instruendi erunt.
Calpurnia: At nubere nolo; vobiscum vivere praefero. Nonne libera nata sum? Cur nos feminae solum ad parendum et pariendum natae sumus? Ego cursum vitae ipsa deligere cupio.

Statt zu antworten, lächelt ihre Mutter nur und winkt eine Sklavin heran, um ihr Anweisungen für das Abendessen zu geben.

[1] obstetrīx, īcis *f* Hebamme

[2] decet *m. Akk.* es gehört sich für jdn.

Relief vom Grabmal der Hebamme Scribonia Attice. 2. Jh. n. Chr. Ostia, Museo Ostiense.

a) 1. Vergleiche den Lebensweg, der Severus und Calpurnia erwartet. 2. Erschließe anhand von Schlüsselwörtern (Z. 5 und Z. 11 ff.), wie sich eine römische Ehefrau zu verhalten hatte. 3. Diskutiert, inwiefern sich das Leben von Mädchen in unserer Gesellschaft geändert hat.

V

b) Anweisungen der Mutter für Calpurnia:
1. Semper tecum haec agita: Multae operae tibi suscipiendae sunt. 2. Scilicet studium laborandi remittendum non est. 3. Servi consiliis idoneis instruendi sunt. 4. Si mater eris, etiam filiis tuis praecipies auctoritatem maiorum tuendam esse. 5. Utinam virtutem semper persequi consuescas! 6. Pollicere consilia mea tibi cordi futura esse!

RAFFAELS GEMÄLDE „DIE SCHULE VON ATHEN"

„Die Schule von Athen" ist ein Gemälde des italienischen Malers Raffael. Er schuf es 1511 für einen Raum im Vatikan, den der Papst zur Unterzeichnung von Schriftstücken nutzte. Raffael versammelte inmitten einer fantasievollen Monumentalarchitektur diejenigen griechischen Philosophen, die man vom Altertum bis zur Zeit Raffaels für bedeutsam hielt. Dabei stellte er sie in Kleidung, Attributen, Körperhaltung und Mimik so dar, dass sie – mit etwas Hintergrundwissen – identifiziert werden können. Im Zentrum des Bildes sieht man zwei Gestalten: Die eine weist mit dem Finger nach oben, während die Hand der anderen in Richtung Erde zeigt. Bei der linken Figur handelt es sich um den griechischen Philosophen **Platon**, der zum Himmel zeigt, wo er das Reich der ewigen Ideen vermutete. Rechts von ihm weist sein Schüler **Aristoteles** mit flacher Hand in die entgegengesetzte Richtung, ein Hinweis darauf, dass ihm die genaue Beobachtung der irdischen Natur wichtiger erscheint. Auch Platons Lehrer **Sokrates** ist dargestellt, und zwar in leidenschaftlicher Diskussion: Sokrates hat philosophische Fragen immer im lebendigen Dialog zu klären versucht. Cicero äußert, Sokrates habe als Erster das menschliche Zusammenleben zum Gegenstand der Philosophie gemacht.

Epikur

Pythagoras

Sokrates

Platon und Aristoteles

Diogenes

Heraklit

a) Recherchiert in geeigneten Nachschlagewerken bzw. mit Hilfe des Internets die Rolle des Sokrates in der europäischen Philosophiegeschichte und die verschiedenen Philosophenschulen, die in Athen nach Sokrates entstanden sind.

b) Das Zeitalter, in dem Raffael lebte, nennt man Renaissance. Informiert euch über diese Epoche und stellt die Punkte, die für diese Zeit charakteristisch waren, in einer Übersicht zusammen.

c) 1. Sammelt Informationen über die oben abgebildeten Philosophen und versucht, euer Wissen mit der Darstellung Raffaels in Einklang zu bringen.
2. Welche Besonderheiten ordnet Raffael diesen Philosophen zu? Berücksichtigt dabei z. B. die Stellung der jeweiligen Person im Bild, Kleidung und Kopfbedeckung, Gesichtsausdruck und Körperhaltung, die Reaktionen in der Nähe befindlicher Personen sowie Gegenstände, die sie bei sich haben.

Unterschiedliche Rollen

T

Nach dem Gespräch mit ihrer Mutter beklagt sich Calpurnia bei ihrem Bruder Severus über die ungerechte Rollenverteilung. Sie kann nicht akzeptieren, dass Frauen – anders als Männer – nicht frei über ihr Leben entscheiden dürfen:

Calpurnia: Quin eum vitae cursum sequi possum, qui mihi placet? Nonne feminis eadem iura sunt ac viris?

Severus: Certe feminae virique eandem utilitatem[1] ad societatem[2] vitae afferunt, sed feminae ad parendum, viri ad imperandum nati sunt. Nam ipsa natura viros creavit ad pericula adeunda et labores patiendos, mulieri autem negotia domestica[3] tradidit.

Calpurnia: O quam falsa et mira loqueris! Nicodemus opinatur nos homines ex atomis[4] constare. Si ita est: Num putas viros feminasque ex atomis inter se differentibus natos esse? Praeterea eandem rationem omnibus hominibus communem esse constat. Ratione autem bestias superamus, ratione colloqui et cogitare possumus, ratione demum veri homines sumus. Ergo ea re, qua maxime homines sumus, viri feminaeque nihil inter se differunt. Quin ergo eadem iura mihi sunt danda ac tibi?

Severus: Vellem tu in philosophia[5] omnino non versareris. Nam mulieris vere Romanae est domum curare, cum vir extra domum moretur. Labore et studio suo vir ea confert, quae a femina in tecto conduntur ac bene servantur.

[1] ūtilitās Nutzen
[2] societās Gemeinschaft
[3] domesticus häuslich
[4] atomus: *vgl. Fw.*
[5] philosophia: *vgl. Fw.*

V

a) Erschließe den Verlauf des Gesprächs. Achte dabei auf Wort- und Sachfelder, Schlüsselbegriffe und Satzarten.

b) Charakterisiere die beiden Gesprächspartner.

c) Severus vertritt eine Auffassung, die charakteristisch ist für alle antiken Gesellschaften. Informiert euch darüber, ob es auch schon in der Antike Bestrebungen zur Gleichberechtigung der Frauen gab. Sind Frauen heute den Männern gleichberechtigt? Sammelt Beispiele aus verschiedenen Bereichen, z. B. Bildung, Politik, Wirtschaft, Rechtsprechung.

d) Überlege, ob das Goldglasporträt ein bestimmtes Rollenmuster zum Ausdruck bringt.

Römisches Goldglasporträt aus dem 4. Jh. n. Chr. Brescia, Museo Civico.

XXXI *plus*

Ü

a) Versuchsreihe. Verwandle die Formen von **temptare** in die entsprechenden von **conari**:
1. tempto - temptabant - temptabimus - temptavisti - temptaveratis - temptavero
2. temptes - temptarent - temptaverimus - temptavissem 3. tempta - temptate
4. temptans - temptatus - temptaturus - temptandi 5. temptare - temptavisse

b) Kombiniere die Atome so, dass mindestens sechs Wendungen entstehen. Übersetze jeweils.

c) Ein strenger Philosoph
1. Dicta mea reprehendenda non sunt.
2. Leges meae discipulis sequendae sunt.
3. Voluptates nobis fugiendae sunt. 4. Vita dura nobis agenda est. 5. Officia praestanda sunt. 6. Mos maiorum colendus est.
7. Discipuli indigni expellendi sunt.
8. Discipulis meis verendus sum.

d) Nur für Mädchen:
1. Puellae diligentius quam pueri laborant.
2. Eae non solum eleganter (!), sed etiam elegantissime (!) moventur. 3. Nemo amicitiam melius quam puella colit. 4. Puellae pulchrius quam pueri scribunt. 5. Puellae familiarissime inter se colloquuntur.

e) Nur für Jungen:
1. Pueri celerius quam puellae laborant.
2. Ii non solum minus, sed minime flent.
3. Nemo fortius quam puer res gerit.
4. Pueri liberius quam puellae agere possunt.
5. Pueri brevissime inter se colloquuntur.

f) Formenstaffel
1. is → Pl. → *f* → Akk. → *n* → Sg.
2. hic → Abl. → Pl. → *n* → Gen. → Sg.
3. iste → *n* → Dat. → Pl. → Nom. → *m*
4. ille → Gen. → *f* → Pl. → Akk. → *m*
5. ipse → Pl. → Abl. → *f* → Sg. → Nom.

g) Epikurs bescheidenes Leben.
Suche aus dem folgenden Text alle Wörter lateinischen Ursprungs heraus und erläutere sie:

Epikurs Vita ist leider nur fragmentarisch tradiert. Bekannt ist, dass sein Vater als Kolonist von Athen auf die Insel Samos gekommen war, um dort als Bauer und Lehrer zu arbeiten. Doch weder die agrarische noch die dozierende Tätigkeit brachten ihm ein Vermögen ein: Oft war der kleine Familienbetrieb nicht solvent. Als der Vater kriegsbedingt ins Exil floh, folgte ihm Epikur nach. Dem einfachen Leben, das er kennengelernt hatte, blieb Epikur auch später treu: In einem Garten lebte er – ganz seinen Studien gewidmet – mit Freunden nach Art einer Kommune oder eines weltlichen Klosters kommod, aber nie ausschweifend.

Epikur auf Raffaels Fresko „Die Schule von Athen". 1511.

h) Sprachenvergleich:

imitari	i. imitare	f. imiter
mori	i. morire	s. morir
aber:		
possidere	i. possedere	f. posséder
sentire	i. sentire	s. sentir

Welchen Rückschluss auf das Fortleben lateinischer Deponentien in den romanischen Sprachen legen diese Beispiele nahe? Belege deine Vermutung mit anderen Beispielen aus den Wortschätzen der letzten Lektionen.

1

Was Recht war und ist – ein bedeutendes Erbe

Als römisches Recht bezeichnet man das Recht, das zunächst im antiken Rom und später im ganzen römischen Weltreich galt. Dabei handelt es sich um eine eigenständige Schöpfung der Römer mit ungeheurer Wirkung: Es wurde zur Grundlage für unsere modernen Gesellschaften, in denen durch Staatsverfassungen und schriftlich fixierte Gesetze das Zusammenleben der Menschen verbindlich geregelt ist.

2

fundamentum

Die Anfänge des römischen Rechts

Das römische Recht war zunächst ein sog. Gewohnheitsrecht, d. h. ein ungeschriebenes Recht, das aufgrund langer Rechtspraxis entstanden war. Die Oberpriester (pontifices) waren ursprünglich die einzigen Rechtskundigen. Im Verlauf der Ständekämpfe zwischen Plebejern und Patriziern entstand das sog. Zwölftafelgesetz, das auf Bronzetafeln geschrieben und auf dem Forum für jedermann sichtbar aufgestellt wurde. Damit besaßen auch die Plebejer eine Kontrollmöglichkeit über die Rechtsprechung.

Ein römischer **Prozess** war zweigeteilt:
Wenn sich ein Kläger an den Prätor, den für öffentliche Rechtssachen zuständigen Beamten, wandte und seine Klage vorbrachte, bestimmte der Prätor zunächst, ob ein Prozess überhaupt möglich war; dann einigte man sich auf die Person des Richters, der die Angelegenheit entscheiden sollte. Der zweite Teil des Verfahrens vollzog sich vor dem Richter (iudex). Er hörte sich die Standpunkte beider Parteien an und fällte sein Urteil, gegen das es keine Einspruchsmöglichkeit mehr gab.

1

1 Gerichtsszenen. Wandmalereien aus dem Wintertriclinium der Villa della Farnesina. Um 20 v. Chr. Rom, Museo Nazionale Romano.

2 Streit vor Gericht um eine zerbrochene Amphore. Kaiserzeitliche Wandmalerei. Ostia, Museo Ostiense.

3 Kaiser Justinian mit seinem Gefolge. Byzantinisches Mosaik. 547 n. Chr. Ravenna, San Vitale.

4 Justitia, die Göttin der Gerechtigkeit. Darstellung auf dem Sarkophag von Papst Clemens II. im Bamberger Dom. 11. Jh.

5 Die erste Seite des „Corpus Iuris civilis“. Der frühe Druck stammt aus der Werkstatt der Nürnberger Buchdrucker Johann Sensenschmidt und Andreas Frisner. 1475. Berlin, Staatsbibliothek.

3

Das Besondere am römischen Rechtswesen war, dass weder die Richter noch der Prätor noch die Anwälte ausgebildete Fachjuristen waren: Sie bezogen ihr Wissen aus Gutachten (responsa) von Juristen, die Rechtswissenschaft aus privatem Interesse betrieben. Diese Rechtsgelehrten schufen eine höchst präzise Fachsprache, um Missverständnisse auszuschließen.
In der Spätantike allerdings drohten ihre Lehren in Vergessenheit zu geraten.

In nomine domini nostri Jesu christi · Codicis domini Justiniani sacratissimi principis perpetui Augusti repetite prelectionis Incipit constitutio prima de nouo codice faciendo Rubrica·

Imperator Justinianus Augustus ad Senatum·

Hec que necessario corrigenda esse multis retro principibus visa sunt, interea tamen nullus eorum hoc ad effectum ducere ausus est: in presenti rebus donare communibus auxilio dei omnipotentis censuimus. et prolixitatem litium amputare· multitudine quidem constitutionum que tribus codicibus Gregoriano· Hermogeniano atque Theodosiano continebantur· illarum etiam que post eosdem codices a Theodosio diuine recordationis: aliis quoque post eum retro principibus et a nostra etiam clementia posite sunt resecanda· vno autem codice sub felici nostri nominis vocabulo componendo in quem colligi tam memoratorum trium codicum quam nouellas post eos positas constitutiones oportet·

Ideoque ad hoc maximum et ad ipsius reipublice sustentationem respicientes: opus efficiendum elegimus tanto fastigio laborum tanteque sollicitudinis sufficientes· Joannem virum excellentissimum exquestorem nostri sacri palacii consularem atque patricium· Leontium virum sublimissimum magistrum militum expresfectum pretorio consularem atque patricium· Phocam virum eminentissimum magistrum militum consularem atque patricium· Basilidem virum excellentissimum expfectum pretorio orientis atque patricium· Thomam virum gloriosissimum questorem sacri nostri palacii et exconsulem· Tribuianum virum magnificum magisteria dignitate inter agentes decoratum

5

Die römische Rechtswissenschaft

fundamentum

Der oströmische Kaiser Justinian veranlasste daher im 6. Jh. n. Chr. eine Sammlung aller bekannten Gesetzestexte. Diese gewaltige Sammlung wurde unter der Bezeichnung Corpus Iuris Civilis bekannt. Bis ins 19. Jh. hinein wurde auf der Grundlage dieser Rechtssatzung in den meisten Staaten Europas Recht gesprochen. Römische Rechtsgrundsätze wie Audiatur et altera pars („Auch die andere Prozesspartei muss gehört werden“) oder Ne bis in idem („Nicht zweimal in derselben Sache“) sind bis heute gültig.

4

95

E

1. „Dominus noster senex est. Mox morietur. Si dolores patitur, auxilium ferendum est.
2. Si quiescit, omnibus tacendum est.
3. Si vocat, nobis celeriter veniendum est.
4. Epistulam scripsit; hanc illi viro legendam misit, qui dominus noster erit."

Ü

a) Wenn der alte Senator schläft, …

1. sine clamore laborandum est. 2. magna voce ridendum non est. 3. ante fenestras tacendum est. 4. intra aedes currendum non est. 5. puellis cantandum non est. 6. etiam pecori tacendum est.

b) Der alte Senator hat sich die 12 Stunden des Tages genau eingeteilt.

I Surgendum est.
II - III Cum amicis colloquendum est.
IV Servis imperandum est.
V - VI Legendum est.
VII - VIII Quiescendum est.
IX - X Cenandum est.
XI - XII De vita beata cogitandum est.

c) Auf dem Sterbebett übergibt der alte Senator alles seinem Enkel. Ordne seine Gedanken so, dass sinnvolle Sätze entstehen, und übersetze.

Tibi

libros	imitandum
opes	servandos
servos	sequenda
consilia	legendos
exemplum meum	hortandos
mores maiorum	augendas

do.

d) Zwei Sklaven: Wer gehorcht wem?

1. „Audi, amice! Dominus te mihi parere iussit." - „Verba eius diligenter refer!" - „Dixit: Amico tuo parendum est." -
2. „Verba domini obscura sunt. Ea indicare possunt: Amico tuo sequendum est. – aut: Amicum tuum sequendum est."
3. „Sed scio, quid dominus voluerit. Nam praeterea dixit: ‚Amico tuo imperandum est.'"

I

Der „pater familias"

Die römische Familie war auf den Familienvater ausgerichtet: Er hatte die Gewalt (patria potestas) über die Hausgemeinschaft, die ihm untergeordnet war: seine Ehefrau, die gemeinsamen Kinder und die Sklaven. Ursprünglich hatte er sogar das Recht über Leben und Tod und konnte die eigenen Kinder auch verkaufen. Doch darüber, dass er seine Hausgewalt nicht missbrauchte, wachte der Zensor. Die strengen alten Bestimmungen waren im 1. Jh. v. Chr. zwar außer Gebrauch gekommen, allerdings nicht aufgehoben. In der Welt der Vaterherrschaft, des Patriarchats, hatte die Weitergabe von Ratschlägen und Grundsätzen an Söhne und Enkel große Bedeutung.

Der pater familias in Rom

T

Als der alte Senator Mucius schwer erkrankt ist, fühlt er seinen Tod herannahen. So schreibt er einen Brief an seinen Enkel Titus, der in Athen gerade Philosophie studiert und seinen Vater im Vorjahr bei der Varusschlacht (9 n. Chr.) in Germanien verloren hat.

Quintus Mucius Tito nepoti salutem dicit.
O nepos carissime! Hanc epistulam accipies ultimam. Redi protinus domum! Mihi moriendum est. Quaeris, quid tibi posthac[1] agendum sit, quid reliquā vitā cogitandum?
Primum: Memoriā tene te non senatorem natum esse. Neque enim ordo neque nobilitas neque aetas facit senatorem, sed virtus. Deinde tibi prospiciendum erit, ut familia tibi pareat. Memoriā tibi tenendum est viris tantum ius imperandi esse. Sic maiores nostri instituerunt. Viris enim acies animi est, quae servis mulieribusve deest. Itaque cura, ut omnis familia verbis tuis subiecta sit! Sed ne crudelis fueris! Illa enim tempora priora laudanda non sunt, cum pater familias potestatem vitae mortisque exercuit[2]. Servi mali tibi puniendi[3] sunt, pessimi vendendi aut eiciendi neque vero occidendi sunt. Potentiā patris familias tibi sapienter utendum est.
Rem familiarem tibi trado augendam, nomen nostrum tibi tuendum do. Vale!

[1] posthāc *Adv.* in Zukunft
[2] exercēre *hier:* ausüben
[3] pūnīre bestrafen

Marmorporträt eines vornehmen Römers. 1. Jh. n. Chr. Altino, Museo Archeologico.

V

a) 1. An welchen Substantiven lässt sich zeigen, worauf der Großvater Wert legt? 2. Woran erkennt man, dass es dem Großvater eigentlich mehr um Weisungen geht als um Bitten und Wünsche?

b) Der siebzigjährige Kaiser Augustus ermahnt seinen Adoptivsohn Tiberius in einem Brief:
1. Haec epistula mihi scribenda est, cum aetas me cogat ab urbe abesse: 2. Ordo senatorum sic instituit, ut princeps (Kaiser) senatui ut pater familiae praeesset. 3. Hanc vero potentiam senatus nobis dedit ad rem publicam augendam, non ad subiciendam vel opprimendam. 4. Acie ingenii et humanitate ergo mihi tibique utendum est, non vi armisve. 5. Hoc semper tene memoria: Urbem tibi do ornandam, reliquum imperium tibi trado tuendum. Vale!

96

E

1. Potestas patris familias magna erat. Pars potestatis ad uxorem pertinebat.
2. Maximus numerus uxorum maritis serviebat.
3. Paucis mulieribus plus libertatis erat: sacerdotibus.
   Nam nemo mortalium iis virginibus imperabat.

4. Omnis uxor, quae liberos non pepererat, reprehensa est.
   Quaecumque uxor liberos non pepererat, reprehensa est.
5. Quicumque liberos cupiebat, uxorem expellere potuit.
6. Quisquis uxorem expulerat, dotem reddere debuit.

Ü

a) Welche Aussage trifft auf das Bild zu?
1. Numerus mulierum maior est quam numerus virorum. 2. Multitudo iuvenum minor est quam multitudo senum. 3. Copia bestiarum minor est quam numerus senum. 4. Nulla mulierum sedet. 5. Nemo omnium puer est. 6. Maxima pars hominum ridet. 7. Maxima pars mulierum flet.

b) Unterscheide die Verwendung des Genitivs:
1. plus libertatis - spes libertatis 2. puella viginti annorum - magnus numerus annorum 3. potestas vitae mortisque - pars vitae 4. pulcherrima omnium mulierum - pecunia mulierum

c) Denk an die Konsequenzen:

Quidquid conaris, quo pervenias, cogites!

d) Bilde dem Beispiel entsprechend Formen von quicumque:
Abl. Sg. *m*: cumque → **quocumque**
Gen. Sg. *n*: cumque - Akk. Sg. *f*: cumque
Nom. Pl. *m*: cumque - Abl. Sg. *f*: cumque
Dat. Sg. *n*: cumque - Nom. Sg. *n*: cumque
Akk. Pl. *n*: cumque - Gen. Pl. *m*: cumque
Abl. Pl. *f*: cumque

e) Todeskuss
1. Pater quidam virum supplicio, poena acerbissima omnium, affecit, quia ille filiae suae osculum (Kuss) dederat. 2. Ille vir nihil mali umquam fecerat. 3. Filia pulcherrima omnium virginum erat – neque iam parva puella. 4. Hac poena pater filiam monuit, ut omnes partes corporis marito servari oporteat. 5. Quicumque vir osculum dare cupit et quaecumque virgo osculum accipere vult, hanc causam sciat!

Gleichberechtigung?

T

Im gleichen Jahr treffen sich die Freundinnen Claudia und Licinia – zu einer Stunde, die für die Frauen reserviert ist – in den Thermen. Beide sind 18 Jahre alt und immer noch ledig.

Claudia: Salve, Licinia! Quid novi audivisti? Licinia: Nihil novi scio.
Claudia: Sed ego aliquid novi audivi: Terentiae maritus divortium[1] facere vult. Licinia: Hercule! Cur id vult?
Claudia: Dixit Terentiam liberos párere nolle, se autem ipsum magnum numerum filiorum cupere. Sed huic fabulae nihil veri inest[2]. Nova flamma eum cepit: Ea libidine captus aliam mulierem amat.
Licinia: O scelus! Plurimis viris nimium libertatis est! Quodcumque facere volunt, eis licet. Quid autem nobis restat? Tametsi viri nobis concedunt, ut loca publica adeamus, ad publicas actiones non admittimur. Quicumque vir liber est, is in foro magistratus creat, negotia curat, domi familiae imperat, conviviis interest. Nobis quippe neque praetorem neque iudicium adeundi licentia est. Nimis miserae sumus!
Claudia: Sed scisne, cur adversus viros irā accendar, immo ardeam? Nuper quendam senatorem dicere audivi mulieribus parum rationis esse.
Licinia: Quisquis hoc dixit, ne sub oculos mihi veniat!
Claudia: Quidquid temptaveris, tu vim virorum non franges.
Licinia: Quid ergo?
Claudia: Satis verborum! Coniciamus nos in aquam!

Sie springen ins kalte Schwimmbecken.

[1] dīvortium Scheidung

[2] inesse *m. Dat.* in etw. sein, in etw. stecken

Die sog. Bikinimädchen. Detail eines Mosaiks in der römischen Villa del Casale bei Piazza Armerina (Sizilien). 4. Jh. n. Chr.

a) 1. Analysiere T als typisches Beispiel für einen Dialog (vgl. 96 M). Suche aus Campus 3 ein Beispiel für einen Brief und eine Erzählung; identifiziere jeweils die wesentlichen Kennzeichen.
2. Warum gebrauchen die beiden Freundinnen verallgemeinernde Pronomina? Welche Vorstellungen lassen sich dahinter erkennen?

V

b) Die Mutter gibt ihrer Tochter Claudia vor einer Einladung Ratschläge:
1. Magnum numerum virorum nobilium pater ad cenam admisit, qui hodie convivio intererunt. 2. Quisquis ad nos veniet, cum quocumque viro loqueris: Semper cogita te virginem honestae gentis esse! 3. Ne te nimium audaciae accendat! 4. Nobis non licet publice dicere, quaecumque domi dicuntur!

97

E

1. „Terentiam felicem esse numquam putavi. Nam saepe eam flere vidi.
Terentiae maritum tam turpem esse numquam putavi.
Sed nuper eum cum alia muliere vidi.
2. Paene risi, ubi illam aspexi: Mater Terentiae esse potest.
3. Quis hoc dubitat?
4. Maritus Terentiae scelus, quod poena afficiendum est, commisit.
Maritus Terentiae scelus commisit; quod poena afficiendum est.
5. Magnam iniuriam fecit; quā iniuriā Terentiam laedere potest.
6. Utinam Terentia meliorem maritum inveniat! Quod maxime opto."

Ü

a) Skandalös!

1. „Nonne audivisti hac de re?" 2. „Audivi. Sed numquam putavi hanc rem accidere posse." 3. „Paene peiora acciderunt. Non multum afuit." 4. „Quis hoc non exspectavit? Melius erat omnes magis cavere." 5. „Non solum melius erat, sed etiam necesse erat." 6. „Ita est. Officium omnium erat." 7. „Possumus dicere multis de aliis rebus, sed tempus fugit. Vale!"

b) Buchstabensalat. Bilde mit den folgenden Buchstaben so viele Formen des Relativpronomens wie möglich. Mehrfachverwendung ist erlaubt.

Q · U · A · R · C · E · I · S

c) Wähle jeweils das passende Pronomen aus und übersetze:

1. Mulieribus magistratus creare non licuit; (**qui** / **quae** / **quos**) rem publicam regebant. 2. Honores petere viri mulieribus non concesserunt; (**quibus** / **quae** / **quas**) vita privata agenda erat. 3. Leges a viris factae sunt; (**quarum** / **quibus** / **quas**) legibus parendum erat. 4. Domi mulieres patri familias subiectae erant; (**qui** / **cuius** / **cui**) restare non licuit. 5. Scilicet mulierum erat liberos parere; (**quod** / **quo** / **quas**) nonnullae noluerunt.

d) Julia

1. Augusto una filia erat: Iulia; quam ter (dreimal) nubere coegit. 2. Iulia sex liberos maritis suis peperit; quinque ex eis ante matrem mortui sunt. 3. Tertius maritus Iuliae odio erat; quo odio accensa vitam turpem egit: Alios viros amavit et nimis vini bibit. 4. Pater paene iussit filiam indignam supplicio affici. 5. In exilium demum eam misit; quod usque ad mortem passa est.

I

Die Ehegesetze des Augustus

Dass zu wenig Kinder geboren werden, ist kein neues Problem. Ehelosigkeit war in der römischen Oberschicht weit verbreitet; die meisten wohlhabenden Ehepaare hatten – wenn überhaupt – höchstens zwei Kinder. Mit einem Gesetz über die Verheiratung von Angehörigen der Oberschicht und die Bestrafung von Ehebruch (18 v. Chr.) sowie mit der lex Papia Poppaea (9 n. Chr.) wollte der Kaiser dies beenden. Diese Gesetze sollten finanzielle Anreize für Verheiratung und Kinderreichtum schaffen: Wer ehelos war, sollte nichts erben, Kinderlose nur die Hälfte dessen, was ihnen eigentlich zugestanden hätte.

Kinder für das Imperium!

T

Das Schwimmen im kalten Wasser beruhigt Claudia und Licinia. Auf einer Ruhebank unterhalten sie sich über das neueste Ehegesetz des Prinzeps Augustus und über die Zukunft ihrer Freundin Terentia.

Licinia: Quanta voluptas fuit natare[1], quantum gaudium!

Claudia: Sed Terentia nostra omne gaudium amisit. Nova quaedam lex vetat eam caelibem[2] manere. Multa de ista lege dicere possum; aequa certe non est.

Licinia: Tace de ista lege, quae mulieribus adversa est! Eam tolli oportet.

Claudia: Princeps nos alicui viro nubere cogit. Quasi obsides principis sumus. Ista lex senatui accipienda non erat.

Licinia: Oportuit patres isti legi resistere; ista lex maxime virorum interest.

Claudia: Meā refert me liberam esse nec ab aliquo sene in matrimonium[3] rapi.

Licinia: Quod bene dixisti. Numquam credidi talem legem accipi posse; quae lex viris tantum commoda est; immo iniqua est – quamvis legem nondum viderim. Num necesse est me omnia capita[4] legis scire?

Claudia: Non omnia praeter hoc: „Mulier nisi tres liberos peperit, rursus nubat!“

Licinia: Tres liberos! Quos habere vellem!

Claudia: Verba tua me perturbant: Modo putavi te nubere nolle. Utrum[5] mavis: matrimonium an libertatem?

Licinia: Malo – amorem. Eamus unā ad aedem Veneris!

Claudia: Quod mihi quoque libet.

[1] natāre schwimmen

[2] caelebs, caelibis *Adj.* unverheiratet

[3] mātrimōnium Ehe

[4] caput *hier:* Kapitel

[5] utrum was *(von zwei Alternativen)*

Die Göttin Tellus, Personifikation der Mutter Erde. Relief an der Ara Pacis Augustae in Rom. Eingeweiht 9 v. Chr.

a) 1. Erschließe, was Claudia vom neuen Ehegesetz weiß. 2. Wie urteilt Licinia über das neue Gesetz? 3. Wie sieht sie ihre künftige Rolle bezüglich Heirat und Kindern? Weshalb könnte sie zur aedis Veneris gehen wollen?

b) Claudias Mutter spricht zu ihrem Mann nach der Abendeinladung:

1. Quantus numerus hominum hodie venit! Non exspectavi tot mulieres venturas esse.

V

2. Quas non cognovi – praeter aliquas e domo principis. 3. Sed meā refert filiam nostram tandem maritum invenire. Quem hominem iniquum esse non oportet.
4. Meā non interest eum divitem esse. Equidem mores bonos malo. 5. Si tibi libet, mox his de rebus rursus loquemur.

Ist das noch Recht?

T

Die Ehegesetze des Augustus sind nach unserem Verständnis übertrieben hart, vielleicht sogar ungerecht. Oft entsteht dieser Eindruck, wenn das Recht von Mächtigen zur Durchsetzung ihrer Interessen benutzt wird. Besonders deutlich wird dies im Strafrecht, bei der Behandlung von Verbrechern. Ein römischer Jurist erläutert im folgenden Text, welche Ziele die Juristen mit der Bestrafung von Verbrechern verfolgten:

In criminibus puniendis[1] haec maxime nobis consequenda sunt: Primum ut lex eum, qui punitur, meliorem faciat, deinde ut poena eius ceteros meliores reddat, denique ut sceleratis sublatis ceteri tutiores vivant. Praeterea familiaribus eius, qui laesus aut violatus est, poena cuiusque sontis[2] maximum solacium doloris affert. Ceterum hoc manifestum est: Quicumque scelera vel facinora commisit, is a magistratibus cognoscitur et poena afficitur. Cuius poena multos alios terret eosque a criminibus committendis prohibet. Itaque maiores nostri gravissimas poenas „exempla“ nominabant – rati sceleratos damnatos puniendos esse in locis publicis, ut ab omnibus spectarentur.

Scelerati criminibus suis saepe etiam auctoritatem senatus et dignitatem populi Romani laedunt. Quos, quia ab iis res publica tota turbatur, maiores nostri crudelissime puniendos esse arbitrati sunt. Necem patris turpissimum omnium scelerum putabant; itaque parricidam[3] summo supplicio dignum esse iudicaverunt: Parricidam captum verberandum[4], in culleum insuendum[5] et in mare altum iactandum esse decreverunt; si mare prope non erat, in amphitheatro bestiis obiciendus erat.

[1] pūnīre bestrafen

[2] sōns, ntis *m* Schuldiger

[3] parricīda *m* Vatermörder

[4] verberāre auspeitschen

[5] in culleum īnsuere in einen Ledersack einnähen

V

a) Welche Ziele der Bestrafung werden im Text genannt? Mit welchen lateinischen Schlüsselbegriffen werden sie bezeichnet?

b) Vergleiche die im Text genannten Ziele mit denen, die das deutsche Strafrecht vorsieht (vgl. § 46 StGB):

(1) Die Schuld des Täters ist Grundlage für die Zumessung der Strafe. Die Wirkungen, die von der Strafe für das künftige Leben des Täters in der Gesellschaft zu erwarten sind, sind zu berücksichtigen.

(2) Bei der Zumessung wägt das Gericht die Umstände, die für und gegen den Täter sprechen, gegeneinander ab. Dabei kommen namentlich in Betracht:

- die Beweggründe und die Ziele des Täters,
- die Gesinnung, die aus der Tat spricht, und der bei der Tat aufgewendete Wille,
- das Maß der Pflichtwidrigkeit,
- die Art der Ausführung und die verschuldeten Auswirkungen der Tat,
- das Vorleben des Täters, seine persönlichen und wirtschaftlichen Verhältnisse sowie
- sein Verhalten nach der Tat, besonders sein Bemühen, den Schaden wiedergutzumachen,
- sowie das Bemühen des Täters, einen Ausgleich mit dem Verletzten zu erreichen.

Beurteile vor diesem Hintergrund die Bestrafung eines Vatermörders nach römischem Recht. Berücksichtige auch das, was du in Lektion 95 über die Stellung des pater familias erfahren hast.

XXXII *plus*

a) Was Recht ist, muss Recht bleiben.

LEGIBVS PARENDVM EST.
INIVRIAE RESISTENDVM EST.
IVDICI IVSTE IVDICANDVM EST.
IN SCELERATOS
ANIMADVERTENDVM EST.

b) Ein Gericht in Nöten. Übersetze und stelle fest, in welchen Sätzen ein Genitivus partitivus vorliegt:
1. Copia legum iudicem perturbat.
2. Auctoritas iudicis parva est. 3. Nemo sceleratorum rem confessus est. 4. Pars testium verum non dixit. 5. Cura civium crescit. 6. Numerus causarum magnus est.

c) Setze die passenden Formen des Relativpronomens ein und übersetze:
qui - quam - quod - qui - quorum

1. Sceleratus rem non confitetur; ■ iudex reprehendit. 2. Multa scelera commisit; ■ unum furtum erat. 3. Fur a testibus cognoscitur; ■ omnino non dubitant.
4. Sceleratus ab amico defenditur; ■ ipse turpis est. 5. Poena furi solvenda est; ■ iudex statuit.

d) Fesselnd! Bestimme die Formen auf den Bändern.

fero · ferant · fertur · ferri · feretis

tulimus · tulisse · tulerant · tulero · tulisses

lati sunt · latus sim · laturus · latum esse · lati erant

e) Vor Gericht. Überlege, wer jeweils spricht:
1. „Confiteantur! Praedam reddant! Socios prodant!" 2. „Ne confessi sitis! Ne praedam reddideritis! Ne nos prodideritis!" 3. „Confiteamur! Praedam reddamus! Socios prodamus!"

f) Stelle diejenigen Wörter zusammen, die zum Sachfeld „Recht und Gesetz" passen.

g) Lateinische Rechtsgrundsätze. Überlege, was passieren würde, wenn sie nicht gelten würden.

1. Nemo tenetur (ist verpflichtet) se ipsum accusare.
2. Nulla poena sine lege certa.
3. Testis non est iudicare.
4. Ubi iudex, ibi iudicium.

h) Die Göttin der Gerechtigkeit (lat. Iustitia) gilt seit der Antike als Hüterin des Rechts. Dargestellt wird sie meist mit bestimmten Attributen: Sie trägt eine Waage in der einen und ein Schwert in der anderen Hand. Seit dem 15. Jahrhundert sind ihr auf vielen Darstellungen auch die Augen verbunden.

1. Erkläre, wieso die Göttin Waage und Schwert trägt.
2. Überlege dir Gründe, warum die Göttin mit und ohne Augenbinde dargestellt werden kann.
3. Suche Darstellungen der Göttin in (der Nähe) deiner Stadt.

Der Gerechtigkeitsbrunnen in Bern. 1453.

Ü

98

E

1. Licinia: „Si Venus dea amoris est, virum mihi mittet."
2. Claudia: „Ego, si dea essem, rationem tibi mitterem."
3. Licinia ridet: „Hoc accidere non potest.
   Sed amor a Venere mitti potest.
   Si hoc accidat, mihi fortasse (vielleicht) vir placeat."
4. Licinia: „Qualem virum ames?"
5. Claudia: „Pulchrum divitemque.
   Sed talem vix invenerim."

Ü

a) Setze die folgenden Formen in den Konjunktiv:
dicit - rides - aestimat - mirabaris - sciebas - est - putatis - credis - dixisti - exspectavimus - moneo - sequuntur - veniunt

b) Claudia und Licinia begutachten zwei „Traummänner", einen reichen Aristokraten und einen jungen Gladiator.
1. Primus mihi placeat, sed senex est.
2. Secundum amem, sed barbarus est.
3. Ceterae mulieres primum diligant; nam dives est. 4. Secundus formae causa diligatur.
5. Primus senator sit. 6. Secundus fortis gladiator putetur. 7. Secundus mox moriatur – sed etiam primus.

c) Licinia überlegt, was Frauen tun könnten, um ihre Rechte durchzusetzen; Claudia wiederholt ihre Gedanken im Perfekt. Verwandle die Sätze dem Beispiel entsprechend und übersetze:
Licinia: „Mulieres legi principis resistant." →
Claudia: „Mulieres legi principis restiterint."
1. „Uxores maritos moneant." 2. „Maritos deserant." 3. „Uxor liberos parere desinat."
4. „Uxor virum e domo expellat."
5. „Uxores viros neglegant."

d) Der kleine Unterschied. Übersetze und beschreibe, worin die Aussagen sich unterscheiden:
„Si amicus accusaretur, eum defenderem."
„Si amicus accusetur, eum defendam."

e) Zwei Streithähne
1. „Nisi mihi concedas, iudex in te vindicet."
2. „Si me accuses, te accusem." 3. „Num tu me accusares? Numquam hoc facies."
4. „Temptem, amice; pereas." 5. „Si me accuses, iudex te riserit." 6. „Hercle! Non me, sed te riserit et ridens te damnaverit."

Schifffahrtsszene auf einem römischen Sarkophag. 3. Jh. n. Chr. Kopenhagen, Ny Carlsberg Glyptothek.

Wer zahlt wie viel?

T

Auf dem Weg zum Venustempel gehen Licinia und Claudia über das Forum. Als sie an der Basilica Iulia, dem Gerichtsgebäude, vorbeikommen, treffen sie Terentias Bruder Marcus. Er ist Prätor, 30 Jahre alt und noch ledig. Eben macht er eine kurze Pause, um sich draußen in der Sonne aufzuwärmen. Licinia fragt ihn, ob die Geschichte von Terentias Scheidung stimme.

Marcus: Verum est, quod audivisti.

Licinia: Fortasse[1] dicat aliquis maritum Terentiae scelerate agere.

Marcus: Nunc me rideas, sed audi: Quis virum bonum aestimet, qui mulierem expellit, quae nihil mali fecit?

Licinia: Miror te, cum vir sis, sic loqui.

Marcus: Minus mirareris, si scires, quae causa mira hodie mihi agenda sit.

Claudia: Narra, quaeso!

Marcus: Nauarchus[2] hieme ineunte quinque homines nave vexit. Ab omnibus hominibus, quos in navem receperat, vecturam[3] poposcit. Mulier quoque praegnans[4] in illa nave per aequor vehebatur; prius nulla suspicio fuerat eam brevi parituram[5] esse. Putetis id mirum non esse.

Claudia: Narra! Loquere! Omnia audire volumus.

Marcus: Tempestate vehementi orta repente infans[6] nascitur. Et nauarchus post adventum navis a matre duplicem[7] vecturam poposcit, contendens se sex homines per fluctus ad ripam vexisse. Quae causa nimis difficilis est. Quid vos sentitis?

Licinia: Credas culpam in nauarcho esse: Mulier enim nesciverat se in nave parituram esse. Dixeris nauarchum vecturam prius poscere debuisse, quam profecti sunt. Avaritia eum impulerit, non humanitas.

Marcus: Haud male locuta es, Licinia! Ego non aliter sentio atque tu!

Da schweigt Licinia verschämt. Als Marcus wieder ins Gerichtsgebäude muss, warten die Freundinnen auf den Stufen der Basilica.

[1] fortāsse vielleicht
[2] nauarchus Kapitän
[3] vectūra Fahrpreis
[4] praegnāns, ntis schwanger
[5] paritūrus: PFA zu párere (das Kind bekommen)
[6] īnfāns, ntis Baby
[7] duplex, icis doppelt

V

a) 1. Was drücken die Konjunktive in den Sätzen von Marcus in Z. 3 f. aus?
2. Beschreibe die Geschehnisse auf dem Schiff aus der Sicht der jungen Mutter.
3. Diskutiert, ob der Kapitän gegen die „guten Sitten" verstoßen hat.

b) Ein alter Kapitän erzählt:
1. Quis dubitet, quin hieme aequor saevum sit? 2. Nam repente tempestates oriuntur. 3. Dicas nihil aliud exspectandum esse. 4. Tamen quidam homines fluctus maris neglegentes postulant, ut eos nave veham. 5. Dixerit aliquis me avaritia impulsum homines vehere. 6. Sed ea suspicio falsa est. 7. Quis me sceleratum aestimet?

99

E

1. Licinia: „Num tu iniuriam facere potes?“
2. Claudia: „A me numquam iniuria fieri potest. Poenam timeo.“
3. Licinia: „Sed iniuriam a te factam esse scio.
   Saepe iniuria fit, etsi nihil factum est.“
4. Claudia: „Num scelerata fio, quia nihil feci?“
5. Licinia: „Ita est. Mulieres non parientes sceleratae fiunt.“
6. Claudia: „Celerius fit, ut homines scelerati fiant.
7. O Venus, quid nunc faciamus?
8. Uxoresne fiamus an sceleratae maneamus?“

Ü

a) Ermittle die fehlenden Formen und ergänze sie:
1. fimus - fio - fitis - fis 2. fiatis - fiamus - fiant - fias 3. fiebat - fiebant - fiebam - fiebatis 4. fieretis - fieret - fieres - fierent 5. fient - fies - fiam - fiet

b) Marcus wird erstmals Richter.
Wähle die jeweils passende(n) Bedeutung(en) von fieri aus und übersetze seine Worte:
1. Me iudicem **fieri** gaudeo. 2. Multa scelera in urbe **fieri** constat. 3. **Fieri** potest, ut scelerati poena non afficiantur. 4. Nonnulli etiam divites clarique **fieri** potuerunt. 5. Me iudice hoc ne **fiat**!

c) Bilde zu den in Klammern angegebenen Verben Deliberative im Singular (1) bzw. Plural (2):
1. Ein Richter in Nöten: „Quid **faciam**? - Quos testes (**arcessere**)? - Quo modo (**iudicare**)? - (**Damnare**) accusatos an (**liberare**)? - Moresne maiorum (**sequi**)?“
2. Zwei Angeklagte in Nöten: „Quid faciamus? - (**Loqui**) an (**tacere**)? - Quid (**dicere**)? - Num (**confiteri**)? - Iudicemne (**corrumpere**)?“

d) Ein Ring aus purem Gold, garantiert!
1. Claudia: „Magis magisque incerta fio. 2. Hancne rem emam an non? 3. Amicam auxilio vocem an ipsa decernam? 4. Quid fit, si fallor? 5. Multae res ex auro fiunt, plurimae autem aurum imitantur. 6. Bono animo sim et mercatori credam an eum sceleratum putem et abeam? 7. Dubito et nescio, quid faciam.“

I

Kauf ohne Garantie?

Jeder von euch hat schon etwas gekauft, mit oder ohne Eltern. So einfach, wie es aussieht, ist ein Kauf aber nicht! Das wussten schon die römischen Juristen: Da braucht man nicht nur Käufer, Verkäufer und Ware, sondern es wird auch ein Kaufvertrag geschlossen, wenn man sich auf den Preis geeinigt hat. Natürlich nimmt der Erwerber an, dass mit dem neuen Bild, Sklaven oder Haus alles in Ordnung sei. Was aber, wenn sich hinterher herausstellt, dass das neu erworbene Objekt einen Mangel aufweist? Dann ist guter Rat teuer und man landet wohl vor Gericht. Die römische Rechtsprechung hat dafür zwei Begriffe gebildet, die bis heute im Rechtsverkehr (z. B. im Bürgerlichen Gesetzbuch) verwendet werden: bona fides („guter Glauben“) und dolus malus („arglistige Täuschung“). Sie spielen auch im Fall des Hauskaufs, von dem Marcus erzählt, eine Rolle.

Ein tödlicher Hauskauf

T

Nach einer Stunde kommt Marcus wieder aus dem Gerichtsgebäude. Nun wollen die beiden Freundinnen vom ersten Prozess hören, der am Morgen verhandelt worden ist.

Marcus: Ennius quidam domum veterem et amplam a Veranio mercatore empturus erat. Pactum[1] statim faciunt. Pretio soluto Ennius dominus domus fit; cuius fenestras sumptu magno renovaturus[2] erat, ut clariores fierent. Modo servus Enni, ignarus periculi, aliqua tigna[3] manu probaverat, cum unum tignorum in collum servi cecidit; sic factum est, ut servus periret et Ennius irasceretur. Claudia: Hercule! Num id credam? Marcus: Tibi credendum est. Narremne vobis cetera? Licinia: Narra, ut omnia sciamus! Marcus: Tigna vetera erant, sed Veranius contendit alterum hominem non quaesivisse, num integra[4] essent. Haud scio, an erret Veranius. Licinia: Nonne Ennius bona fide domum integram emerat? Marcus: Sapienter dictum! Quam ob rem Ennius contendit Veranium id prius confiteri debuisse; vultu infesto addidit servum dolo malo alterius interfectum esse, sibi iniuriam factam esse, servum sibi restituendum[5] esse. Alter autem repetivit se damnum[6] non effecisse. Uterque confirmavit se verum dixisse. Quid iudex faciat? Licinia: Quid respondeam? Mea opinione ille Veranius dolo malo Ennium fefellit. Ergo ab iudice nihil impetrabit. Marcus: Sic places mihi! Magna laude digna es, Licinia!

[1] pactum Vertrag

[2] renovāre: *vgl. Fw.*

[3] tīgnum Balken

[4] integer, gra, grum unversehrt

[5] restituere *hier:* ersetzen

[6] damnum Schaden

Römische Maurer bei der Arbeit. Wandmalerei aus dem 4. Jh. n. Chr. Rom, Grabbau des Trebius Iustus.

V

a) 1. Was hatte der Käufer beim Hauskauf erwartet? Welche Rolle spielt hierbei die bona fides? 2. Informiere dich im Internet, was man heute unter bona fides versteht. 3. Der Tod des Dieners müsste heute als „fahrlässige Tötung" geahndet werden. Wie wurde er offensichtlich im römischen Recht behandelt? 4. Spielt die Gerichtsszene nach.

b) Ein Fall für den Richter

1. Quid narrem vobis? Quidam faber (Zimmermann) amplo sumptu servum emere voluit, ut tigna (Balken, *Pl.*) portaret. 2. Ille, qui servum venditurus erat, avaritia motus alteri promisit servum summa laude dignum esse. 3. Pactum (Vertrag) inter utrumque fit, pecunia et servus traduntur. 4. Quid tum factum est? Ubi dominus collo servi tignum gravius imposuit, tignum servo umerum fregit. 5. Servus miser confirmavit se numquam talia tigna portavisse. 6. Quam ob rem faber venditorem (Verkäufer) accusavit. 7. Quid praetor iudicet?

E

1. Ennius: „Mercatorem accuso; quem me fefellisse scio.“
„Mercatorem, quem me fefellisse scio, accuso.“

2. Mercator: „Contra Ennium,
quem errare contendo, me defendam.“

3. Ennius: „Scelus turpe est, quod ab isto
mercatore commissum esse comperi.“

Ü

a) Schnell aus dem Haus! Folge den Formen von qui von den markierten Räumen aus zur einzigen Tür, die sich öffnen lässt.

q	u	o	u	i	u	s	q
u	a	e	c	u	i	u	u
o	m	q	d	c	u	s	o
r	q	u	o	i	u	q	s
u	i	c	i	s	i	m	i

porta I II III IV

b) Da fehlen einem die Worte! Ergänze die Übersetzungen. Welche gefällt dir am besten?

1. Ennius mercatorem, quem poena afficiendum esse putat, accusat.
A von dem er meint, dass er **B** der seiner Meinung nach **C** der – wie er meint –

2. Mercator verba Ennii, quae acria esse scit, non timet.
A von denen er weiß, dass sie **B** die nach seinem Wissen **C** die – wie er weiß –

c) Übersetze in gutes und flüssiges Deutsch:
1. Ennius mercatorem, quem se fefellisse contendit, accusat. 2. Mercator Ennium, quem iudicem fallere contendit, aggreditur. 3. Iudex viros, quos ira commotos esse videt, monet. 4. Iudex de re, quam Ennium queri audit, iudicabit. 5. Ille insidias cognoscit, quas mercatorem paravisse Ennius dicit. 6. Mercator, quem dolo malo usum esse constat, damnatur.

d) Zum Knobeln
Ein Relativsatz kann in seltenen Fällen auch mit anderen Konstruktionen als einem AcI verschränkt sein. Überlege, womit er in den folgenden Sätzen verschränkt ist, und versuche eine treffende Übersetzung:
1. Amici servum flent, quo interfecto mercator accusatus est.
2. Mercator: „Acriter pugnat Ennius, qui quam facile vincatur nescio.“

I

Fund und Fang

Sicher habt ihr auch schon einmal etwas gefunden: Darf man den Fund behalten? Wann hat man Anspruch auf einen Finderlohn? Was geschieht, wenn man einen echten Schatz findet? Diese Fragen waren natürlich in der Antike schon aktuell, denn verloren, gefunden und versteckt haben die Menschen schon immer. Komplizierter wurde der Fall, wenn Sklaven etwas fanden: Sie waren ja Eigentum ihres Herrn, dem folglich auch der Fund gehörte, bis sich dessen Besitzer fand. Keinen Besitzer aber haben z. B. die Meeresfische: Sie sind jedermanns Besitz – es sei denn, dem Fischer geht ein ganz besonderer Fang ins Netz wie in der nächsten Geschichte.

Wem gehört der Schatz?

T

Begeistert vom Gespräch mit den Mädchen, begleitet sie Marcus weiter. Dabei erzählt er ihnen von einem anderen Streitfall, in dem ebenfalls ein Sklave eine zentrale Rolle spielte.

Marcus: Nuper audivi de sorte servi, quem Gripum appellari puto.
Licinia: Gripus est nomen, quod iam audivisse opinor. Num ab eo caedes vel aliud crimen factum est?
Marcus: Minime. Ille servus piscator[1] erat; rete[2] suo e mari vidulum[3] exceperat. Vidulum ingentem vim auri sive argenti continere putabat; quem ergo vidulum cum sustulisset, summa vi tetendit, ut thesaurum[4] domum portaret. Sed frustra: Nam alius servus – Graecus erat – ei occurrit contenditque se scire, quis vidulum eundem in fluctibus perdidisset. Hinc ambo Daemonem[5], dominum Gripi, requirunt; Graecus narrat, quod se scire confirmat. Vidulus aperitur, aurum invenitur et ...
Licinia: ... et Daemones aurum dividit. Quippe aurum non Gripi fiebat, sed Daemonis, tametsi Gripus mercedem sibi postulavit.
Marcus: Haud male! Unde hoc scis?
Licinia: E theatro. Eo saepe eo. Pars fabulae tuae Plauti[6] est. Nos fefellisti!
Marcus: Quid nunc dicam?
Licinia: Non opus est te respondere, Marce! Iam victus es!
Claudia: Utrum a Licinia an a Venere?

[1] piscātor Fischer
[2] rēte, is *n* Netz
[3] vīdulus Koffer
[4] thēsaurus Schatz
[5] Daemonēs: männl. Eigenname
[6] Plautus: röm. Komödiendichter

Da lachen alle drei und gehen zum Venustempel. Wie der Kofferstreit in der Komödie ausging, wird Licinia ihrer Freundin später erzählen (vgl. V b).

Fischfang. Römisches Mosaik aus der sog. Nilvilla in Leptis Magna (Libyen). 3. Jh. n. Chr. Tripolis, Archäologisches Museum.

a) 1. Beschreibe mit wenigen lateinischen Stichwörtern das, was der griechische Sklave dem Herrn des Gripus erzählt haben könnte.
2. Stelle die verschränkten Relativsätze von T zusammen. Was drücken die Verben am Satzende jeweils aus?

V

b) Der Herr entscheidet den Kofferstreit:
1. Iste vidulus (Koffer), quem magnam vim auri continere constat, neque dolo neque caede, sed labore servi mei e fluctibus captus est. 2. Ego pro servo multum pecuniae solvi. 3. Ergo et vidulus mihi est, quem dominum servi esse scitis. 4. Aurum dividendum esse censeo: Dimidium (die Hälfte) quippe auri domino viduli dandum est. 5. Alteram vero partem – velut mercedem – mihi retineo, cum dominus Gripi sim, qui vidulum e fluctibus excepit.

Die „Verschlagenheit“ der Ketzer

T

Im römischen Reich gab es Prozesse gegen Christen. Später kehrte sich das Verhältnis um: Aus den Verfolgten wurden Verfolger. Denn jeder, der von der Lehrmeinung der Kirche abwich, wurde Ketzer genannt, verhört und ggf. durch Folter zum Geständnis gezwungen. Bei den Verhören wurden besondere Fragetechniken angewendet; Bernhard Gui (1261–1331) gibt uns ein Beispiel für den Beginn eines solchen Verhörs:

Si haereticus[1] capietur et iudici tradetur interrogandus, veniet sine timore, tamquam tutus esset ab omni periculo. Saepe etiam fit, ut maxima cum audacia respondeat.

Interrogatus, num sciat, quare captus sit, respondebit ridens: „Domine, quid dicam? Libenter a vobis cognoscam ea, quae vos a me commissa esse putatis.“ Interrogatus de fide Christiana aut interrogatus, quae praecepta[2] religionis et teneat et credat, respondebit: „Omnia credo, quae bono Christiano credenda sunt.“ Interrogatus vero, quem bonum Christianum esse putet, respondebit: „Quem bonum Christianum putem? Illum scilicet, qui credit ea, quae sancta ecclesia[3] nos credere iubet.“

Interrogatus, quam sanctam ecclesiam esse putet, respondebit: „Eam, domine, quam vos dicitis et creditis sanctam ecclesiam esse.“ Si iudex dicet: „Ego credo sanctam ecclesiam esse Romanam ecclesiam, cui praeest papa[4]“, ipse respondebit: „Etiam ego credo.“ Si iudex ira impulsus dicet: „Non id quaero, quod tu me credere putas, sed quod ipse credis“, respondebit: „Credo, quicquid vos et quicquid alii boni magistri me iubent credere.“

[1] haerēticus Ketzer

[2] praeceptum Vorschrift, Lehre

[3] ecclēsia Kirche

[4] pāpa *m* Papst

Die Festung Kirche wird gegen Ketzer und Todsünden verteidigt. Allegorische Buchmalerei aus dem 15. Jh. Paris, Bibliothèque Nationale.

V

a) Zeige, wie durch die Fragetechnik versucht wird, den Angeklagten immer weiter in die Enge zu treiben. Erkläre vor allem, wie der Ankläger im letzten Teil des Verhörs (Z. 12–21) den Angeklagten absichtlich falsch versteht und ihm „das Wort im Munde herumdreht“.

b) Beschreibe die Strategie, mit der der Angeklagte versucht, „seinen Kopf aus der Schlinge zu ziehen“. Wie lässt sich erklären, dass in seinen Antworten besonders häufig der AcI und verschränkte Relativsätze vorkommen?

c) Wie deutet Bernhard Gui das Verhalten des Angeklagten? Wie würdest du es deuten?

XXXIII *plus*

a) Entscheide dich für mindestens eine der folgenden drei Aufgaben zum Konjunktiv. In der ersten kannst du den Potentialis, in der zweiten den Deliberativ und in der dritten verschiedene Verwendungen des Konjunktivs üben.

A Ein Ketzer hat sich gut versteckt. Trotzdem malt er sich aus, was wohl passieren könnte, wenn er in die Fänge der Inquisition geraten sollte:
1. Si capiar, primo de fide mea acriter interroger. 2. Nisi quid confitear, iudex dolis utatur. 3. Hoc modo ille me fallat et ego aliquid confitear, quod non commisi. 4. Si taceam, torquear. 5. Tum omnia dixerim, quae iudex cupiat. 6. Postremo iudex me poena gravissima afficiat.

B Zwei andere Ketzer sind gefangen worden und warten auf das Verhör. Nun zweifeln sie, wie sie sich verhalten sollen:
1. Quid faciamus? 2. Omnia negemus an omnia confiteamur? 3. Utrum nomina amicorum prodamus an taceamus? 4. Iudici pareamus an resistamus? 5. Fidem nostram omittamus an defendamus? 6. Speremus an desperemus?

C Ein Ketzer wartet nach dem Verhör auf sein Urteil. Übersetze und gib jeweils die Funktion des Konjunktivs an:
1. Nisi facinora flagitiaque confessus essem, tortus essem. 2. Iudex me poena levi afficiat! 3. Si poenam gravem solvam, peream. 4. Utinam liber essem! 5. Sed cur sortem meam querar? 6. Mihi ipsi dico: Ne desperaveris!

b) Ein guter Rat:

Aliis ignosce multa, tibi nihil!

c) Auf diesem Pergament wurde der Name einer Gruppe von Ketzern ausgekratzt, an deren Auslöschung Bernhard Gui beteiligt war. Stelle den Namen wieder her, indem du die geforderten Formen von fieri bildest. Informiere dich über diese Ketzer-Gruppe.

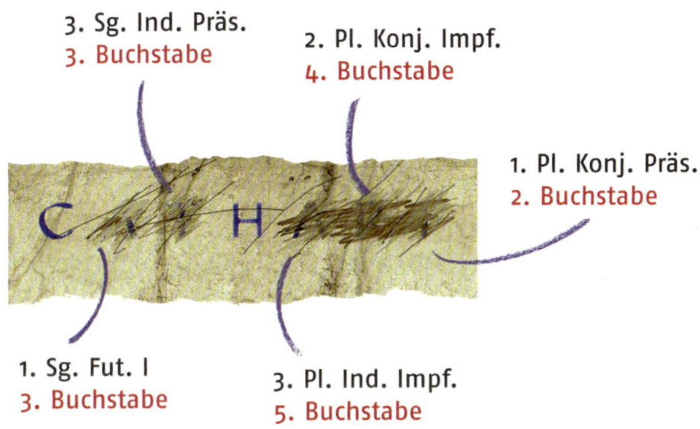

d) Das Wappen der spanischen Inquisition.

1. Der Begriff Inquisition leitet sich vom Verb inquirere ab, einem Kompositum zu quaerere. Übersetze das Wort und erkläre, warum es zur Verfolgung von Ketzern passt.
2. Deute die Symbole des Wappens mit Hilfe der Tabelle:

crux	fides Christiana
oliva (Olivenzweig)	venia
gladius	poena

3. Übersetze das lateinische Zitat (Psalm 74,22). Beachte: ex(s)urge ist identisch mit surge und judica mit iudica. Vergleiche deine Übersetzung mit einer Bibelübersetzung. Was bedeutet der Spruch?

LATEIN HILFT BEIM LESEN

Bernhard Gui war zu seiner Zeit eine bekannte Gestalt. Aber er wäre heute wohl vergessen, wenn nicht der italienische Schriftsteller Umberto Eco (geb. 1932) seinen berühmten Roman „Il nome[1] della rosa" (Der Name der Rose) geschrieben hätte, in dem Bernhard einen furchterregenden Auftritt als Inquisitor[2] hat. Doch bevor es dazu kommt, erzählt Eco eine spannende Geschichte, einen mittelalterlichen Krimi[3]: In einem abgelegenen Kloster[4], das berühmt ist für seine Bibliothek, geht Seltsames vor – ein Mann wird zerschmettert am Fuße des Klosterturms gefunden. Der Mönch William von Baskerville, der sich zusammen mit seinem Adlatus[5], dem Novizen[6] Adson von Melk, für kurze Zeit im Kloster als Gast aufhält, nimmt die Ermittlungen auf und stößt auf geheimnisvolle Zeichen und gefährliche Manuskripte[7]; bald hat er es nicht nur mit einem Todesfall zu tun, sondern mit einer ganzen Mordserie. Die Spur der Verbrechen führt William in das verwirrende Labyrinth der Klosterbibliothek, wo der greise Bibliothekar Jorge von Burgos einen besonderen Schatz hütet: das letzte Exemplar[8] eines gefährlichen Buches.

Als wäre das Unglück nicht schon groß genug, trifft im Kloster der berüchtigte Inquisitor Bernhard Gui ein, der hinter all den Morden das unheilvolle Treiben von Ketzern wittert. Die Schuldigen glaubt er bald schon ausgemacht zu haben: Remigius, den Kellermeister des Klosters, und seinen Gehilfen, den Krüppel Salvatore, der tausend Sprachen spricht und doch keine einzige richtig. Bernhard lässt Salvatore foltern, um ein Geständnis zu erzwingen, und beginnt dann, Remigius zu verhören. Auch ihm droht die Tortur[9].

[1] von nomen
[2] von in und quaerere
[3] von crimen
[4] von claudere
[5] von afferre
[6] von novus
[7] von manus und scribere
[8] von exemplum
[9] von torquere

a) Erkläre die Begriffe, die mit einer Anmerkung versehen sind.

b) Sammle weitere Informationen zum Buch. Welche Rolle spielt Latein darin?

c) Entwickelt ein Projekt zum Buch.

Der folgende Ausschnitt aus dem italienischen Roman beschreibt, wie der Inquisitor Bernhard den vermeintlichen Ketzer Remigius verhört:

Der Inquisitor Bernhard Gui.
Szenenbild aus dem Spielfilm „Der Name der Rose" (1985).

1 „E allora dimmi: in che cosa credi?" 2 „Signore, credo in tutto ciò a cui crede un buon cristiano ..." 3 „Che santa risposta! E a cosa crede un buon cristiano?" 4 „A quello che insegna la santa chiesa." 5 „E quale santa chiesa? ..." 6 „Signore", disse smaritto il cellario, „ditemi voi quale credete che sia la vera chiesa ..." 7 „Io credo che sia la chiesa romana, una, santa e apostolica, retta dal papa e dai suoi vescovi." 8 „Così io credo"... 9 „... Veniamo al dunque.

Credi tu che i sacramenti siano stati istituiti da Nostro Signore, che per fare una retta penitenza occorra confessarsi dai servi di Dio, che la chiesa romana abbia il potere di sciogliere e legare su questa terra ciò che sará legato e sciolto in cielo?" 10 „Non dovrei forse crederlo?"

1 „Dann sage mir nun: Woran glaubst du?" 2 „Herr Inquisitor, ich glaube an alles, woran ein guter Christ glaubt ..." 3 „Fürwahr eine fromme Antwort! Und woran glaubt ein guter Christ?" 4 „An das, was die heilige Kirche lehrt." 5 „Welche heilige Kirche? ..." 6 „Herr Inquisitor", sagte der Kellermeister verwirrt, „sagt Ihr mir, welche nach Eurem Glauben die wahre Kirche ist." 7 „Ich glaube, dass die wahre Kirche die römische ist, die Eine, Heilige und Apostolische Kirche unter der Leitung des Papstes und seiner Bischöfe." 8 „Das glaube ich auch"... 9 „... Kommen wir nun zur Kernfrage: Glaubst du, dass die Sakramente von Unserem Herrn eingesetzt worden sind, dass man, um rechte Buße zu tun, vor den Dienern Gottes beichten muss, dass die römische Kirche die Macht hat, auf Erden zu binden und zu lösen, was im Himmel gelöst und gebunden sein wird?" 10 „Sollte ich das nicht glauben?"

d) Suche die Bedeutungen der markierten Begriffe aus der Übersetzung heraus und begründe deine Entscheidung, indem du jeweils das zugrunde liegende lateinische Wort nennst.

e) Welche italienischen Wörter sind besonders leicht aus dem Lateinischen herzuleiten, welche sind schwer zu erkennen?

Als Remigius nicht gestehen will, lässt Bernhard den geschundenen Salvatore holen, der in einem seltsamen Gemisch von Sprachen, einem wahren Kauderwelsch, gesteht, gemeinsam mit Remigius allerlei Ketzergruppen anzugehören. Von Remigius als treulos beschimpft, versucht sich Salvatore zu rechtfertigen:

> **„Was weiß denn ich, ich povero Salvatore, wie sie heißen, all diese Spinner ... Patriner, Kathriner, Schlawiner, Lionisti, Arnoldisti, Circumcisti ... Ich bin kein homo litteratus, bin bloß ein povero peccatore, peccavi sine malitia. Und el señor Bernardo magnificentissimo weiß das genau und darum hoff ich auf indulgentia sua in nomine patre et filio et spiritis sanctis ..."**

f) Im Roman wird Salvatore als „Sprachgenie" bezeichnet. Welche Sprachen kannst du in seinen Worten wiederfinden?

g) Übersetze Salvatores Worte. Beachte folgende Hilfen:
- povero von lat. pauper
- litteratus von litterae
- peccatore *Subst.* zu lat. peccare
- malitia Hinterlist
- magnificentissimo von lat. magnificus (großartig)
- indulgentia Gnade
- spiritus *hier:* Geist

h) Bei den Worten in nomine patre et filio et spiritis sanctis hat sich Salvatore nicht an die lateinische Grammatik gehalten. Wie muss die religiöse Formel richtig lauten?

Weltsprache Latein – in Kirche und Wissenschaft

Auch nach dem Untergang des Imperium Romanum lebte die lateinische Sprache weiter. Karl der Große ließ sie als Schulsprache pflegen, im Mittelalter und weit darüber hinaus war Latein die Sprache der Kirche und der politischen Diplomatie. Vor allem aber hatte es eineinhalb Jahrtausende die Rolle inne, die heute das Englische besitzt: Es war internationales Verständigungsmittel in der Wissenschaft, in dem Gelehrte ihre Forschungsergebnisse veröffentlichten und diskutierten.

In den Klosterbibliotheken Europas überdauerten die Werke antiker Schriftsteller in kostbaren mittelalterlichen Abschriften die Jahrhunderte. Hier ein Blick in die Stiftsbibliothek des Benediktinerklosters St. Gallen in der Schweiz. Die Stiftsbibliothek ist eine der größten und ältesten Klosterbibliotheken der Welt. Sie besitzt 2.100 Handschriften (400 von diesen Handschriften sind älter als 1.000 Jahre), 1.650 Inkunabeln (Druckwerke bis 1500) und Frühdrucke (gedruckt zwischen 1501 und 1520) sowie ca. 160.000 Bücher.

Latein als Sprache der Kirche

Latein ist über Jahrhunderte hinweg die Sprache der Kirche geblieben – im Gottesdienst, in manchen Predigten der Päpste und bis heute in den sog. Enzykliken: Dabei handelt es sich um Rundschreiben des Papstes zu religiösen, politischen und gesellschaftlichen Entwicklungen, die an Bischöfe und Gläubige gleichermaßen gerichtet sind. Ihre amtliche Erstfassung ist lateinisch gehalten; dann werden die päpstlichen Botschaften in alle Landessprachen übersetzt. „Radio Vatikan", der Rundfunksender des römischen Kirchenstaates, sendet seine Nachrichten auch auf Lateinisch – nachlesbar in seinem Internetauftritt.

Tradition bis heute

Obwohl das Englische mittlerweile die allgemein anerkannte Wissenschaftssprache ist, hat Latein nichts von seiner sprachprägenden Rolle eingebüßt: Nach wie vor werden die meisten Fachbegriffe aus dem Lateinischen gebildet. Sie erklären sich selbst, da sie von Wortwurzeln abstammen, die nur übersetzt zu werden brauchen, um verständlich zu sein – etwa der medizinische Fachausdruck „intravenös", der aus der Präposition intra und dem Nomen vena (Vene, Ader) zusammengesetzt ist: Darunter versteht man die Zuführung eines Medikaments über die Blutbahn. Auch viele andere Disziplinen wie die Mathematik, die Rechtswissenschaft oder die Sprach- und Literaturwissenschaften nutzen für ihre Begriffsbildung die Kürze und Genauigkeit der lateinischen Sprache.

Wissenschaftssprache Latein

Im Mittelalter und in der frühen Neuzeit war Latein die Sprache der Gebildeten. Gleichgültig, ob man als Student die Universität in Bologna (Italien), Oxford (England), Heidelberg oder Paris besuchte – Verständigungsschwierigkeiten gab es nirgendwo, da die Professoren und Mitstudenten selbstverständlich Latein sprachen. Bis ins 18. Jh. hinein wurden wichtige wissenschaftliche Werke auf Latein verfasst. Berühmte Physiker, Astronomen und Mathematiker – wie zum Beispiel Nikolaus Kopernikus, Johannes Kepler, Isaac Newton und Galileo Galilei – haben ihre epochemachenden naturwissenschaftlichen Werke auf Latein geschrieben.
Noch bis ins 19. Jh. wurden an den Universitäten die Vorlesungen in lateinischer Sprache gehalten. Wie sehr das Lateinische die Universität geprägt hat, erkennt man an den vielen Begriffen, die dort heute noch verwendet werden: Professor, Doktor, Magister, Student, Kommilitone, Universität, Fakultät, Institut, Seminar, Kolloquium, Auditorium, Klausur, Diplom, Examen, Mensa und – Campus.

Ein Beispiel: Der schwedische Biologe Carl von Linné schrieb 1735 ein bahnbrechendes Werk mit dem Titel *Systema naturae*. Darin hatte er eine Methode entwickelt, Mineralien, Pflanzen- und Tierarten in einem abgestuften Ordnungssystem lateinisch zu klassifizieren. Dieses System wird bei der Benennung jedes neu entdeckten Lebewesens angewendet. Die lateinische Klassifikation ist deshalb sinnvoll, weil z. B. ein und dieselbe Pflanze schon in den verschiedenen Regionen Deutschlands unterschiedliche Bezeichnungen hat. Um Missverständnisse auf den Gebieten von Medizin, Pharmazie, Zoologie und Botanik auszuschließen, verwendet man daher weltweit die eindeutigen lateinischen Bezeichnungen.

101

E

1. Magister: „Multos discipulos in vita mea (cog)novi.
2. Nomina plurimorum adhuc scio et (cog)novi.
3. Multa nomina memoria tenere consuevi.
4. Facile nomina mira memini, facillime autem nomina eorum, quos diligebam aut oderam.

5. Multi liberi, cum pauperes sint, ad me non veniunt. Multi liberi, qui pauperes sint, ad me non veniunt.
6. Liberi divitum ad me mittuntur, qui (ut) artes discant.
7. Sed omnis homo talis est, qui (ut) artes discere possit.
8. Omnis homo idoneus et dignus est, qui scribere discat.
9. Sunt, qui melius discant quam alii; sed nemo est, qui indignus sit."

Ü

a) Erinnerungen verbinden.
Welche Übersetzung ist die jeweils passende?

1	meminit	A	sie erinnern sich
2	meminerant	B	er würde sich erinnern
3	meminisset	C	ihr würdet euch erinnern
4	meminerunt	D	er erinnert sich
5	meminissetis	E	er erinnerte sich
6	meminerat	F	sie erinnerten sich

b) Fünf Arten von Schülern. Zu welcher gehörst du?

1. Odisti discere et negotia agere. Nihil facere consuevisti. 2. Antea oderas discere, nunc novisti te peccavisse. 3. Familia tua officia praestare consuevit. Hoc semper meministi. 4. Plus novisse cupis et odisti nihil discere. 5. Omnia novisti, ut ipse alios doceas.

c) Unhaltbare Zustände. Übersetze und bestimme jeweils den Nebensinn des Relativsatzes:

1. Sole oriente plurimi liberi, qui in ludum eant, surgunt. 2. Multi autem liberi, qui laborent, domum relinquunt. 3. Saepe tales labores, quos ceteri fugiant, suscipiunt. 4. Liberi, qui laborent, tempore discendi carent. 5. Multi sunt, qui sortem liberorum querantur. 6. Pauci sunt, qui eam mutent.

d) Keine Chance auf Bildung

1. Vir pauper, qui pecunia careret, non omnes liberos in ludum mittere potuit. 2. Unus e quinque filiis illuc ire consuevit, qui legere et scribere disceret. 3. Pater ceteros liberos in agros misit, qui laborarent. 4. Tamen erant, qui dicerent: 5. „Ille vir pauper est. Cur filium litteras novisse cupit? 6. Ille dignus non est, qui humanus sit."

Recht auf Bildung

Der Pädagoge Johann Amos Comenius (1592–1670) sah jeden Menschen als Teil der alles umfassenden göttlichen Schöpfung an. Daher trat er für die Überwindung nationaler und religiöser Grenzen ein und forderte für jedes einzelne Kind das gleiche Recht auf Erziehung und Bildung.

Quicumque liberos docere consuevit, novisse debet omnes homines – sive nobiles sive pauperes – ingenio ornatos esse a Deo. Huius rei semper meminerimus! Omnes liberi, quippe qui et imagines et simulacra Dei sint, certe talibus artibus exerceri debent, quae ad vitam agendam et ad res futuras utiles sint.

Sunt, qui pauperibus aditum litterarum negare consueverint. Qui se iniuriam in Deum ipsum facere meminerint! Nemo enim est, qui noverit, quanti momenti[1] unusquisque nostrum Deo sit. Neque magistro decernendum est, quem dignum putet, qui litteras cognoscat. Saepe enim providentia[2] Dei homines pauperrimos delegit, quos alii aut neglegant aut oderint. Illi a Deo missi sunt, qui praeclaris factis gloriam Dei augerent. Itaque imitemur exemplum solis, qui universam terram luce sua delectet! Tribuamus beneficia cultus atque humanitatis omnibus hominibus, ut, quidquid in terra vivere, florere[3], fructum ferre potest, vivat, floreat fructumque ferat!

[1] quantī mōmentī wie wichtig

[2] prōvidentia Vorsehung

[3] flōrēre blühen

Schule in Sri Lanka. Januar 2005.
UNICEF, das 1946 gegründete Kinderhilfswerk der Vereinten Nationen, hat sich die weltweite Verwirklichung von Kinderrechten zur Aufgabe gemacht.

1. An welche Leser richtet sich Comenius? Wie versucht er ihnen die allgemeine, für alle Menschen gleiche Bildung schmackhaft zu machen? Achte dabei vor allem darauf, mit welchen Bildern oder Vergleichen er die Vorzüge der Bildung beschreibt. 2. Heute ist die Forderung des Comenius als ein Menschenrecht allgemein akzeptiert (z.B. im Pakt I oder in der Kinderrechtskonvention der UNO). Informiere dich, was genau das Grundrecht auf Bildung fordert und ob es überall auf der Welt eingehalten wird.

E

1. „Gaudeo, cum caelum tueor.
Heri maxime gavisus sum, quod aliquid novi vidi.
2. Maiores nostros sequi solemus.
Illi quoque maiores suos sequi soliti sunt.
3. Sed ego maioribus non iam confido.
Pauci antea iis confisi non sunt.
4. Aliquid novi cogitare audeo, quod pauci cogitare ausi sunt.
5. Ad falsa non revertor; hoc numquam feci: Numquam ad falsa reverti.
6. Solem circum terram moveri dicimus. Sol circum terram moveri dicitur.
7. Sol oriri et occidere putatur.
8. Terra medio in caelo stare videtur. Sed erramus."

Ü

a) Verwandle die Verben in die jeweils geforderte Zeit. Übersetze beide Formen.
1. gaudent → Perf. 2. solitus es → Impf.
3. confidis → Plusqpf. 4. ausi sumus → Präs.
5. auderem → Plusqpf. 6. gavisae estis → Impf.
7. solemus → Perf. 8. confisus ero → Fut. I

b) Sonnenfinsternis. Übersetze und bestimme die Formen von reverti.
1. Quando sol revertetur? 2. Nescio, quando revertatur. 3. Mox revertatur! 4. Utinam iam revertisset! 5. Si reverterit, gaudebo. 6. Lucem reverti sentio. 7. Vide! Lux revertitur.

c) Was man sich über die Planeten erzählt:
1. Mars e sanguine constare videtur.
2. Animalia in Marte vixisse putantur.
3. Mercurius in solem ruiturus esse dicitur.
4. Neptunus ex aqua ortus esse existimatur.
5. Venti ingentes in Iove excitari traduntur.

d) Das alte Weltbild. Kombiniere die Planeten so, dass mindestens sechs Sätze mit NcI entstehen. Übersetze dann.

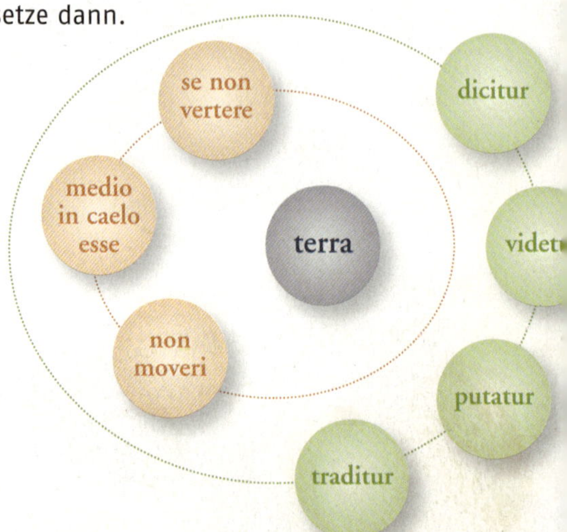

e) Was ist das?
1. Nocte ineunte illud oriri dicitur.
2. Iterum atque iterum mori et nasci videtur. 3. Antiquis temporibus homines illud ut deum vereri soliti sunt. 4. Tamen fortes viri illud ingredi ausi sunt. 5. Cum corpus illius plenum est, homines turbari putantur.

Wir sind nicht der Mittelpunkt des Universums

T

Nikolaus Kopernikus (1473–1543) studierte 16 Jahre an italienischen Universitäten und stellte dort Himmelsbeobachtungen an, bevor er nach Frauenburg (Ostpreußen) kam. In seinem Hauptwerk „De revolutionibus orbium caelestium libri VI“ (Sechs Bücher über die Umlaufbahnen der Himmelskörper) stellte er die Behauptung auf, dass die Sonne im Mittelpunkt des Universums stehe und die Erde – wie auch alle anderen Planeten – sich um sie drehe. Diese Ansicht war zwar schon in der Antike vertreten worden, im Jahre 1543 jedoch, als das Buch veröffentlicht wurde, war eine derartige Auffassung revolutionär und unerhört.

Quamquam multa quaerere audeo, numquam ausus sum quaerere, utrum totus mundus[1] finem habeat an non. Nam philosophis ea permittere solitus sum, quae ceteri homines ratione confisi cognoscere non possunt. Crebro autem revertor ad eas res perspiciendas, in quibus animus meus iam diu occupatus sit: Quae est forma terrae? Num mundus ingens circum terram stantem motu perpetuo vertitur?

Mihi primum persuasum est terram globosam[2] esse. Contendo deinde terram neque medio in mundo stare neque quiescere, sed quadam celeritate moveri. Nam terra minima et mundus infinitus[3] esse vulgo dicitur. Quomodo igitur terra minima quiescere potest, cum infinitus mundus circum illam minimam vertatur? Sed id, quod oculis videmus, aliud est. Nam nobis terra quiescere mundusque moveri videtur. Maxime gavisus sum, cum eius rei causam repperissem: Finge currum urbem aut navem portum relinquentem! Constat et currum et navem se movere. Sed eis, qui in nave sunt, cuncta, quae extra navem sunt, moveri videntur, cum ipsi se quiescere putent.

[1] mundus *hier:* Weltall, Universum

[2] globōsus rund, kugelförmig

[3] īnfīnītus unbegrenzt

Die Durchbrechung des mittelalterlichen Weltbildes. Französischer Holzschnitt im Stil des 16. Jh.s. Paris 1888.

V

1. Wie sieht Kopernikus seine Forschung? Mit welchen Worten beschreibt er seine Forschungen? Ziehe zum Vergleich auch die Abbildung heran. 2. Beschreibe mit eigenen Worten den Inhalt des „Schiffs-Beispiels“ (Z. 13 ff.). 3. Was versteht man noch heute unter einer „kopernikanischen Wende“?

103

E

1. „Quot homines id, quod inveni, sciunt?
Nescio, num omnes id, quod invenerim, sciant.
2. Omnes id discant, quod doceam!
3. Sanguis, qui per corpus currit, vi cordis movetur.
Sanguinem, qui per corpus currat, vi cordis moveri doceo.
4. Nonnulli me reprehendunt, quia falsa doceam.
Equidem eos reprehendo, quia falsa docent."

Ü

a) Ersetze die Herzen so, dass eine Form im Konjunktiv entsteht. Bestimme diese.
dic♥nt - dicer♥m - dixer♥m - revert♥tur - reverter♥m - appell♥mus - appellav♥rimus - rede♥t - redir♥s - s♥nt - motus s♥t - moviss♥nt - move♥tur

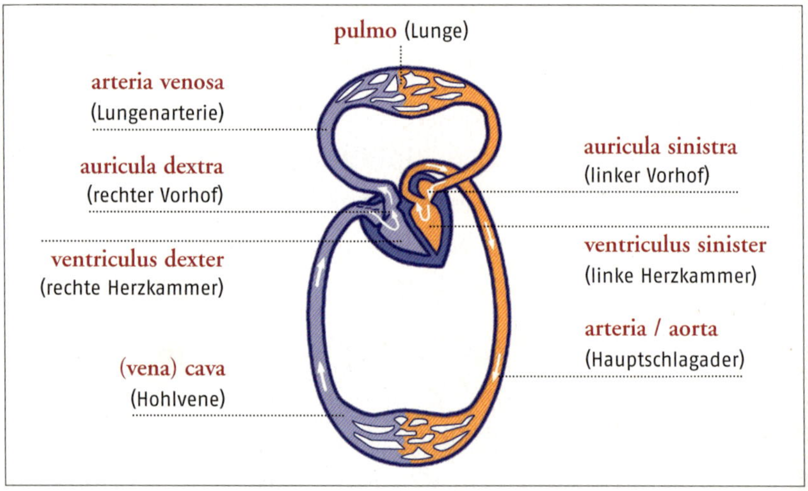

b) Ein Arzt spricht ein ernstes Wort mit seinem Patienten. Übersetze und entscheide, wann ein obliquer Konjunktiv gesetzt werden kann.

1. Multum vini bibis, quamquam id corpus (deleat / delet). 2. Ne id biberis, quod corpus (deleat / delet)! 3. Timeo, ne corpus patiatur, nisi (moveatur / movetur).
4. Corpus patitur, nisi iterum atque iterum (moveatur / movetur). 5. Iubeo te corpus crebro exercere, cui vires iam (deficiant / deficiunt). 6. Exerce corpus, cui vires iam (deficiant / deficiunt)! 7. Nescio, quotiens ad convivia eas, quae amici (dant / dent).

c) Übersetze und unterscheide:
1. Reprehensus sum, quia falsa (docueram / docuissem). 2. Multi homines maiores sequuntur, qui verum (dixerunt / dixerint).

d) Jahrhundertealte Irrtümer
1. Maiores contendunt sanguinem in manibus et pedibus et omnibus partibus corporis manere et ut cibum consumi (verbraucht werden). 2. Duo genera sanguinis noverunt, quorum alterum clarum sit et e corde oriatur, alterum nigrum sit et e felle (Galle) oriatur. 3. Nesciunt, qua vi sanguis, qui in membra currat, illuc moveatur.

Die Entdeckung des Blutkreislaufs

T

Der Blutkreislauf des menschlichen Körpers war der antiken Medizin unbekannt. Adern wurden als „Bewässerungskanäle" aufgefasst, die Blut zu allen Stellen des Körpers gelangen lassen. Dass das Blut nicht von selbst fließt, sondern durch das Herz gepumpt wird, wusste man nicht. Erst 1533 entdeckte der spanische Arzt Miguel Servet den kleinen oder „Lungenblutkreislauf" (im Bild oben) vom rechten Vorhof über die Lunge zum linken Vorhof, den großen oder Körperblutkreislauf entdeckte 1628 der englische Arzt William Harvey. In seinem Werk „De motu cordis et sanguinis in animalibus" (Über die Bewegung des Herzens und des Bluts bei Lebewesen) stellte er diesen Kreislauf dar:

Opinor in omnibus animalibus, quae calidiores[1] sint, sanguinem *e dextro ventriculo* cordis egredientem primo per *arteriam venosam* in *sinistram auriculam* et post per *arteriam* et *venam cavam* iterum in *dextrum ventriculum* cordis pervenire.

Prorsus dico hoc motu sanguinis omnes partes corporis eo sanguine ali, qui perfectus, recens, ardens, vaporosus[2] sit, cum in eis partibus corporis, quae procul a corde sint, sanguis iterum refrigeretur[3] et adeo coalescat[4], ut quasi sine viribus et consumptus ad cor redeat. Quid ergo aliud cor appellemus nisi initium, fontem, sedem et focum[5] vitae, ad quem sanguis revertatur virium confirmandarum causa? Itaque homines laudandi sunt, qui cor partem optimam ac supremam corporis putent. Illi cor etiam solem corporis appellant, quod cordis aestu, motu, virtute sanguis moveatur.

Cum *venae* sint viae quaedam et vasa sanguinis, duo sunt genera earum: *cava* et *aorta*. Quae officio inter se differunt, quia altera est vas abducens sanguinem e corde in partes corporis, altera autem vas adducens sanguinem a partibus in cor.

[1] calidus warm(blütig)
[2] vapōrōsus dampfend
[3] refrīgerārī abkühlen
[4] coalēscere (PPP coalitum) sich verdicken
[5] focus Herd

V

a) 1. Erkläre anhand der Abbildung den Aufbau und die Funktion des Blutkreislaufs im menschlichen Körper. 2. Versuche den Inhalt des Textes vor der genauen Übersetzung grob zu erschließen. Achte dabei besonders auf die zahlreichen medizinischen Fachbegriffe.
3. Welche sprachlichen Mittel benutzt Harvey, um die Funktion des Herzens und den Aufbau des Blutkreislaufs zu veranschaulichen?
4. Welche Funktion hat nach Harvey das Herz? Ist diese Auffassung nach heutigem Kenntnisstand richtig? Begründe deine Antwort.

b) In den letzten zwei Lektionen hast du wissenschaftliche Texte kennengelernt, die auf Latein geschrieben wurden. Bis ins 18. Jh. war Latein die wichtigste Sprache der Gelehrten und Gebildeten.
1. Informiere dich über die Gründe, die dazu geführt haben, dass Latein mehr als 1.000 Jahre lang die wichtigste Sprache aller Wissenschaften war.
2. Finde Beispiele für Fachbegriffe aus verschiedenen Wissenschaften, die aus dem Lateinischen abgeleitet sind.

E

Hauptsatz	Nebensatz 1	Nebensatz 2
Auctores antiqui **multa** docent,	**quae** ad ***homines*** pertinent,	*qui* nunc vivunt.
	Relativsatz: Attribut zu multa	**Relativsatz:** Attribut zu homines

Hauptsatz	Nebensatz 1	
	Ut bene iudicemus,	**finaler Gliedsatz:** Adverbiale zu necesse est
necesse est → *nos scire,*		
AcI: *Subjekt zu* necesse est	quid maiores cogitaverint.	**indirekter Fragesatz:** Objekt zu scire

Ü

a) Auf diesem Papyrus stehen zwölf verschiedene Subjunktionen. Findest du sie alle?

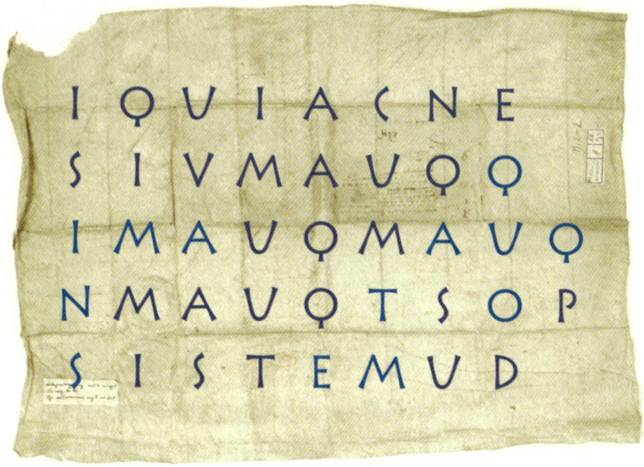

b) Übersetze Schritt für Schritt und beschreibe, welche Ergänzung der Satz jeweils erfährt:

1. Cicero nos monet. 2. Cicero nos monet, ut philosophos sequamur. 3. Cicero nos monet, ut philosophos sequamur, qui nos doceant. 4. Cicero nos monet, ut philosophos sequamur, qui nos doceant, quomodo vitam beatam agamus.

c) Ordne die Satzbausteine so an, dass sinnvolle Sätze entstehen:

1. etsi maiores praecipiunt non semper parere debemus quid faciendum sit
2. quae maiores dant ut consilia non usui non sint fieri potest
3. certe necesse est si res falsas docent maiores reprehendere

d) Rücksichtslos!

1. Homines errant, si putant se, quia nunc vivant, tempora praeterita neglegere posse. 2. Si res, quas maiores aut gesserunt aut passi sunt, neglegunt, facile fieri potest, ut errores (Fehler) eorum repetant. 3. Hoc modo non solum hominibus, qui nunc vivunt, perniciei sunt, sed etiam iis, qui nondum vivunt. 4. Verum est illud dictum viri sapientis, quo omnes accusat, qui tempora praeterita rideant: 5. „Qui ad maiores non respiciunt, ii non spectant ad posteros."

Was verdanken wir der Antike?

T

Johannes von Salisbury (um 1115–1180) galt als der Cicero des hohen Mittelalters. Kaum ein anderer Autor war in der antiken Literatur so bewandert wie er. In seiner Schrift „Metalogicon" stellt er dar, warum es sich immer wieder lohnt, die Schriften der antiken Autoren zu studieren. Hier vertritt er seine Meinung im Streitgespräch mit einem Schüler:

Iohannes: Constat nos egregiis auctoribus aetatum superiorum gratiam debere. Discipulus: Plerumque verba eorum nobis minime utilia sunt. Cui enim nunc usui sunt ea, quae Aristoteles, Plato, Cicero aliique auctores antiqui docuerunt?

Iohannes: Illos ut parentes nobis colendos esse censeo, cum ab eis docti et instituti vim et auctoritatem verborum didicerimus. Discipulus: Qualem vim verba pristinorum temporum habent? Maximam vim ea verba afferunt, quae vitam nostram multo meliorem faciant.

Iohannes: Id ipsum ea verba efficiunt! Nam his verbis cognitis unus homo brevi id impetrare potest, in quo antea plurimi multum temporis consumpserunt. Aetas nostra, quae succedit, operibus aetatum superiorum utitur, ut nos – alienis viribus et magno labore maiorum nixi – plura noverimus quam illi. Discipulus: Num putas nos plura novisse quam illi, praesertim cum illos gigantes[1], nos autem nanos[2] ducas?

Iohannes: Nos nani sumus in umeris gigantum sedentes. Ita plura cognoscere possumus – neque tamen virtute oculorum nec magnitudine corporum nostrorum. Sed quanto altius tollimur ingenti magnitudine illorum gigantum, tanto acrius et melius prospicere possumus.

[1] gigās, gigantis *m* Riese
[2] nānus Zwerg

V

1. Fertige Satzanalysen für mehrere Sätze beider Sprecher an. Welche Unterschiede kannst du bei den beiden Sprechern feststellen? Wie lassen sich diese Unterschiede erklären? 2. Welches Verhältnis zur Antike will Johannes von Salisbury durch den „Zwerge-Riesen-Vergleich" ausdrücken? Stimmst du ihm zu? Berücksichtige bei deiner Antwort das, was du über die kulturellen Leistungen der Antike weißt. 3. Welches Bild oder welchen Vergleich würdest du wählen, um dein Verhältnis zur Antike zu beschreiben?

Der Schöne Brunnen auf dem Nürnberger Hauptmarkt: rechts der Philosoph Sokrates, links über ihm Papst Gregor der Große als Kirchenvater, eine Stufe höher Kaiser Karl der Große als christlicher Held. 14. Jh.

„SPIEL DEINE ROLLE!"

Age partes tuas, sed noli desperare! Age partes tuas! Nam tua una res agatur!
Spiel dein Spiel, doch gib dich dabei nicht auf. Spiel dein Spiel, denn nur einer hat es drauf.

Caelestis, singularis: Hic mundus noster renovatus et,
Unvergleichlich, einzigartig, diese immer neue Welt, und

ut finirentur, tibi census ingens est paratus.
zum Abschluss dann kriegst du die Riesenstange Geld.

Age partes tuas! Quo modo factus es praeclarus.
Spiel dein Spiel, denn nur so wirst du zum Held.

Placetne tibi vitam insignem, tuam, unicam peragere,
Es macht dir Spaß, auf der Straße deines Lebens deinen Weg zu gehen,

victorum crateras uno impetu exhaurire?
aus dem Schampusglas der Sieger einen tiefen Schluck zu nehmen,

Tanti non est referre oculos.
zurückzusehen lohnt sich nicht,

Futura provide et bonum eventum!
schau nach vorne und du siehst das Licht des Erfolgs.

Tuas partes age, soci, cum sint multi, qui diem perdant;
Das Spiel der Spiele, Verlierer gibt es viele auf der Welt.

neque Iuppiter Maximus tesseras mittit!
Doch der Große Bruder würfelt nicht.

Nam Fortuna tuis partibus illudit,
Denn die Zukunft lacht dir ins Gesicht,

dum victor progredi in animo habes.
wenn du nur gewinnen willst.

Nova videndi cupidus adi nova,
Richte deine Neugier auf das Neue,

nova ista, quae te cxspectant!
das da vorne auf dich wartet.

Quae incipiuntur, quidem periculosa neque cacatoribus istis fugacibus apta.
Was da startet, ist zwar krass, Alter, lass doch die konservativen Spalter hinter dir.

Nobis refert omnino nihil, utrum hic sis an ille.
Wer du bist, ist uns doch so was von egal,

Quis sis, quid sis, quomodo vivas, te habeas, hoc demonstra! Hic Rhodus, hic salta!
wer du wirst, ist schließlich allemal, was interessiert in diesem Spiel.

Age partes tuas, sed noli desperare!
Spiel dein Spiel, doch gib dich dabei nicht auf.

Deutscher Text: Clemens Liedtke / Markus Gärtner | Lateinischer Text: Edgar Barwig

„Das war scheinbar der mit Abstand stumpfsinnigste Text, den wir bislang ins Lateinische übertragen haben!" So beschreibt die deutsche Hiphop-Gruppe ISTA in der Beilage zu der Single „Age partes tuas!" ihren eigenen Text. Das Stück kritisiert die Auswüchse des modernen „Reality-TV" und greift dabei die Vorstellung des theatrum mundi auf, wonach unser gesamtes Leben ein Theaterstück ist, für das das Drehbuch schon geschrieben ist.
Die Vorstellung von der Welt als Bühne, auf der die Menschen als Schauspieler, von einem unsichtbaren Regisseur gelenkt, ein Stück aufführen, ist uralt. Ihre erste Verwendung findet sich bei dem griechischen Philosophen Platon, der den Menschen als „Marionette göttlichen Ursprungs" bezeichnet, die „von den Göttern bloß als Spielzeug angefertigt worden ist oder vielleicht auch in irgendeiner ernsthaften Absicht" (Plat. *Gesetze* I 644 d–e).

◂ **Szenenbild aus der Tragödie „König Ödipus" des Sophokles. Antikenfestspiele in den Trierer Kaiserthermen 2010.**

Die wohl bekannteste antike Version des Stoffes bietet der römische Satiriker Petron (1. Jh. n. Chr.):

Grex agit in scaena mimum: Pater ille vocatur, filius hic, nomen divitis ille tenet. Mox, ubi ridendas inclusit pagina partes, vera redit facies, assimulata perit.

„Eine Schauspieltruppe gibt auf der Bühne eine Komödie: Jener heißt ‚der Vater', dieser ‚der Sohn', jener hat den Namen ‚der Reiche'. Schon bald aber, sobald der Buchdeckel die lächerlichen Rollen wieder in sich eingeschlossen hat, kehrt das wahre Gesicht zurück und das vorgespielte vergeht."
Seit jeher hat die Menschen immer die Frage fasziniert, ob wir unsere Entscheidungen von uns aus treffen oder ob sie für uns von einem „Regisseur" getroffen werden. Ist unser Leben wirklich oder eine Einbildung, eben nur ein Spiel? In unserem Medienzeitalter, in dem uns „Daily Soaps" und Computerspiele virtuelle Welten zeigen, die für viele Menschen kaum noch von der Realität zu unterscheiden sind, bekommt die Metapher von dem „Theater der Welt" eine neue Bedeutung.

Ü

a) Welche Rolle soll der Mensch im theatrum mundi spielen? Belege deine Antwort am Songtext. Berücksichtige auch, was ISTA selbst zur Erläuterung ihres Textes sagen: „Um überhaupt einen Zugang zum Text zu bekommen, haben wir uns vorgestellt, dass im Alten Rom eine Sendung namens „Frater maior" im Crassus-TV läuft ... Die Römer wollen Drastisches sehen, um alles oder nichts muss es gehen, konkurriert man doch mit den Gladiatorenspielen auf dem Nachbarkanal. Entsprechend winkt als Belohnung des Siegers ein sozialer Aufstieg, verbunden mit Reichtümern ..."

b) ISTA selbst sagen über die lateinische Version ihres Textes: „Eine wörtliche Wiedergabe des deutschen Originals haben wir bewusst gemieden und hätte auch nicht geklungen." Vergleiche die lateinische mit der deutschen Version. Vielleicht versuchst du sogar eine Übersetzung des lateinischen Textes in modernes „Hiphop- bzw. Rapper-Deutsch".

c) Welche Gründe könntest du dir vorstellen, warum eine deutsche Hiphop-Band ihre Texte auf Latein verfasst?

Übergangslektüre

Vom Lehrbuch zur Lektüre – Aufbruch zu neuen Welten

Auf den folgenden Seiten sind einige Texte zusammengestellt, die nach dem Abschluss des lateinischen Sprachunterrichts zur lateinischen Originallektüre überleiten. Damit brechen wir auch inhaltlich zu neuen Welten auf ...

Bereits Alexander der Große hatte im 4. Jh. v. Chr. von der Herrschaft über die gesamte Welt geträumt – mit seinen Truppen war er bis nach Indien gekommen. Rund zwei Jahrtausende später versuchten Spanien und Portugal diesen Traum zu verwirklichen, indem sie einen Seeweg nach Indien entdecken wollten.

Portugiesische Silbermünzen zum 500. Jahrestag des Vertrages von Tordesillas (1494): Auf der einen Münze erkennt man die Könige Spaniens und Portugals mit ihren jeweiligen Bannern, auf der anderen Münze die Demarkationslinie von Tordesillas.

Die Kolonialisierung Südamerikas durch Spanien und Portugal

Indien galt als sagenhaftes Land mit unermesslichen Schätzen, in deren Besitz die Seemächte Spanien und Portugal kommen wollten. In Portugal trieb Prinz Heinrich, genannt „der Seefahrer", heimlich die Entdeckung des Seewegs nach Indien voran. In Spanien beauftragte das Königspaar Ferdinand und Isabella den aus Genua stammenden Seemann Christoph Kolumbus (1451–1506) mit demselben Plan: Er sollte dem Konkurrenten Portugal beim Wettlauf nach Indiens Schätzen zuvorkommen. Tatsächlich entdeckte Kolumbus 1492 die Neue Welt. Er nannte die Inseln, die er betrat, Westindische Inseln. Bald darauf wurde der neue Kontinent nach seinem italienischen Landsmann Amerigo Vespucci (1451–1512) Amerika genannt – 1499 hatte Vespucci nämlich das amerikanische Festland erkundet.

In Portugal war König João II. über diese Entwicklungen in Übersee sehr beunruhigt und handelte mit Spanien den sog. Vertrag von Tordesillas aus, in dem beide Mächte ihre Einflusszonen gegeneinander abgrenzten: Die Spanier erhielten fast ganz Südamerika, die Portugiesen im Gegenzug das heutige Brasilien, dessen Landessprache deshalb das Portugiesische ist.

El Dorado – das sagenhafte Goldland

Die wesentliche Triebfeder für die Erkundung und Eroberung Südamerikas durch die Spanier war die Legende vom sagenhaften Goldland El Dorado. Dass Kolumbus überhaupt nach Indien fahren wollte, hing mit dem Goldreichtum zusammen, von dem der italienische Kaufmann Marco Polo nach seiner Asien-Reise im 13. Jh. erzählt hatte: Im fernen Indien sollte El Dorado liegen. Als Kolumbus Amerika entdeckte, das er für Westindien hielt, soll seine erste Frage an die Eingeborenen gewesen sein: „Wo ist das Gold?" Man antwortete ihm, dass das Goldland sich im Urwald des Amazonas befände, der berühmten „grünen Hölle". Bis ins 19. Jh. hinein suchten Abenteurer aus aller Welt nach dem Land – vergeblich. Der große deutsche Gelehrte Alexander von Humboldt stellte schließlich fest, dass El Dorado ein Mythos war wie der Garten der Hesperiden mit den goldenen Äpfeln.

Tabula orbis cum descriptione ventorum. Weltkarte aus der Ptolemäus-Ausgabe von Martin Waldseemüller. Lyon 1541.

Die Kolonialisierung und ihre Folgen

Als die europäischen Eroberer nach Übersee kamen, begegneten ihnen die Ureinwohner zunächst freundlich und zurückhaltend. Die Entdecker allerdings gingen weniger rücksichtsvoll mit den sog. Wilden um: Man führte Kriege gegen sie, zerstörte ihre Kulturen, raubte ihre Bodenschätze, verschleppte Überlebende als Sklaven oder Zwangsarbeiter und bekehrte sie gewaltsam zum christlichen Glauben – noch heute sind rund 80 % der Lateinamerikaner katholisch. Um die eigenen Gräueltaten und die wirtschaftliche Ausbeutung der Urbevölkerung zu rechtfertigen, bezeichnete man die Ureinwohner gerne als Wilde und Menschenfresser und schickte entsprechende Berichte nach Europa. Es sollte mehr als 300 Jahre dauern, bis sich Südamerika durch einen Unabhängigkeitskrieg aus spanischer und portugiesischer Herrschaft befreien konnte – 1824 war es soweit.

Aufbruch nach „Indien"

T1

Paulus Iovius berichtet in seiner Biografie über Kolumbus, dass der König von Spanien den Reisewünschen des Kolumbus erst nach längerem Drängen nachgab und dass es unter der Bevölkerung schon vor der Abfahrt besorgte Äußerungen gab:

Preces Columbi saepe ad regem Hispaniae delatae et semper neglectae denique auditae sunt. Tamen plurimi homines id munus non solum difficillimum, sed prorsus stultum et impium esse praedicabant, si naves vastissimo Oceano dederentur, si multi homines fortes per multos menses tantis periculis mandarentur, si vita eorum parvi duceretur.

Schon zwei Tage nach der Abreise verlor die Besatzung den Mut. Kolumbus trug deshalb weniger Seemeilen ins Logbuch ein, um die Angst der Seeleute vor der Entfernung von der Heimat zu mindern. Im Dezember 1492 steuerte das Schiff endlich auf ein neues Festland zu:

Nautis timorem deponentibus et ad officium redeuntibus Columbus aves propius ad naves volantes aspexit contenditque non longe abesse terras, e quibus illae volavissent. Nec eum fefellit opinio. Brevi enim perventum est ad crebras insulas. Quarum maximam adeuntes Guadelupam[1] vocaverunt. Silvarum atrarum et avium pulcherrimarum plena erat, sed humano vestigio carebat.

Hinc secundissimo vento et magna celeritate Columbus ad insulam ingentem, nomine Hispaniolam[2], pervenit. Eius insulae gentes parvis muneribus facile sibi adiunxit; didicitque e mulierum ornamentis magnam auri copiam in ea insula esse, cum incolae[3] paucas tantum res ad vitam necessarias haberent. Praeterea cognovit eos litterarum et plurimarum artium ignaros esse.

Immo Lemures[4] colunt, quos nocte in castris errare putant, quos autem numquam viderunt. Has gentes conspectu navium adhuc ignotarum territas Columbus facile ad cultum Christianae crucis duxit. Foedere cum potentibus insulae ducibus facto cognovit auream arenam iacere in fluminibus, quae ex altis montium iugis in Oceanum currunt.

[1] Guadelupa Guadeloupe *(Insel der Antillen)*

[2] Hispāniola Haiti

[3] incola *m* Bewohner

[4] Lemurēs, um Geister, Dämonen

Der Irrweg des Kolumbus

Christoph Kolumbus beherrschte die lateinische Sprache, die damals noch als Geschäftssprache üblich war; er verfasste seine Berichte jedoch auch in portugiesischer oder spanischer Sprache.

Kolumbus bezog sein Wissen von Petrus Alliacus, einem der gelehrtesten Männer seiner Zeit, aus den antiken Autoren und aus seinem Briefwechsel mit dem Florentiner Arzt und Geografen Paolo Toscanelli. Dieser hatte 1474 dem König von Portugal geschrieben, dass der Seeweg nach Ostasien am kürzesten über den Atlantik nach Westen sei und dass diese Region, wie Marco Polo berichtet hatte, überreich sei an Gold und Silber, Juwelen und Gewürzen. Toscanelli fügte jene (falsche!) Berechnung bei, die dann auch Kolumbus in die Hand bekam und die der Grund für seine Hoffnung wurde. Die Karte Toscanellis ist verloren, lässt sich aber rekonstruieren, weil der Nürnberger Mathematiker Martin Behaim (1459–1507), der mit Kolumbus befreundet war, mit Hilfe dieser Karte 1492 den ersten Erdglobus der Neuzeit anfertigte. Dieser ist im Germanischen Nationalmuseum in Nürnberg zu sehen.

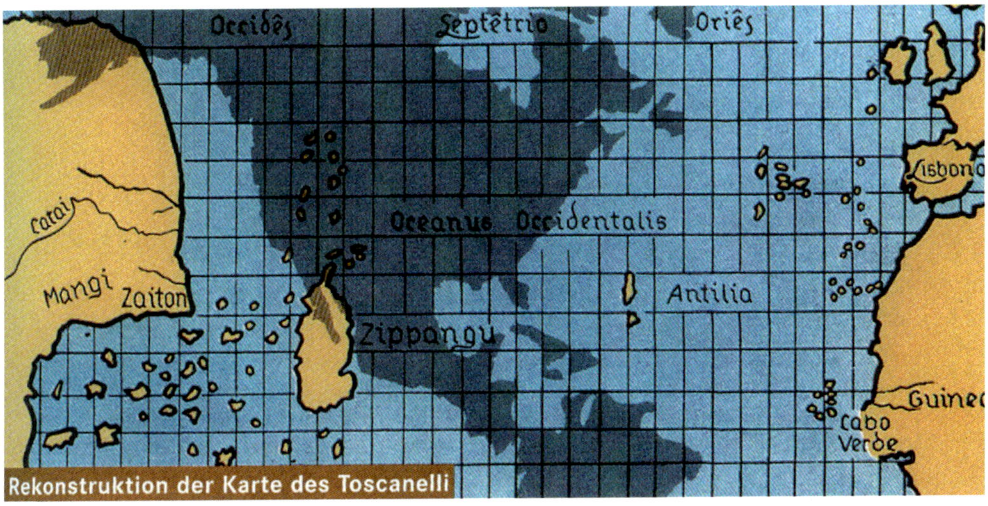

Rekonstruktion der Karte des Toscanelli

Lisbona = Lissabon
Cabo Verde = Kap Verde
Zippangu = Japan
Mangi = Indien

Die dunkel getönte Fläche gehört nicht zu der Karte des Toscanelli. Sie zeigt das von Kolumbus entdeckte Amerika.

V

a) Du hast in 38 M verschiedene Methoden der Texterschließung kennengelernt. Eine weitere besteht darin, die „Satzkerne" (Subjekte und Prädikate der Hauptsätze, weitere notwendige Bestimmungen) herauszuschälen. Anhand dieser Liste lässt sich eine Inhaltsangabe des Textes erstellen:

preces Columbi		auditae sunt
plurimi homines	id munus … stultum et impium esse	praedicabant
Columbus	aves	aspexit
(Columbus)	non longe abesse terras	contendit
opinio	nec eum	fefellit
	ad crebras insulas	perventum est

Setze die begonnene Liste für T fort.

b) Welche Formulierungen deuten im ersten Absatz auf eine weit verbreitete Skepsis vor der Abreise hin?

c) Welche ersten Eindrücke gewinnt Kolumbus auf der Insel Guadelupa und auf der Insel Hispaniola? Warum verlässt Kolumbus Guadelupa relativ schnell wieder?

d) Wie verhält sich Kolumbus auf Hispaniola? Welches Ziel verfolgt er offensichtlich?

e) Analysiere die Partizipialkonstruktion in Z. 1 nach der dir bekannten Methode (55 M).

f) Wiederhole die möglichen Sinnrichtungen für die Subjunktion cum und begründe deine Entscheidung für die Übersetzung von cum in Z. 15.

g) Die normale Wortstellung im Lateinischen ist SOP („O" kann auch mehrere Objekte und adverbiale Bestimmungen umfassen). An welchen Stellen weicht der Text von dieser normalen Wortstellung ab? Was soll dadurch besonders betont werden?

Zwei Welten treffen aufeinander

T2

In einem Brief, den Kolumbus auf der Rückreise nach Spanien verfasst hat, schildert er die Begegnung mit den Einheimischen der neu entdeckten Welt: Die Bewohner der Insel Hispaniola glaubten, die Entdecker seien vom Himmel herabgestiegen; Kolumbus und seine Leute hingegen waren darauf gefasst, auf den Inseln Ungeheuer zu finden.

Incolae[1] Hispaniolae[2] insulae credunt omnem vim, omnem potentiam, omnia denique bona esse in caelo; arbitrantur igitur me cum navibus et nautis inde demissum esse; ergo gratus iis fui, postquam illi metum deposuerunt.

Nec sunt stulti neque ignari, sed homines summi ac acerrimi ingenii, qui parvis navibus mare transire audent. Diligentissime referunt id, quod in iis itineribus viderunt. Sed numquam viderunt tales homines, quales nos sumus, neque gentem talibus vestibus ornatam neque classem armis eius modi instructam.

Ego statim, ubi eo perveni, e prima insula quosdam Indos[3] vi rapui, qui discerent a nobis et nos pariter docerent ea, quae ipsi in his partibus terrae cognoverant. Brevi nos ipsos modo gestu[4], modo signis, modo verbis intellexerunt. Ita hi homines nobis magno usui fuerunt.

Nonnulli ex eis supplices me cinxerunt et se dediderunt. Illi me insequuntur et, quamvis diu mecum versati sint hodieque versentur, semper putant me descendisse e caelo.

Et hi erant primi, qui, quocumque perveniebamus, id nuntiabant, quod alii deinde aliis magna voce repetebant: „Venite, venite et videbitis gentes e caelo descendentes!“ Quare in omnibus vicis totum vulgus – tam feminae quam viri, tam pueri quam iuvenes, tam senes quam anus – deposito metu nos circumveniebat. Maximo cum amore ac gratia incredibili alii cibum, alii aquam et vinum nobis afferebant.

Monstra aliqua non vidi neque cognovi – quadam insula excepta. Quam insulam gens quaedam saeva habitat. Quae carne[5] humana se alit. Habent parvarum navium genera plurima, quibus in omnes insulas transeunt; ibi alios Indos oppugnant et tot res rapiunt, quot possunt. Quare ceteri Indi in timore perpetuo versantur.

Huius insulae et aliarum insularum, quas vidi, homines in navibus mecum porto, qui omnia, quae dixi, confirmant.

[1] incola *m* Bewohner

[2] Hispāniola Haiti

[3] Indus: *vgl. Fw.*

[4] gestus, ūs Haltung, Geste

[5] carō, carnis *f* Fleisch

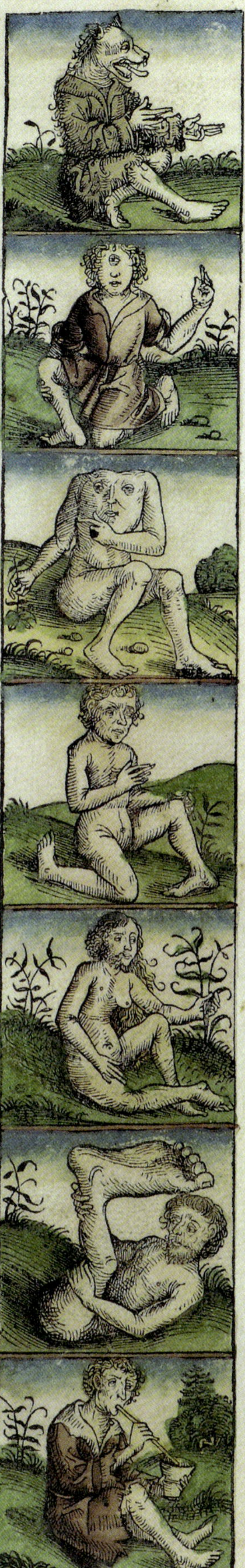

Darstellungen von Wesen aus fremden Ländern. Holzschnitte aus der Schedelschen Weltchronik. 1493.

a) Stelle vor der Übersetzung die Schlüsselwörter zusammen, die den Umgang des Kolumbus und seiner Leute mit den Bewohnern der Insel charakterisieren.

b) Gib jedem Absatz eine treffende Überschrift. Begründe deine Entscheidung.

c) Vergleiche Kolumbus' Aussagen über das Bildungsniveau der „Inder" mit denen des Autors Paulus Iovius (T1).

d) Welche Erwartung, die Kolumbus mit in diese Welt gebracht hat, wurde nicht erfüllt? Welches Gewicht erhält deshalb der letzte Satz des Textes?

e) Monstra aliqua non vidi. Entnimm dem folgenden Text Informationen darüber, mit welchen Vorstellungen von „monstra" Kolumbus wohl in die Neue Welt aufgebrochen ist. Der Text stammt aus den sog. Gesta Romanorum, die um das Jahr 1300 entstanden sind. Hier werden die verschiedensten Legenden über ungeheuerliche Lebewesen in fernen Ländern verbreitet.

In India[1] sunt quidam homines, qui unum tantum oculum habent in fronte[2] et carnes[3] hominum comedunt[4]. In Libia[5] sunt aliquae feminae sine capite, os et oculos habentes in pectore. In quadam regione sunt homines habentes tam magnas aures, ut tegant per illas totum corpus. In Aethiopia[5] sunt homines, qui unum tantum pedem habentes tamen tantae celeritatis sunt, ut bestias currendo insequantur. In India etiam sunt aliqui homines sex manus habentes, nudi et pilosi[6] in flumine morantes.

[1] India: *Gemeint ist das uns heute bekannte Indien.*
[2] frōns, frontis *f* Stirn
[3] carō, carnis *f* Fleisch
[4] comedere, comedō essen, verzehren
[5] Libia, Aethiopia: *vgl. Fw.*
[6] pilōsus behaart

f) Überlege, welcher der beiden Texte über die Neue Welt (T1 / T2) eine größere innere Anteilnahme des Autors erkennen lässt. Begründe deine Entscheidung durch Aussagen im Text.

g) Wie lassen sich die Konjunktive in Z. 11 begründen?

h) Lege in deinem Heft eine Liste an mit allen Beispielen für einen AcI, für ein Participium coniunctum und einen Ablativus absolutus, die in diesem Text vorkommen.

Ankunft in der Karibik

T3

In seinem Werk „De orbe novo decades VIII“ (Acht Dekaden über die Neue Welt) beschreibt auch Petrus Martyr von Anghiera die Entdeckung Amerikas durch Kolumbus und die erste Begegnung mit den Eingeborenen auf Haiti und Kuba.

In illo litore nostri ad terram egressi primum indigenas[1] viderunt. Indigenae ipsi arbitrati sunt gentem adhuc ignotissimam venire. Itaque metu commoti in silvas atras praecipites se recipiunt. Nostri multitudinem insecuti mulierem tantum capiunt. Quam cum ad naves deduxissent, nostri cibos et vinum ei praebent et eam vestibus ornant – nam ea gens omnis nuda vitam agit – et ad gentem eius remittunt.

Ubi primum ad suos mulier rediit ostenditque ornatum[2] nostrorum et liberalitatem[3] miram esse, omnes cursu celeri in sinum conveniunt classem nostram spectaturi; namque gentem nostram e caelo missam esse suspicantur. Nostri, qui indigenas ignorabant, multas res novas et miras de moribus eorum acceperunt; etiam cognoverunt ibi reges imperium habere. Hi reges ceterique indigenae nostros e navibus descendentes magno honore recipiunt et omnibus modis, quibus poterant, colunt. Paulo post nostri famā etiam didicerunt esse non longe ab illis insulis insulas quorundam ferorum hominum, qui carne[4] humana se alant. Itaque nostri eos Canibales[5] esse arbitrati „crudeles“ sive „Caribes“[5] vocant.

[1] indigenae *m* die Eingeborenen

[2] ōrnātus, ūs Ausstattung

[3] līberālitās, ātis *f* Großzügigkeit

[4] carō, carnis *f* Fleisch

[5] *vgl.* ▮

▮ **Karibik und Kannibalen**

Der Begriff Kannibale wird aus dem spanischen *canibal* nach dem Stammesnamen der Kariben abgeleitet. Die Kariben bilden eine indianische Sprachfamilie in Mittel- und Südamerika. Die Inselwelt der Karibik besteht im Wesentlichen aus den Karibischen bzw. Westindischen Inseln, die das Karibische Meer und den Golf von Mexiko vom Atlantik trennen. Zu den Karibischen oder Westindischen Inseln gehören die Großen Antillen (Kuba, Jamaika, Haiti, Dominikanische Republik und Puerto Rico), die Kleinen Antillen (Jungferninseln, Trinidad, Isla de Margarita, Aruba u.a.) und die Bahamainseln.

Die erste Landung des Kolumbus in Amerika. Kupferstich von Theodor de Bry. 1596.

Daniel Defoe: Robinson Crusoe (1719)

Der englische Schriftsteller Daniel Defoe erzählt in seinem 1719 erschienenen Roman die auf einer wahren Begebenheit beruhende Geschichte eines Seemannes, der nach einem Schiffbruch auf einer Insel in der Karibik alleine überlebte. Defoes Held namens Robinson Crusoe saß 28 Jahre in der Inseleinsamkeit fest und fürchtete täglich einen Angriff menschenfressender Wilder ...

Darauf entfernten sich Einige, und holten aus einem Kanot zwei Unglückliche, von denen ich sogleich den Einen niederstürzen sah, der vermutlich mit einer Keule zu Boden geschlagen wurde; ohne Verzug warfen sich drei Unmenschen über ihn her, öffneten ihm den Leib und zerlegten ihn in Stücke, indeß der Andere jede Minute ein ähnliches Schicksal erwartete; als er aber bemerkte, daß die Umstehenden mehr auf den Erschlagenen als auf ihn Acht gaben, so ersah er seinen Vortheil, nahm Reißaus, und rannte, von der Liebe zum Leben beflügelt, mit unglaublicher Schnelligkeit gegen den Meerbusen gerade auf meine Wohnung zu, was mich desto mehr in Schrecken setzte, da eine ganze Schaar ihn verfolgte; doch fieng ich bald an mich zu erholen, als ich ihn hinter der Waldecke hervorkommen und nur von Dreien verfolgt sah, über die er jeden Augenblick einen so beträchtlichen Vorsprung nahm, daß wenn er diesen schnellen Lauf nur eine halbe Stunde aushalten konnte, sie ihn nie einholen würden."

Mit Robinsons Hilfe kann der Gejagte seine Verfolger abschütteln und wird später unter dem Namen „Freitag" zum Freund und Helfer in der Inseleinsamkeit.

a) Lege nach dem in T1, Üa, beschriebenen Verfahren eine Liste der „Satzkerne" an und versuche, anhand dieser Liste die einzelnen Phasen der Begegnung zwischen Spaniern und Indianern zu unterscheiden.
Vergleiche die Phasen der Begegnung, wie sie in T2 und T3 beschrieben werden, mit der rund 100 Jahre später entstandenen Abbildung. Welche Einzelheiten findest du in der Abbildung wieder, welche Unterschiede siehst du?

b) Der Kolumbus-Forscher Urs Bitterli kommentiert das erste Zusammentreffen zwischen Europäern und „Indianern" (hier den Arawak-Indianern der Bahama-Gruppe) so: „Man kann sich die Widersinnigkeit dieser Szene kaum eindringlich genug vor Augen halten. Das ganze Zeremoniell dieser Besitzergreifung, auf dessen formal einwandfreie Abwicklung die Spanier peinlich genau achteten, konnte bei den Eingeborenen keine anderen Regungen als solche maßlosen Staunens hervorrufen. Die Umständlichkeit im Gehabe der Fremden, ihre aus diesem Anlass besonders pompös gewählte Kleidung, ihre tierähnliche Behaartheit im Gesicht und, grotesk damit kontrastierend, die Glatzköpfigkeit mancher Seeleute – dies und vieles andere versetzte die Arawaks in einen Zustand ungläubiger Verblüffung. [...] Man wird sich kaum einen Vorgang von solch tragischer Ungleichheit zwischen Menschen vorstellen können."
Lassen sich die „Widersinnigkeit dieser Szene" und die „tragische Ungleichheit zwischen Menschen" im Text und in der Abbildung wiederfinden? Sammelt eure Beobachtungen dazu auf einer Mind-map.

c) Vergleiche T2 und T3, die von unterschiedlichen Autoren stammen. Welche inhaltlichen Parallelen fallen dir auf? Welche Unterschiede in Wortwahl und Stilistik kannst du erkennen?

d) Ist durch T3 sichergestellt, dass die Inselbewohner tatsächlich zum Kannibalismus neigen? Begründe deine Meinung.

V

Das Fremde fasziniert

T4

Kolumbus zeigt sich von der anspruchslosen Lebensweise der Eingeborenen überrascht. Dieser Eindruck wird durch eine Begegnung an der Küste noch verstärkt, wie wir von Petrus Martyr erfahren:

Eos, qui insulam Hispaniolam[1] habitant, beatos duco, quia nudi, sine ponderibus[2], sine mensura[3], sine sinistra denique pecunia in aurea aetate vivunt. Sine legibus, sine iudicibus, sine libris, naturā contenti vitam agunt de morbis atque rebus futuris minime sollicitati. Tamen cupiditate imperii isti homines torquentur, ut alii alios bello persequantur. Non dubito, quin isti ea cupiditate sinistra auream aetatem perturbaverint. Columbo in litore paulum versanti senex quidam octogenarius[4], vir gravis et nudus, occurrit.

Hic Columbo fiscum[5] fructuum plenum, quem manu gerebat, donavit et considens apud eum per interpretem[6] haec fere verba locutus est: „Nobis nuntiatum est te omnes nostras terras magna cum vi petivisse, nos auro spoliavisse, omnibus gentibus metum ingentem intulisse. Quare te hortor, ut memineris te quoque mortalem esse. Omnibus bonis hominibus, ut scis, post mortem praemia proposita sunt. Te moneo, ne cuiquam instes, ne cuiquam iniuriam inferas, ne quemquam bonis spolies, ne denique pacem otiumque, quod amamus, violes."

Columbus talia verba hominis nudi mirans haec respondit: „Maxime probo, quod dixisti. Neque cuiquam malum inferam. Nautis enim conductis a rege et regina Hispaniae missus sum, ut omnibus litoribus adhuc ignotis pacem afferam, ut scilicet Canibales[7] et reliquos sceleratos indigenas[8] oppugnem et eos iustis poenis afficiam. Innocentes[9] autem ob eorum virtutes servabo et defendam. Nemo sane, cui non sit animus iniuriam inferendi, poenam timeat!"

Seni haec verba Columbi adeo placuerunt, ut se – quamvis aetate iam pressum – cum Columbo iturum esse libenter diceret. Tamen multo magis miratus est, cum sibi per interpretem propositum esset, qualis et quanta essent regis Hispaniae pompa[10], potentia, gloria, bellorum apparatus[11], quantae essent urbes, qualia oppida. Senex cum uxore filiisque ad pedes Columbi se misit multas lacrimas fundens et iterum atque iterum interrogans, an caelum esset ea terra, quae tales tantosque viros produceret.

[1] Hispāniola
Haiti

[2] pondus, eris *n*
Gewichtseinheit

[3] mēnsūra
Maßeinheit

[4] octōgēnārius
achtzigjährig

[5] fiscus
Korb

[6] interpres, pretis
Dolmetscher

[7] Canibalēs
vgl. Fw.

[8] indigenae *m*
die Eingeborenen

[9] innocēns, entis
unschuldig

[10] pompa
Prunk, Pracht

[11] apparātus, ūs
Werkzeug, Gerät

a) Ein englischer Forscher beschreibt im Jahre 1907 den afrikanischen Staat Belgisch-Kongo so: „Um zu sagen, wie der Kongo ist, muss man sagen, wie er nicht ist. Man muss über den Kongo immer in der Verneinung sprechen. Es ist so, als würde man fragen: ‚Was für eine Art von Haus ist das, das dieser Kerl da gebaut hat?', und er würde antworten: ‚Nun ja, es hat überhaupt kein Dach, es hat überhaupt keinen Keller, es hat keine Fenster, Fußböden oder Kamine. Genau diese Art von Haus ist es!'"
Zeige, dass in T4, Z. 1-6, auch die indianische Kultur so definiert wird. Welche Einstellung des Autors lässt sich daraus erkennen?

b) Der alte Mann und Kolumbus sprechen in T4 beide von „Frieden" (vgl. Z. 16 und Z. 20), meinen aber jeweils etwas völlig anderes. Untersuche die Reden beider auf dominierende Sachfelder und beschreibe, welche Vorstellung von pax der alte Mann und welche Kolumbus hat.

c) Wodurch ist das Goldene Zeitalter gekennzeichnet, wodurch ist es in seinem Fortbestand gefährdet? Informiere dich über die vier Weltalter, von denen in der antiken Literatur die Rede ist. Wodurch sind diese Weltalter jeweils charakterisiert?

d) Kurze Zeit nach seinem Aufenthalt auf Haiti setzte Kolumbus nach Kuba über. Dort gewann er folgenden Eindruck von den Einheimischen:

Compertum est apud eos terram esse communem nec „meum" aut „tuum", causas omnium malorum, inter eos valere. Sunt enim parvis rebus contenti, quod in ea ampla terra agri magis supersunt, quam ut quicquam desit. Aetas est illis aurea nec fossis[1] nec muris praedia[2] muniunt. Apertis hortis[3] vivunt sine legibus, sine libris, sine iudicibus. Sua sponte rectum colunt, malum ac sceleratum eum iudicant, qui inferre cuiquam iniuriam delectatur.

[1] fossa Graben
[2] praedium Grundstück
[3] hortus Garten

Welche Parallelen zu T4 erkennst du?

e) Der achtzigjährige unbekleidete Ureinwohner und Kolumbus bewundern sich gegenseitig. Worauf beruht diese Bewunderung?

f) Wie reagiert Kolumbus auf die Worte des alten Mannes? Welchen Auftrag erfüllt er mit seiner Reise (Z. 18-23)?

g) Fasse in einem Kurzreferat zu T1-T4 zusammen:
1. In welcher Absicht und mit welchem Auftrag brach Kolumbus zu dieser Reise auf? 2. Welche wichtigen Erkenntnisse konnte Kolumbus gewinnen?

Lucas Cranach d. Ä.: Das Goldene Zeitalter. Um 1530. München, Alte Pinakothek.

Getränk und Zahlungsmittel

T5

Petrus Martyr von Anghiera berichtet auch von einem Zahlungsmittel, das in der Neuen Welt im Umlauf ist: Es besteht aus Baumfrüchten, die ähnlich wie Mandeln aussehen; die Eingeborenen nennen sie „Cacaos“. Der doppelte Vorteil dieser Früchte besteht darin, dass sie als Geld dienen und sich auch für ein Getränk verwenden lassen. Gut schmecken diese Früchte nicht; denn auch frisch gepflückt haben sie einen ziemlich bitteren Geschmack. Wenn man sie aber zu Pulver zerreibt, lässt sich daraus ein gut schmeckender Saft bereiten.

Arbores illae raris locis crescunt, opus enim est calida[1] et humida[2] regione. Quorum fructus maturos reges vel vendunt vel mutant[3]. Deinde bona necessaria, velut servos, vestes, ornamenta et ceteras res ad vitam utiles emere queunt. Ad eos mercatores multas res varias important[4]. Reges autem foras exportant[4] magnam fructuum illorum copiam, quibus homines in reliquis regionibus bene utuntur.
Idem accidit toto orbe terrarum. Sic vivitur toto orbe terrarum. Nam nationes, quae aromata[5], aurum, argentum, ferrum, plumbum[6] aut alia metalla[7] habent, eas opes mutantes accipiunt ab nationibus exteris ea, quibus carent. Ea de causa mercatores proficiscuntur in eas regiones, quibus illae res desunt, et referunt omnes res, quae sibi gratae videntur.
Arbores illae hoc modo colendae sunt: Arbores novae et minimae sub umbra alterius maioris arboris plantantur[8], qua ab aestu solis et a vi tempestatum tutae sunt. Simul autem creverunt et durae factae sunt, simul lumen et vim solis et auram fortiorem perferre possunt, arbor maior caeditur.
De pecunia nunc satis est.

[1] calidus warm
[2] humidus feucht
[3] mūtāre *hier:* tauschen
[4] importāre / exportāre: *vgl. Fw.*
[5] aroma, atis *n* Gewürz
[6] plumbum Blei
[7] metallum: *vgl. Fw.*
[8] plantāre pflanzen

Die Früchte des Kakaobaums (lat. Theobroma cacao).

I

Der Kakaobaum

Der Kakaobaum lässt sich nur unter bestimmten klimatischen Bedingungen anbauen. Damit er gut wächst, muss es feucht und warm sein. Das Hauptanbaugebiet für Kakaobäume liegt daher rund um den Äquator (zwischen 20° nördlicher und 20° südlicher Breite). Er braucht gute Böden und ausreichend Wasser, verträgt keine Temperaturen unter 16°C und ist anfällig für Krankheiten und Pilze. Da er zur Bestäubung auf Mücken und kleine Fliegen angewiesen ist, liebt er Schatten und verrottendes Laub. Er verträgt keine direkte Sonneneinstrahlung, daher wachsen neben den Kakaobäumen meist Bananenbäume oder Kokospalmen, die den Kakaobaum vor der stechenden Sonne schützen. Diese Bäume nennt man auch „Kakaomütter".

Kakaobaum, aufgenommen in Ilheus in der brasilianischen Provinz Bahia.

V

a) Erstelle aus T5 ein Sachfeld zum Thema „Natur / Klima".

b) Welche der im Text gegebenen Informationen findest du in I wieder? Welche Informationen des Textes überraschen dich?

c) Stelle eine Liste mit allen Substantiven aus dem Text zusammen, die in der deutschen Sprache als Lehn- bzw. Fremdwörter weiterleben.

d) Ordne die Lehnwörter der deutschen Sprache aus den Bereichen Hausbau, Landwirtschaft sowie Handel und Verkehrswesen den jeweiligen lateinischen Wörtern zu:

1 Anker – **2** Wein – **3** Winzer – **4** Sack – **5** Kiste – **6** Kette – **7** Mauer – **8** Pflanze – **9** Pfosten – **10** Keller – **11** Pforte – **12** Kupfer – **13** Rettich – **14** Kirsche

A murus – **B** porta – **C** cellarium – **D** catena – **E** cuprum – **F** postis – **G** planta – **H** saccus – **I** radix – **J** cerasum – **K** vinitor – **L** ancora – **M** cista – **N** vinum

Piercing, Anarchie und Polygamie

T6

Amerigo Vespucci beschreibt in seinem Bericht über die Expedition nach Brasilien, die er im Auftrag des Königs von Portugal unternahm, neben den Schwierigkeiten der Seereise auch das Land und die Ureinwohner, nämlich die Indianer, die noch in den Verhältnissen der Steinzeit lebten. Man hatte Brasilien bis dahin für eine auf dem Seeweg nach Indien gelegene Insel gehalten.

Consilium cepimus navigandi secundum huius insulae litus; numquam illius litoris conspectum relicturi eramus. Nam saepe e navibus excessimus in terram et colloquebamur cum hominibus earum regionum ab eisque familiariter sicut hospites vel propinqui recipiebamur. Et quid ibi viderim et cognoverim de more ac consuetudine illarum gentium, statim narrabo.

In illis regionibus magnam gentium multitudinem inveni. Et viri et feminae, omnes homines vitam agunt nudi neque ullam corporis partem tegunt. Quemadmodum e matre nascuntur, sic usque ad mortem vivunt.

Corpora habent magna et quadrata[1] et colore paene rubra[2]. Quod eis accidere puto, quia nudi incedentes tinguntur[3] a sole. Vultus autem pulchros sibi ipsi corrumpunt: Viri enim perforant[4] sibi complures vultus partes. Vidi nonnullos habentes in vultu sex septemve foramina[5]. Ornant haec foramina petris[6] et aliis rebus diligenter confectis.

Mulieres habent corpora pulcherrima. Quae aures tantum sibi perforant. Viri tot uxores sibi coniungunt, quot volunt. Matrimonia[7] solvunt, quotiens volunt, et in his rebus nullum servant ordinem.

Res privatas ignorant, omnia verum communia sunt. Et vivunt sine rege, sine imperio, sine magistratibus; sibi quisque ipse dominus est. Praeterea nullum habent templum, nullam tenent legem sacram nisi leges naturae.

[1] quadrātus *hier:* untersetzt, wohlgebaut
[2] ruber, bra, brum rot
[3] tingere, tingō färben
[4] perforāre durchbohren
[5] forāmen, minis *n* Loch
[6] petra *(griech.)* Stein
[7] mātrimōnium Ehe

Junge Frau vom Stamm der Yanomami aus dem Amazonasgebiet in Brasilien.

Anonymes Flugblatt aus dem Jahre 1505 mit einer Darstellung der Indianer nach den Angaben Vespuccis.

Die Unterschrift lautet: „Diese figur anzaigt uns das volck und die insel, die gefunden ist durch den christenlichen künig zu Portigal oder von seinen underthonen. Die leüt sind also nackent, hübsch, braun, wolgestalt von leib; ir heübter, halß, arm, scham, füß, frawen und mann ain wenig mit federn bedeckt. Auch haben die mann in iren angesichten und brust vil edel gestain. Es hat auch nyemanz nichts, sunder sind alle ding gemain. Und die mann habendt weyber, welche in gefallen, es sey mutter, schwester, oder freündt. darinn haben sy nit underschayd. Sy streyten auch mit ainander. Sy essen auch ainander, selbs die erschlagen, und hencken das selbig fleisch in den rauch. Sy werden alt hundert und fünffzig iar. Und haben kain regiment."

a) Welche Aspekte oder Themenbereiche kommen in Vespuccis Beschreibung der Indianer (Z. 7 ff.) vor? Achtet auf Wort- und Sachfelder und Schlüsselbegriffe. Vergleicht eure Ergebnisse mit der Abbildung und der Bildunterschrift.

b) Klärt die Herkunft und die genaue Bedeutung der Begriffe Piercing, Anarchie und Polygamie. An welchen Stellen im Text werden sie angesprochen?

c) Sammle alle Verben im ersten Absatz. Inwiefern sind diese überwiegend typisch für den Beginn einer Reiseschilderung?

d) Das Adjektiv nudus erscheint relativ häufig in diesen Texten. Was wird durch diesen Hinweis auf die Nacktheit ausgedrückt?

e) Informiert euch: Welche Kenntnisse hatte man zur Zeit Vespuccis von der Welt? Was wusste man schon von der Erdkugel und den Kontinenten?

Menschenfresser

T7

Vespucci fährt in seinem Brief fort:

Quid plura dicam? Quid adiciam?

Homines ibi vivunt secundum naturam. Quamquam inter eos neque mercatores neque commercia[1] rerum sunt, famem atque inopiam ignorant. Nullam partem corporis tegentes inter se bella gerunt sine arte, sine ordine. Adeo sunt in hoc bestiis similes. Senes iuvenes ad bella inducunt, in quibus crudeliter se interficiunt. Etiam captivos, quos e bello ducunt, non emittunt, sed eis vitam eripiunt. Nam alii alios et victores victos comedunt[2]. Immo visum est patrem comedisse natos et uxorem; ego hominem novi, quocum etiam collocutus sum, qui plus quam trecenta humana corpora comedisse dicitur.

Et item moratus sum dies viginti septem in urbe quadam, ubi vidi in tectis angustis humanam carnem[3] salsam[4] et suspensam[5], ut apud nos mos est lardum[6] suspendere et carnem bestiarum. Illi ipsi mirantur, cur nos non comedamus inimicos nostros et eorum carne non utamur in cibis.

Nos autem, quantum potuimus, conati sumus animos eorum vertere eosque ab his moribus crudelibus prohibere. Qui nobis promiserunt se eos mores dimissuros esse.

[1] commercium Handel

[2] comedere verzehren

[3] carō, carnis *f* Fleisch

[4] salsus gesalzen

[5] suspendere (PPP suspēnsum) aufhängen

[6] lārdum Speck

Völkerkunde (Ethnografie)

Nach dem Ausspruch eines zeitgenössischen Forschers reichen die Ursprünge der Ethnografie bis in die Steinzeit zurück, als ein paar Menschen am Feuer beisammensaßen und sich über die seltsamen Sitten des Nachbarstammes unterhielten. Neugier, Faszination, ungläubiges Staunen, manchmal aber auch Abscheu, diese und ähnliche Reaktionen stellen sich ein, wenn wir uns mit der Kultur anderer Völker beschäftigen. Wir lernen aber auch immer etwas über uns selbst, denn das, was wir jeden Tag tun, erscheint uns mit der Zeit so selbstverständlich, dass wir nicht mehr darüber nachdenken. Diese Erkenntnis hatte schon der griechische Historiker Herodot, der „Vater der Geschichtsschreibung", der im 5. Jh. v. Chr. über die Gewohnheiten der Völker schrieb:

„Wenn jemand alle Menschen aufforderte, unter allen Bräuchen die besten auszuwählen, so würden sie wohl alle nach langer Prüfung ihre eigenen nehmen. So sehr nämlich glauben alle Menschen, dass ihre eigenen Bräuche die mit Abstand besten sind. Dass alle Menschen so denken, kann man unter anderem an folgendem Beispiel erkennen: Der Perserkönig Dareios ließ einmal die Griechen, die sich an seinem Hof aufhielten, zu sich kommen und fragte sie, für welchen Preis sie bereit seien, die Leichen ihrer Väter zu verspeisen. Die Griechen antworteten, sie würden das um keinen Preis tun. Danach ließ Dareios von den Indern die sogenannten Kallatier rufen, die ihre Eltern nach dem Tod verspeisen, und fragte sie – während die Griechen dabeistanden und durch einen Dolmetscher erfuhren, was gesprochen wurde –, um welchen Preis sie bereit seien, ihre verstorbenen Väter auf einem Scheiterhaufen zu verbrennen. Sie schrien entsetzt auf und forderten von Dareios, er solle doch so etwas nicht sagen. So ist es also üblicherweise, und der Dichter Pindar scheint mir Recht zu haben, wenn er gesagt hat: ‚Der Brauch ist der Herrscher über alles.'"

Herodot, Historien 3, 38

Kannibalismus bei brasilianischen Indianern.
Kupferstich von Theodor de Bry. 1592. Berlin, Staatliche Museen.

a) Wie glaubwürdig scheint euch der Vespucci-Text als Quelle zum Kannibalismus der Indianer? Berücksichtigt bei euren Überlegungen auch die Abbildung und den folgenden Text:

„Jedenfalls konnte Vespucci die von ihm dargestellten Sachverhalte weder beobachtet noch sonstwie erfahren haben, schon allein wegen seiner jeweils nur recht kurzen Aufenthalte und aufgrund der enormen Sprachschwierigkeiten. Gesehen haben mochte er vielleicht zum Räuchern aufgehängtes ‚Fleisch' – um was es sich dabei handelte, bleibt allerdings fraglich. Möglicherweise sah er Trophäen aus menschlichen Gliedmaßen, die in zahlreichen späteren Quellen beschrieben werden, vielleicht auch Körperteile von Affen, die sich nur schwer von menschlichen unterscheiden lassen."

H. Peter-Röcher: Mythos Menschenfresser. Ein Blick in die Kochtöpfe der Kannibalen. München 1998, S. 109.

b) Vergleiche die Erkenntnisse, die Kolumbus (T1–T4) und Vespucci (T6–T7) auf ihren Reisen gewonnen haben. Welche Parallelen, welche Unterschiede kannst du feststellen? Über wen verraten ihre Texte mehr: über die beschriebenen Indianer oder über die europäischen Autoren?

c) Diskutiert – ausgehend von eurer Lektüreerfahrung – den folgenden Satz des Schriftstellers Mark Twain: „Wer nicht weiß, wohin er will, darf sich nicht wundern, wenn er woanders ankommt."

V

LATEIN-AMERIKA

Amerika ist ein Doppelkontinent, der sich in Nord- und Südamerika aufteilt. Der Begriff Lateinamerika dient dazu, die spanisch und portugiesisch sprechenden Länder Südamerikas vom englischsprachigen Nordamerika abzugrenzen. Dabei verdeutlicht die Vorsilbe Latein-, dass sowohl das Spanische als auch das in Brasilien gesprochene Portugiesisch auf die lateinische Sprache zurückgeht. So leiten sich etliche Namen lateinamerikanischer Länder von ihrer ursprünglichen sprachlichen Wurzel her.

Argentinien etwa kommt von argentum und ist damit das „Silberland": Die Eroberer hatten gehofft, diesen Bodenschatz dort zu finden. Häufig bezeichneten die gläubigen Spanier und Portugiesen die neu entdeckten Länder mit christlichen Namen. **El Salvador** etwa geht auf salvator, den Erlöser, zurück – gemeint ist Jesus Christus. Christoph Kolumbus soll die Insel **Trinidad** wegen ihrer drei markanten Bergerhebungen nach der christlichen Gottesvorstellung der Dreifaltigkeit (Gottvater, Sohn und Heiliger Geist), lateinisch trinitas, bezeichnet haben. Die Karibikinsel **Antigua** hat Kolumbus nach der Kirche Santa Maria La Antigua in der spanischen Stadt Sevilla benannt – zugrunde liegt das lateinische Adjektiv antiquus.

Americae nova Tabula. Kupferstich von Willem Janszoon Blaeu aus dem Atlas Novum von 1635. Göttingen, Staatsbibliothek.

Der Name **Ecuadors** geht auf den lateinischen Begriff aequator („Gleichmacher") zurück – der Äquator teilt die Erdkugel in zwei gleichgroße Hälften und durchquert neben anderen Staaten auch Ecuador, das deshalb so heißt. Die Insel **Barbados** leitet sich vom spanischen bzw. portugiesischen Wort Barbados („die Bärtigen") ab – lateinisch barbati. Allerdings ist umstritten, ob die lange herabhängenden Wurzeln der dort wachsenden Feigenbäume oder die barttragenden karibischen Bewohner für die Namensgebung ursächlich waren.

Einige lateinamerikanische Staaten haben noch heute lateinische Wahlsprüche. Unter dem Wappen Puerto Ricos findet sich der Spruch Joannes est eius nomen – er geht auf den ersten Namen zurück, den die spanischen Siedler dem von ihnen entdeckten Gebiet gaben: San Juan Bautista. Das

ist der spanische Name für Johannes den Täufer (lat. Sanctus Johannes Baptista). Panama und Nicaragua teilen sich das lateinische Motto Pro Mundi Beneficio.

Versuche mit deiner Kenntnis der lateinischen Sprache folgende Wahlsprüche lateinamerikanischer Staaten zu übersetzen und ihre Aussage zu deuten:

DIOS, UNION, LIBERTAD (El Salvador)

DIOS, PATRIA, LIBERTAD (Dominikanische Republik)

PAZ Y JUSTICIA (Paraguay)

EN UNION Y LIBERTAD (Argentinien)

ORDEM E PROGRESSO (Brasilien)

LIBERTAD O MUERTE (Uruguay)

Hinweise zur Konzeption und zur Arbeit mit dem Wortschatz- und Grammatikteil

Der Wortschatz- und Grammatikteil enthält – übersichtlich und lernfreundlich aufbereitet – zu den einzelnen Lektionen die folgenden Bestandteile:

a) Wortschatz (W)

Dieser Teil bietet unter dem Stichwort **„Lernwörter"** alle in der Lektion neu zu lernenden Wörter und Wendungen.

Im **Graudruck** (eingerückt) stehen Wendungen, die als Lernhilfen zur Verdeutlichung grammatischer Eigenschaften und Bedeutungen dienen (z. B. ad basilicam properare beim Erstvorkommen der Präposition ad oder populis imperare beim Erstvorkommen von imperare).
Im **Graudruck** (bündig) erscheinen Wörter, die bereits gelernt sind und beim Nachtrag einzelner Formen oder Bedeutungen noch einmal angeführt werden (z. B. scribere, scribo bei der Einführung von scripsi), sowie weniger wichtige Eigennamen.

Als Zusatzangebot erscheinen **„Wiederholungswörter"**, d. h. in T verwendete Vokabeln, deren Erlernen bereits einige Lektionen zurückliegt und die gezielt aufgefrischt werden sollten, bevor der jeweilige Lektionstext übersetzt wird.

Diese anwendungsbezogene Wortschatzarbeit ermöglicht unmittelbare Erfolgserlebnisse; so wird eine Strategie angebahnt, die in den Lektüreunterricht mündet: das selbstständige Ermitteln und Schließen individueller Wortschatzlücken durch Herausschreiben, Wiederholen und Üben „vergessener" Vokabeln.

Methodische Möglichkeiten der **Wortschatzarbeit**:

- vor der Lektüre von T:
  Wiederholung des bekannten Wortschatzes mit Hilfe der **Wiederholungswörter**, ggf. individuelles Ermitteln und Üben weiterer „vergessener" Wörter aus T
- ggf. vor der Lektüre von T:
  Erarbeitung der Vokabeln, die den neuen Grammatikstoff repräsentieren (* **Blaudruck**), bei dessen Einführung in E und Ü
- vor der Lektüre von T:
  Besprechung der **Lernwörter** nach wortkundlichen Prinzipien (z. B. etymologische Bezüge, Wort- und Sachfelder, syntaktische Eigenschaften, Minikontexte, Kulturwortschatz, moderne Fremdsprachen) oder
- während der Lektüre von T (in der Regel in zwei „Portionen"):
  situative Erarbeitung des neuen Wortschatzes
- nach der Lektüre von T:
  Vertiefung, Einübung und ggf. Systematisierung des Wortschatzes mittels geeigneter V-Übungen und Übungen der *plus*-Lektionen

Zur Methode der Wortschatzarbeit vgl. v. a. die M-Teile zu 2, 6, 8, 10, 11, 12, 17, 23, 26, 43, 46.

b) Grammatik

Die grammatischen Erläuterungen sind einheitlich gegliedert nach Formenlehre (**F**) und Satzlehre (und / oder Semantik) (**S**).

Die Darbietung ist konsequent auf das für den Schüler Wichtige beschränkt, wobei Leseverstehen und Sprachreflexion als Hauptziele des Sprachunterrichts Auswahl und Umfang bestimmen.

Die sprachlichen Phänomene der Formenlehre werden in übersichtlichen Tabellen vorgeführt, die Stoffe der Satzlehre zumeist in induktiver Weise an Beispielsätzen erläutert. Diese Beispielsätze enthalten – soweit es der Stoff erlaubt – keine neuen Vokabeln, sodass die Grammatik vor der Behandlung des Lektionstextes besprochen werden kann.

c) Methodentraining (M)

Diese Teile schulen mit konkreten und praxisbezogenen Tipps reflektiertes und ökonomisches Lernen und Arbeiten. Sie zielen auf fachspezifische Methoden (z. B. Auflösen satzwertiger Konstruktionen) ebenso ab wie auf überfachliche Kompetenzen (z. B. individuelle Lernstrategien, Lernplanung, Methoden der Texterschließung).

Der Wortschatz- und Grammatikteil – Auf einen Blick

In T enthaltene **bekannte Wörter**, die hier aufgefrischt werden können

Neu zu lernende Wörter und Wendungen in der Reihenfolge von T

Graudruck (eingerückt): Wendungen zur Verdeutlichung grammatischer Eigenschaften und Bedeutungen

Graudruck (bündig): Wörter, zu denen Formen oder Bedeutungen nachgetragen werden

Zusammenfassung aller Repräsentanten des neuen Grammatikstoffs

Blaudruck: Repräsentanten des neuen Grammatikstoffs, auf der linken Seite der Lektion eingeführt

19

Wiederholungswörter

invenīre	finden, erfinden	iam	schon, bereits; nun
dubitāre	zweifeln; zögern	parvus	klein, gering
placēre	gefallen	dōnum	Geschenk

Lernwörter

facere, faciō	machen, tun, handeln	*Faktum, e. fact*
sacrum	Opfer, Heiligtum	*Sakrament*
sacrum facere	ein Opfer bringen, opfern	
autem *(nachgestellt)*	aber, andererseits	
Puerī autem tacent.	Die Jungen aber schweigen.	
dēscendere, dēscendō	herabsteigen	*e. to descend*
nōnne?	(etwa) nicht?	
magis	mehr	
quam	als, wie	
Quam pulchrum est templum!	Wie schön ist der Tempel!	
magis ... quam	mehr ... als	
capere, capiō	fassen, nehmen; erobern	*kapieren*
aspicere, aspiciō	erblicken, ansehen	*Aspekt*
quīn?	warum nicht?	
summus, a, um	der höchste, oberste	*Summe*

facere, faciō	machen, tun, handeln
capere, capiō	fassen, nehmen; erobern
aspicere, aspiciō	erblicken, ansehen

17

Der Wortschatz- und Grammatikteil – Auf einen Blick

19

Verben: Konsonantische Konjugation (i-Erweiterung)

i-Erweiterung

Infinitiv	cape-**re** *nehmen*	
	Singular	**Plural**
1. Person	capi-**ō** *ich nehme*	capi-**mus** *wir nehmen*
2. Person	capi-**s** *du nimmst*	capi-**tis** *ihr nehmt*
3. Person	capi-**t** *er (sie, es) nimmt*	capi-**u-nt** *sie nehmen*
Imperativ	cape *nimm!*	capi-**te** *nehmt!*

ei einigen Verben, die zur konsonantischen onjugation gezählt werden, endet der Wortstamm uf ein kurzes -i-. Daher gleichen viele Formen enen der i-Konjugation.

Vor -r (z.B. im Infinitiv) und im Imperativ Singular steht statt des kurzen -i- ein kurzes -e-. Um die Verben mit i-Erweiterung zu erkennen, muss man zusätzlich zum Infinitiv die 1. Pers. Sg. wissen.

exte erschließen: Wort- und Sachfelder beachten

m – ggf. auch vor der Übersetzung – einen Text zu rschließen, genügt es oft, zu überprüfen, welche Vort- bzw. Sachfelder dieser enthält.

- Ein **Wortfeld** wird gebildet von sinnverwandten Wörtern derselben Wortart.
  Beispiel: Wortfeld „reden, sprechen, sagen": vocare, respondere, rogare, monere

- Ein **Sachfeld** wird gebildet von sinnverwandten Wörtern verschiedener Wortarten. (vgl. 11 M)
  Beispiel: Sachfeld „Lernen": discipulus, ludus, tabula, lingua, audire, scire, nescire, docere, laborare, rogare, probare, studere, laudare, scribere, ostendere
  Weitere Beispiele für Sachfelder: „Handel", „Politik", „Religion", „Leben in der Stadt", „Leben auf dem Land", „Reisen".

Die zu einem Wort- oder Sachfeld gehörenden Wörter können zwar unterschiedliche Bedeutungen haben, sie werden aber dadurch auf eine Bedeutung festgelegt, dass sie zusammen mit anderen Wörtern in einem bestimmten Kontext verwendet werden.

80

Formenlehre (F)
und / oder Satzlehre (S)

Praktische **Tipps** zum Erwerb von fachlichen und überfachlichen **Methoden und Kompetenzen**

Auf den Grammatikseiten ist nur die Behandlung der Lernwörter (**W**), der Formenlehre (**F**) und der Satzlehre (**S**) obligatorisch. Die anderen Elemente – hier grün unterlegt – stellen ein Angebot dar, aus dem die Lehrkraft eine Auswahl nach entsprechenden methodischen und didaktischen Kriterien treffen wird.

77

W Wiederholungswörter

sapiēns, sapientis	klug, weise	latēre, lateō	verborgen sein
quaerere, quaerō, quaesīvī, quaesītum	erwerben wollen, suchen, fragen	commūnis, e	gemeinsam, allgemein
		animal, animālis *n*	Lebewesen, Tier

Lernwörter

Thalēs, Thalis *m*	Thales *(griech. Philosoph, um 600 v. Chr.)*	
aliquis, aliquid *subst.*	(irgend)jemand	*alius; quis, quid*
imprīmis *Adv.*	besonders, vor allem	*in, prīmus*
cupidus, a, um *(m. Gen.)* cupidus pecūniae	(be)gierig (nach) gierig nach Geld, geldgierig	*cupere, i. cupido*
cōnstāre, cōnstō, cōnstitī Ōrātiō ē complūribus partibus cōnstat.	ex *m. Abl.* bestehen aus Eine Rede besteht aus mehreren Teilen.	*stāre, i. constare, s. costar, f. coûter*
aliquī, aliqua, aliquod *adj.*	(irgend)ein	*alius; quī, quae, quod*
nec / neque	und nicht, auch nicht	
cāsus, cāsūs *m* cāsus nōminātīvus cāsus cīvitātis cāsū ēvenīre	Fall, Zufall der (Fall) Nominativ der Untergang des Staates sich zufällig ereignen	*cadere, Kasus, e. case, s. caso*
opīniō, opīniōnis *f*	Meinung, (guter) Ruf	*e./f. opinion, s. opinión*
mōtus, mōtūs *m*	Bewegung	*movēre, Motor, Motiv, e. motion*
quondam *Adv.*	einmal, einst; manchmal	
sīdus, sīderis *n*	Stern, Sternbild	
sapere, sapiō, sapīvī	Verstand haben, Geschmack haben	*sapiēns, f. savoir, s. saber*
miscēre, misceō, miscuī, mixtum	mischen, verwirren, durcheinanderbringen	*mixen, Mixtur, Mixer*
cernere, cernō	sehen, bemerken	
cursus, cursūs *m*	Lauf	*currere, Kurs, Diskurs, s./p. curso*
nocturnus, a, um	nächtlich	*nox, Nocturne, i. notturno*

Indefinitpronomen (ali)quis

→ **substantivisch**

aliquis	*aliquid*
irgendjemand	irgendetwas

	m	*f*	*n*
Nominativ	aliquis		aliquid
Genitiv	alicuius		alicuius reī
Dativ	alicui		alicui reī
Akkusativ	aliquem		aliquid
Ablativ	aliquō		aliquā rē

→ **adjektivisch**

aliqui vir	*aliqua* femina
irgendein Mann	*irgendeine* Frau

Wird das Indefinitpronomen (unbestimmtes Fürwort) adjektivisch verwendet, so stimmen die Deklinationsformen im Wesentlichen mit denen des Relativpronomens (qui, quae, quod) überein (vgl. 36 F). Eigene Formen gibt es im Nom. Sg. *f* (aliqua) und im Nom. / Akk. Pl. *n* (aliqua).

	Singular			Plural		
	m	*f*	*n*	*m*	*f*	*n*
Nominativ	aliquī	aliqua	aliquod	aliquī	aliquae	aliqua
Genitiv		alicuius		aliquōrum	aliquārum	aliquōrum
Dativ		alicui			aliquibus	
Akkusativ	aliquem	aliquam	aliquod	aliquōs	aliquās	aliqua
Ablativ	aliquō	aliquā	aliquō		aliquibus	

→ **Kurzform**

si *quis*	nisi *quid*
wenn *jemand*	wenn nicht *etwas*

Nach **si, nisi, ne, num, cum** und einigen anderen „kleinen Wörtern" steht meist die Kurzform ohne das Präfix ali-.

78

W Wiederholungswörter

immō *Adv.*	im Gegenteil, ja sogar	apertus, a, um	offen, offenkundig
ostendere, ostendō, ostendī	zeigen, erklären	trīstis, e	traurig, unfreundlich
dīvēs, dīvitis	reich	pauper, pauperis	arm
beātus, a, um	glücklich, reich	fēlīx, fēlīcis	erfolgreich, glückbringend, glücklich

Lernwörter

Solō, Solōnis *m*	Solon *(athenischer Gesetzgeber im 6. Jh. v. Chr.)*	
extrā *Präp. m. Akk.*	außerhalb (von)	*ex, extra, i. extra*
Graecia	Griechenland	*Graecī*
Croesus	Krösus *(König von Lydien)*	*e./i. Croesus, s. Creso*
rēgius, a, um (domus) rēgia	königlich königliches Haus, (Königs-)Palast	*regere, rēx, i. regio*
recipere, recipiō, recēpī, receptum	zurücknehmen, aufnehmen, wiederbekommen	*capere, Rezept, Rezeption, e. receive, f. recevoir, s. recibir*
intereā *Adv.*	inzwischen, unterdessen	*inter, is*
aurum	Gold	*aureus, f. or, i./s. oro*
ops, opis *f* frātrī opem ferre magnae opēs	Hilfe, Kraft; *Pl.* Macht, Mittel, Reichtum dem Bruder Hilfe bringen große Macht, großer Reichtum	*opulent*
rēgnum	(Königs-)Herrschaft, Reich	*regere, rēx, rēgius, f. règne*
hūmānus, a, um	menschlich; gebildet	*homō, human, e. human, f. humain*
dīvīnus, a, um	göttlich	*deus, e. divine, i. divino*
minimus, a, um	der kleinste, der geringste	*Minimum, minimal*
comparāre, comparō	vergleichen	*parāre, Komparativ, e. compare*
brevis, breve brevī (tempore)	kurz nach kurzer Zeit, bald darauf	*Brief, e. brief, f. bref, i. breve*
dēmum *Adv.*	endlich, erst	
fātum	Schicksal, Götterspruch	*fatal, e. fate, i. fato, p. fado*

Adjektive: Steigerung (1)

longus, a, um

lang / *long*

Neben der Grundstufe der Adjektive (dem **Positiv**) gibt es im Lateinischen wie im Deutschen und Englischen

longior, ius

länger / *longer*

→ den **Komparativ** (die Steigerungs- oder Vergleichsstufe). Zur Bildung dieser Formen wird in der Regel -ior *(m / f)*, -ius *(n)* an den Wortstamm angefügt.

longissimus, a, um

der, die, das längste / *longest*

→ den **Superlativ** (die Höchststufe). Zur Bildung dieser Formen wird in der Regel -issimus, a, um an den Wortstamm angefügt.

→ Der **Komparativ** wird dekliniert wie die Substantive der 3. Deklination:

	Singular			Plural		
	m	*f*	*n*	*m*	*f*	*n*
Nominativ	longior		longius	longiōr-ēs		longiōr-a
Genitiv	longiōr-is			longiōr-um		
Dativ	longiōr-ī			longiōr-ibus		
Akkusativ	longiōr-em		longius	longiōr-ēs		longiōr-a
Ablativ	longiōr-e			longiōr-ibus		

→ Der **Superlativ** wird dekliniert wie die Adjektive der a- / o-Deklination.

Verwendung der Steigerungsformen

Iter long*ius* est.

Der Weg ist *zu* weit / *ziemlich* weit.

Wird ein Komparativ gebraucht, ohne dass ein Vergleich durchgeführt wird, übersetzt man ihn mit *(all)zu* oder *ziemlich*.

Consul clar*issimus* est.

Der Konsul ist *sehr* berühmt / *hoch*berühmt.

Ein Superlativ drückt manchmal nicht den höchsten Grad, sondern nur eine Hervorhebung aus (Elativ). Man übersetzt meist mit einem hervorhebenden Adverb (z. B. *sehr, äußerst*).

W Wiederholungswörter

umquam *Adv.*	jemals	quidem *Adv.*	freilich, gewiss, wenigstens, zwar
equidem	(ich) allerdings, freilich	tālis, e	derartig, ein solcher, so (beschaffen)
efficere, efficiō, effēcī, effectum	bewirken, herstellen	addere, addō, addidī, additum	hinzufügen

Lernwörter

Sapphō, Sapphūs *f*	Sappho *(griech. Dichterin, um 600 v. Chr.)*	
Alcaeus	Alkaios *(griech. Dichter, um 600 v. Chr.)*	
salūtem dīcere *(m. Dat.)* Sapphō Alcaeō amīcō salūtem dīcit.	(jdn.) grüßen, begrüßen Sappho grüßt ihren Freund Alkaios.	*salūs, dīcere*
epistula	Brief	*i. epistola*
versus, versūs *m*	Vers	*vertere, e. verse, f. vers, s. verso*
compōnere, compōnō, composuī, compositum	abfassen, ordnen, schlichten; vergleichen	*pōnere, komponieren, Kompost, Kompositum, e. compose*
perficere, perficiō, perfēcī, perfectum	erreichen, fertigstellen, vollenden	*per, facere, perfekt, e. perfect, f. parfait*
sōlācium sōlāciō esse	Trost, Trostmittel Trost bringen	
prior, prius *(Gen.* **priōris***)*	der erste, der frühere, der vordere	*prīmus, Prior, Priorität*
nūptiae, nūptiārum *f Pl.*	Hochzeit	*nūbere*
gaudium	Freude	*gaudēre, Gaudi*
exilium	Exil, Verbannung	*e. exile, f. exil, i. esilio, s. exilio*
contingere, contingō, contigī, contāctum Contingit mihi, ut veniam.	berühren; gelingen Es gelingt mir zu kommen.	*tangere, Kontakt, Kontingent*
mollis, e	weich, angenehm; freundlich	*Moll, mollig, f./i. molle*
āiō *(3. Pers. Sg.* **ait**, *3. Pers. Pl.* **āiunt***)*	behaupte(te) ich, sag(t)e ich	
initium	Anfang, Eingang	*inīre, Initiative, Initiale*

Adjektive: Steigerung (2)

Zur Bildung der **Superlativ**-Formen sind die folgenden **Ausnahmen** zu beachten:

miser → miser*rimus*
acer → acer*rimus*

Bei den Adjektiven auf -**er** wird der Superlativ mit **-rimus, a, um** gebildet, das an den Nom. Sg. *m* angefügt wird.

facilis → facil*limus*

Einige Adjektive auf -**lis** bilden den Superlativ auf **-limus, a, um**.

Vergleich mit quam / Ablativ des Vergleichs

Nulla insula pulchrior est *quam Sicilia*.
Nulla insula pulchrior est *Siciliā*.

Keine Insel ist schöner *als Sizilien*.

Wird der Komparativ in einem Vergleich verwendet, so wird die Person oder die Sache, mit der verglichen wird, mit **quam** („als") angeschlossen. Anstelle der Konstruktion mit quam kommt auch der **Ablativ des Vergleichs** (Ablativus comparationis) vor.

Sprachenvergleich

Lateinisch	**longus**	**longior**	**longissimus**
Deutsch	lang	länger	der längste
Englisch	long	longer	the longest
Französisch	long	plus long	le plus long
Italienisch	lungo	più lungo	il più lungo
Spanisch	largo	más largo	el más largo

„plus" und „più" haben sich aus lat. plus entwickelt; „más" geht auf lat. magis zurück.

80

Wiederholungswörter

paene *Adv.*	fast	āēr, āeris *m*	Luft
complūrēs, complūra	mehrere	scelus, sceleris *n*	Verbrechen; Schurke
impellere, impellō, impulī, impulsum	antreiben, veranlassen	cognōscere, cognōscō, cognōvī, cognitum	erkennen, kennenlernen; *Perf.* kennen, wissen
resistere, resistō, restitī	stehen bleiben; Widerstand leisten	ēdere, ēdō, ēdidī, ēditum	herausgeben, bekannt machen, veranstalten

Lernwörter

Ībycus	Ibykos *(griech. Dichter, um 550 v. Chr.)*	
Corinthus *f*	Korinth *(Stadt in Griechenland)*	
cupiditās, cupiditātis *f (m. Gen.)*	(heftiges) Verlangen (nach), Leidenschaft	*cupere, cupidus*
cupiditās glōriae	das Verlangen nach Ruhm	
obscūrus, a, um	dunkel, unbekannt	*obskur, i./s. oscuro*
poēta, poētae *m*	Dichter	*Poet, e. poet, f. poète, s. poeta*
auxiliō vocāre	zu Hilfe rufen	*auxilium, vocāre*
optimus, a, um	der beste, sehr gut	*optimal, Optimist, i. ottimo*
testis, testis *m/f (Gen. Pl. -ium)*	Zeuge	*Test, Testament, Attest*
nex, necis *f*	Mord, (gewaltsamer) Tod	*necāre*
māior, māius *(Gen.* **māiōris***)*	größer	*magnus, Major, Majorität, e. major*
plūrimī, ae, a	die meisten, sehr viele	*plūs*
minor, minus *(Gen.* **minōris***)*	kleiner, geringer	*Minus, Minorität, i. minore, s. menor*
ūnā *Adv.*	zugleich, zusammen	*ūnus*
ūnā cum patre	zusammen mit dem Vater	
pessimus, a, um	der schlechteste, der schlimmste	*Pessimismus, i. pessimo, s. pésimo*
pēior, pēius *(Gen.* **pēiōris***)*	schlechter, schlimmer	*i. peggiore, s. peor*
melior, melius *(Gen.* **meliōris***)*	besser	*i. migliore, s. mejor*

Adjektive: Steigerung (3)

Einige häufig gebrauchte Adjektive haben unregelmäßige Steigerungsformen.

magnus, a, um groß	**māior, māius** größer	**maximus, a, um** der größte
parvus, a, um klein	**minor, minus** kleiner	**minimus, a, um** der kleinste
malus, a, um schlecht	**pēior, pēius** schlechter	**pessimus, a, um** der schlechteste
bonus, a, um gut	**melior, melius** besser	**optimus, a, um** der beste
multī, ae, a viele	**plūrēs, plūra** mehr	**plūrimī, ae, a** die meisten

Alle unregelmäßigen Steigerungsformen werden im Wortschatz gelernt.

Unregelmäßig steigern – vergleiche drei Sprachen:

bonus	**melior**	**optimus**
gut	besser	der beste
good	better	the best
malus	**peior**	**pessimus**
schlecht	schlechter	der schlechteste
bad	worse	the worst
multi	**plures**	**plurimi**
viele	mehr	die meisten
many	more	(the) most

81

W Wiederholungswörter

condere, condō, condidī, conditum	verwahren, verbergen; erbauen, gründen	opprimere, opprimō, oppressī, oppressum	bedrohen, niederwerfen, unterdrücken
statuere, statuō, statuī, statūtum	aufstellen, beschließen, festsetzen	īnferī, īnferōrum *m Pl.*	die Bewohner der Unterwelt, Unterwelt

Lernwörter

Creōn, Creontis *m*	Kreon *(Onkel der Antigone)*	
impius, a, um	gottlos, gewissenlos	*i. empio, s. impío*
praesidium	(Wach-)Posten, Schutztruppe	*Präsidium, Präsident*
nōlle, nōlō, nōluī	nicht wollen	
Antigona	Antigone *(Tochter des Ödipus)*	
iūstus, a, um	gerecht	*iūdex, iūdicāre,* Justiz, *e.* just
quisnam	wer denn?	*quis*
impōnere, impōnō, imposuī, impositum	auferlegen, einsetzen	*in, pōnere,* imponieren *e.* impose, *f.* imposer
cīvibus lēgem impōnere	den Bürgern ein Gesetz auferlegen	
peccāre, peccō	sündigen, einen Fehler machen	*i.* peccare, *s.* pecar
superbia	Stolz, Überheblichkeit	*superbus, i.* superbia
pius, a, um	fromm, gerecht, pflichtbewusst	*impius,* Pius, *i.* pio, *s.* pío
sententia	Meinung, Satz, Sinn, Antrag (im Senat)	*sentīre,* Sentenz, *e./f.* sentence
cavēre, caveō, cāvī, cautum *(m. Akk.)*	sich hüten (vor), Vorsorge treffen	Kaution
Cavē īram!	Hüte dich vor Zorn!	
Cavē, (nē) cadās!	Hüte dich zu fallen!	
dūrus, a, um	hart, hartherzig	Dur, *f.* dur, *i./s.* duro
patrius, a, um	heimisch, väterlich	*pater, patria, i./s.* patrio
causā *(nachgestellt) m. Gen.*	wegen	*causa,* h.c. (honoris causa)
glōriae causā	wegen des Ruhms	

Verben: nolle

Das Verb nolle (nicht wollen) ist die Verneinung zu velle (wollen).

Inf. Präsens	nōl-le *nicht wollen*

	Indikativ		Konjunktiv	
Präsens	Singular	Plural	Singular	Plural
1. Person	nōlō	nōlumus	nōl-i-m	nōl-ī-mus
2. Person	nōn vīs	nōn vultis	nōl-ī-s	nōl-ī-tis
3. Person	nōn vult	nōlunt	nōl-i-t	nōl-i-nt
Imperfekt	Singular	Plural	Singular	Plural
1. Person	nōl-ēba-m	nōl-ēbā-mus	nōl-le-m	nōl-lē-mus
2. Person	nōl-ēbā-s	nōl-ēbā-tis	nōl-lē-s	nōl-lē-tis
3. Person	nōl-ēba-t	nōl-ēba-nt	nōl-le-t	nōl-le-nt

Futur I	Singular	Plural
1. Person	nōl-a-m	nōl-ē-mus
2. Person	nōl-ē-s	nōl-ē-tis
3. Person	nōl-e-t	nōl-e-nt
Imperativ	nōl-ī	nōl-ī-te

Part. Präs. Aktiv: nōl-ēns, nōl-entis
Perfektstamm: nōlu- (nōluī, nōluistī ...)

Die vollständigen Konjugationstabellen zu nolle findest du auf S. 217.

Prohibitiv

Ne clamav*eris!*	*Ne* clamav*eritis!*
Noli clamar*e!*	*Nolite* clamar*e!*
Schreie nicht!	Schreit nicht!

ne mit folgendem Konjunktiv Perfekt (2. Pers.) drückt einen verneinten Befehl **(Prohibitiv)** aus. Diese Konstruktion ist bedeutungsgleich mit noli bzw. nolite mit Infinitiv.

82

W Wiederholungswörter

impius, a, um	gottlos, gewissenlos	addūcere, addūcō, addūxī, adductum	heranführen, veranlassen
perīre, pereō, periī	umkommen, zugrunde gehen	claudere, claudō, clausī, clausum	schließen, abschließen, einschließen
ambō, ambae, ambō	beide (zusammen)		
cūstōs, cūstōdis *m/f*	Wächter(in)		

Lernwörter

adulēscēns, adulēscentis *m (Gen. Pl.* **-ium***)*	jung; *Subst.* junger Mann	*f. adolescent, i./s. adolescente*
incrēdibilis, e	unglaublich	*crēdere, e. incredible, i. incredibile*
canis, canis *m*	Hund	*f. chien, i. cane*
ferus, a, um	wild	
iūs, iūris *n*	Recht	*iūstus, iūdex, iūdicāre, Jura*
committere, committō, commīsī, commissum	anvertrauen; veranstalten; zustande bringen	*mittere, Kommission, Kommissar, e. commit*
lūdōs committere	Spiele veranstalten, eröffnen	
proelium committere	eine Schlacht liefern, kämpfen	
iungere, iungō, iūnxī, iūnctum	verbinden, vereinigen	*Junktur, Konjunktion, f. joindre*
dōs, dōtis *f*	Mitgift	*dare, f. dot, i./s. dote*
indīgnus, a, um *(m. Abl.)*	unwürdig *(einer Sache)*	*dīgnus, f. indigne, s. indigno*
honōre indīgnus	der Ehre unwürdig	
sermō, sermōnis *m*	Gespräch, Sprache, Gerede	*i. sermone, s. sermón*
pudet, puduit *m. Akk.*	es beschämt (jdn.)	
Pudet mē flēre.	Es beschämt mich zu weinen. Ich schäme mich zu weinen.	
Pudet mē huius facinoris.	Ich schäme mich wegen dieser Untat.	
aedis, aedis *f (Gen. Pl.* **-ium***)*	Tempel, *Pl.* Haus	*aedificium, aedificāre*
cūstōdia	Gefängnis, Haft, Wache	*cūstōs, i. custodia, s. custodia*
sōlus, a, um	allein, einzig	*sōlum, Solo, Solist, f. seul, i./s. solo*
attingere, attingō, attigī, attāctum	berühren	*ad, tangere, contingere*

Konjunktiv im Hauptsatz: Hortativ, Jussiv

Ein Konjunktiv im Hauptsatz kennzeichnet allgemein den Inhalt des Satzes als möglich, gewünscht oder nicht wirklich.

Die folgenden Konjunktive drücken **Aufforderungen** aus:

→ **Hortativ**

Eamus!	Gaudeamus!
Lasst uns gehen!	Freuen wir uns!

Der **Konjunktiv Präsens** der **1. Person Plural** drückt eine Aufforderung aus, die der Sprecher an eine Gruppe richtet, zu der er selbst gehört.

→ **Jussiv**

Discipulus paucis verbis respondeat!

Der Schüler *soll* mit wenigen Worten antworten!

Der **Konjunktiv Präsens** der **3. Person** drückt eine Aufforderung an Dritte aus.

Beide Konjunktive werden mit ne verneint.

Hortativ und Jussiv – selten auch im Deutschen:

In einem Kochbuch:

„*Man nehme* sechs Eier …, dann *rühre man* um!"

Im Gottesdienst:

„*Lasset uns beten!*"

Sprachen-vergleich

in-credibilis	**un**-glaublich
in-dignus	**un**-würdig
in-certus	**un**-sicher
in-felix	**un**-glücklich
in-cultus	?
in-doctus	?
in-scius	?
in-utilis	?

aber:

in-transitiv	**in**-stabil
in-diskutabel	**in**-diskret
in-akzeptabel	**in**-tolerant
in-deklinabel	

Versuche, die Verwendung der deutschen Verneinungspräfixe **un**- und **in**- zu erklären.

W Wiederholungswörter

equidem	(ich) allerdings, freilich	capere, capiō, cēpī, captum	fassen, nehmen; erobern
nōnne?	(etwa) nicht?	valēre, valeō	gesund sein, stark sein, Einfluss haben
necessārius, a, um	notwendig	virtūs, virtūtis *f*	Tapferkeit, Tüchtigkeit, Leistung

Lernwörter

Flāminīnus	Flamininus *(röm. Politiker und Feldherr)*	
utinam *m. Konj.* Utinam veniās! Utinam vēnissēs!	hoffentlich, wenn doch Hoffentlich kommst du! Wenn du doch gekommen wärest!	
Catō, Catōnis *m*	Cato *(röm. Politiker und Feldherr)*	
optāre, optō	wünschen	*Option, adoptieren*
philosophus	Philosoph	*e. philosopher, f. philosophe*
Graecus, a, um	griechisch; *Subst.* Grieche	*Graecia*
modo … modo	manchmal ... manchmal	
levis, e	leicht, leichtsinnig	*i. lieve, s./p. leve*
perturbāre, perturbō	in Verwirrung bringen	*per, turbāre, Turbine*
voluptās, voluptātis *f*	Lust, Vergnügen	*velle, f. volupté*
potius *Adv.*	eher, lieber	*posse*
mōre Graecōrum	nach Art der Griechen	*mōs, Graecus*
vitium	Fehler, schlechte Eigenschaft	*e./f. vice, i. vizio, s. vicio*
corrumpere, corrumpō, corrūpī, corruptum iūdicem corrumpere iuventūtem corrumpere	bestechen, verderben den Richter bestechen die Jugend verderben	*Korruption, e. corrupt, f. corrompre*
facile *Adv.*	leicht	*facere, facilis, f./i. facile, s. fácil*
māiōrēs, māiōrum *m Pl.*	Vorfahren	*māior*
opus, operis *n*	Arbeit, Werk	*Opus*
dīligere, dīligō, dīlēxī, dīlēctum	hochachten, lieben	*Dilettant*

Konjunktiv im Hauptsatz: Optativ

Der Konjunktiv im Hauptsatz kann auch **Wünsche** ausdrücken:

(Utinam) ea res tibi usui **sit**!

Möge dir diese Sache nützen!
Hoffentlich nützt dir dies!

(Utinam) ea res tibi usui **fuerit**!

Hoffentlich hat dir dies genützt!

Der **Konjunktiv Präsens** (für die Gegenwart) und der **Konjunktiv Perfekt** (für die Vergangenheit) drücken Wünsche aus, deren Erfüllung der Sprecher für möglich hält.

Sie können mit utinam (oder velim) eingeleitet werden.

Utinam ea res tibi usui **esset**!

Wenn dir dies doch nützen würde!

Utinam ea res tibi usui **fuisset**!

Wenn dir dies doch genützt hätte!

Der **Konjunktiv Imperfekt** (für die Gegenwart) und der **Konjunktiv Plusquamperfekt** (für die Vergangenheit) drücken Wünsche aus, deren Erfüllung der Sprecher für nicht möglich hält.

Sie werden immer mit utinam (oder vellem) eingeleitet.

Utinam ne amicum **rideas**!

Mögest du den Freund nicht auslachen!
Lach bitte den Freund nicht aus!

Utinam ne amicum **risisses**!

Wenn du doch den Freund nicht ausgelacht hättest!

Der Optativ wird mit **ne** verneint.

84

W Wiederholungswörter

trāns *Präp. m. Akk.*	über (... hinaus), jenseits	parcere, parcō, pepercī *m. Dat.*	schonen, verschonen
nōlle, nōlō, nōluī	nicht wollen	tantus, a, um	so groß, so viel
necesse (est)	(es ist) notwendig	flēre, fleō, flēvī	weinen, beweinen

Lernwörter

Scīpiō, Scīpiōnis *m*	Scipio *(röm. Politiker und Feldherr)*	
quī *Adv.*	wie	
Laelius	Laelius *(röm. Politiker und Feldherr)*	
cēterum *Adv.*	übrigens, im Übrigen	*cēterī*
nōbilis, e	adelig, berühmt, vornehm	*nobel, e./f./s. noble, i. nobile*
colligere, colligō, collēgī, collēctum	sammeln	*legere, Kollektion, Kollekte*
rumpere, rumpō, rūpī, ruptum	zerbrechen	*Eruption, abrupt, f. rompre*
restāre, restō, restitī	übrig bleiben; Widerstand leisten	*stāre, Rest, Arrest*
Hoc dīcere restat.	Das bleibt (noch) zu sagen übrig.	
Mīlitēs hostibus fortiter restitērunt.	Die Soldaten leisteten den Feinden tapfer Widerstand.	
lēgātiō, lēgātiōnis *f*	Gesandtschaft	*lēgātus, Delegation*
spatium	Raum, Strecke, Zeit(raum)	*spazieren, e. space, i. spazio, f. esp*
afficere, afficiō, affēcī, affectum *m. Abl.*	versehen mit etw.	*ad, facere, Affekt*
poenā afficere	bestrafen	
suppliciō afficere	hinrichten lassen	
illīc *Adv.*	dort	*ille, hic*
incendium	Brand, Feuer	*f. incendie, i./s. incendio*
memor, memoris *m. Gen.*	in Erinnerung an	*memoria*
Memor perīculī sum.	Ich erinnere mich an die Gefahr. Ich denke an die Gefahr.	
Trōia	Troja *(Stadt in Kleinasien)*	*Trōiānus*
Hector, Hectoris *m*	Hektor *(trojanischer Held)*	

Verben: Partizip Futur Aktiv (PFA)

vocā-tūrus, a, um

(einer, der rufen wird / will)

Beim Partizip Futur Aktiv tritt **-tūrus, a, um** an den gleichen Wortstamm, mit dem auch das PPP gebildet wird.

Der Stamm oder die Fugenstelle können wie beim PPP lautlich verändert werden, z. B.:

moni-turus, a, um	(einer, der mahnen wird / will)
vic-turus, a, um	(einer, der siegen wird / will)
mis-surus, a, um	(einer, der schicken wird / will)
fu-tūrus, a, um	(einer, der sein wird / will)

Verwendung des Partizip Futur Aktiv

→ Erscheinungsform

Homines ludos *spectaturi* convenerunt.

Die Menschen, die die Spiele ansehen wollten, kamen zusammen.

Gladiatores fortiter *pugnaturi* arenam inierunt.

Die Gladiatoren, die tapfer kämpfen wollten, betraten den Kampfplatz.

Wie das PPP und das PPA steht das Partizip Futur Aktiv (hier: spectaturi) in Kongruenz zu einem Bezugswort (hier: homines).
Auch die Partizipialkonstruktion mit einem Partizip Futur Aktiv ist eine satzwertige Konstruktion.
Vom Partizip Futur Aktiv können Objekte (hier: ludos) und Adverbialien (hier: fortiter) abhängen.

→ Zeitverhältnis

Die Formen des **Partizip Futur** zeigen an, dass das im Partizip ausgedrückte Geschehen nach dem des Prädikats stattfinden wird (soll); sie bezeichnen also die **Nachzeitigkeit (Partizip der Nachzeitigkeit)**.

→ Satzgliedfunktion

Das Partizip Futur Aktiv kann aufgefasst werden als:
- Attribut (selten!)
- Adverbiale
- Prädikatsnomen

Entsprechend der Satzgliedfunktion gibt es unterschiedliche Möglichkeiten der Wiedergabe.

84

→ Übersetzungsmöglichkeiten

		Homines ludos **spectaturi** convenerunt.
als **Attribut**:	mit Relativsatz	→ Die Menschen, **die** die Spiele ansehen **wollten**, kamen zusammen.
als **Adverbiale**:	mit Adverbialsatz	→ Die Menschen kamen zusammen, **weil sie** die Spiele ansehen **wollten**.
	mit *um ... zu* m. Inf.	Die Menschen kamen zusammen, **um** die Spiele an**zu**sehen.
		Das Partizip Futur drückt häufig eine Absicht aus **(finale Sinnrichtung)**.

		Homines ludos **spectaturi erant.**
als **Prädikatsnomen**:	mit *wollen* m. Inf.	→ Die Menschen **wollten** die Spiele ansehen.
		Das Partizip Futur mit einer Form von esse dient der Umschreibung des Futurs; es bezeichnet eine in nächster Zukunft beabsichtigte oder bevorstehende Handlung.

Homines convenerunt **ludos spectaturi.**

85

Wiederholungswörter

W

tempus, temporis *n*	(günstige) Zeit, Umstände	appellāre, appellō	anrufen; *m. dopp. Akk.* nennen
carmen, carminis *n*	Gedicht, Lied	umquam *Adv.*	jemals
clārus, a, um	klar, hell, berühmt	aeternus, a, um	ewig

Lernwörter

Cicerō, Cicerōnis *m*	Cicero *(röm. Redner, Schriftsteller und Politiker, 106–43 v. Chr.)*	
Atticus	Atticus *(Freund und Verleger Ciceros)*	
Catullus	Catull *(röm. Dichter, 1. Jh. v. Chr.)*	
palam *Adv.*	bekannt, in aller Öffentlichkeit	
Rōmam	nach Rom *(wohin?)*	
tunc *Adv.*	damals, dann	
post *Adv.*	dann, später	*post, posteā,* postmodern
coniūrātiō, coniūrātiōnis *f*	Verschwörung	*iūrāre*
cōnservāre, cōnservō *(ā m. Abl.)* ā vitiō cōnservāre	retten (vor), bewahren vor einem Fehler bewahren	*servāre,* konservieren, Konserve, konservativ, *e.* conserve, *f.* conserver
familiāris, e	freundschaftlich, vertraut; *Subst.* Freund	*familia,* familiär, *e.* familiar, *f.* familier
accēdere, accēdō, accessī, accessum *(ad m. Akk.)* ad rem pūblicam accēdere	herbeikommen, hinzukommen sich politisch betätigen	*ad, cēdere, e.* access *rēs pūblica*
ōtium	freie Zeit, Ruhe *(von berufl. Tätigkeit)*; Frieden	*neg-ōtium, i.* ozio, *s.* ocio
convīvium	Gastmahl, Gelage	*vīvere*
mīlitāris, e	militärisch, Kriegs-	*mīles,* militärisch, Militär, *e.* military
quotiēns Quotiēns venīs, gaudeō.	wie oft, sooft Sooft du kommst, freue ich mich.	*quot,* Quotient
satis *Adv.*	genug	satt

F Verben: Infinitiv Futur Aktiv

vocā-tūrum, am, um esse vocā-tūrōs, ās, a esse	*rufen werden*
vic-tūrum, am, um esse vic-tūrōs, ās, a esse	*siegen werden*
fu-tūrum, am, um esse fu-tūrōs, ās, a esse	*sein werden*

Der Infinitiv Futur Aktiv wird aus einer Akkusativform des Partizip Futur Aktiv und esse gebildet.

Die Formen des Infinitiv Futur Aktiv von esse können durch fore ersetzt werden.

S Verwendung des Infinitiv Futur Aktiv

Imperatorem hostes *victurum (esse)* omnes putabant.

Alle glaubten, dass der Feldherr die Feinde besiegen werde.

Die Formen des Infinitiv Futur treten nur im AcI auf; esse kann entfallen.

Die Formen des **Infinitiv Futur** drücken aus, dass das Geschehen des AcI zeitlich nach dem des Prädikats stattfinden wird (soll); sie bezeichnen also die **Nachzeitigkeit (Infinitiv der Nachzeitigkeit)**.

Wortbildung

con-iuratio	con-servare
con-vivium	con-ferre
con-iunx	con-tendere
con-dicio	con-venire

Das Präfix con- ist (wie auch com- und col-) von der Präposition cum herzuleiten. Überlege, inwiefern die Bedeutung von cum in diesen Komposita steckt.

Stelle mit Hilfe des Registers weitere Komposita zusammen, deren Präfix von einer Präposition kommt, z. B. mit ad- / ac- / af- oder mit ex- / e- / ef-. Wie wirkt sich jeweils die Bedeutung der Präposition auf die Bedeutung der Komposita aus? Bei welchen Komposita hilft die Bedeutung der Präposition nicht weiter?

86

Wiederholungswörter

W

cōgitāre, cōgitō	denken, beabsichtigen	respondēre, respondeō, respondī, respōnsum	antworten
poēta, poētae *m*	Dichter	apud *Präp. m. Akk.*	bei
celer, celeris, celere	schnell	compōnere, compōnō, composuī, compositum	abfassen, ordnen, schlichten; vergleichen
ingenium	Begabung, Talent, Verstand		
dulcis, e	angenehm, süß		

Lernwörter

occurrere, occurrō, occurrī	begegnen, entgegentreten	*currere, e. occur*
inquam *(3. Pers. Sg.* **inquit***)*	sag(t)e ich	
quam	als, wie; *mit Superlativ:* möglichst	
quam celerrimē	möglichst schnell	
vīsere, vīsō, vīsī, vīsum	besichtigen, besuchen	*vidēre, Visite, Visitenkarte*
praetereā *Adv.*	außerdem	
membrum	Glied, (Körper-)Teil	*e. member, s. miembro*
membra corporis	die Glieder des Körpers	
membra ōrātiōnis	die Teile einer Rede	
prehendere, prehendō, prehendī, prehēnsum	ergreifen, nehmen	*comprehendere, f. prendre*
manum amīcī prehendere	die Hand des Freundes ergreifen	
Maecēnās, Maecēnātis *m*	Mäzenas *(Förderer der Künste zur Zeit des Augustus)*	*Mäzen, e. Maecenas, f. mécène, i. mecenate, s. mecenas*
illūc *Adv.*	dahin, dorthin	*ille, hūc*
aditus, aditūs *m*	Zugang, Eingang	*adīre, i. adito*
istīc *Adv.*	da, dort	*iste, hīc*
plūs *Adv.*	mehr	
plūrimum *Adv.*	am meisten, sehr viel	*plūs, plūrimī*
aut … aut	entweder … oder	
possidēre, possideō, possēdī, possessum	besitzen	*sedēre, Possessivpronomen, e. possess*

F Adverbien: Steigerung

celer-**iter**	long-ē
schnell	lang
celer-**ius**	long-**ius**
schneller	länger
celerrim-**ē**	longissim-**ē**
am schnellsten	am längsten

Der Komparativ des Adverbs wird mit **-ius** gebildet, der Superlativ mit **-ē**.

multum
viel
plūs
mehr
plūrimum
am meisten

Einige Adverbien haben unregelmäßige Steigerungsformen. Alle unregelmäßigen Steigerungsformen werden im Wortschatz gelernt.

quam celerrime
möglichst schnell

Bei einem Superlativ bedeutet quam *möglichst.*

quam			
	Femina, **quam** vidi, …	→	Relativpronomen (Akk. Sg. *f*)
	Quam pulchra est illa femina!	→	Ausruf
	Haec femina pulchrior est **quam** illa.	→	Vergleich (nach Komparativ)
	Femina **quam** celerrime venit.	→	„möglichst" (beim Superlativ)

Wiederholungswörter

salūs, salūtis *f*	Gesundheit, Rettung, Gruß, Glück	concēdere, concēdō, concessī	erlauben, nachgeben, zugestehen
rūs, rūris *n*	Feld, Land, Landgut	differre, differō, distulī, dīlātum *(ā m. Abl.)*	aufschieben; sich unterscheiden (von)
cupiditās, cupiditātis *f*	(heftiges) Verlangen, Leidenschaft		
ōtium	freie Zeit, Ruhe; Frieden		

Lernwörter

Horātius	Horaz *(röm. Dichter, 65-8 v. Chr.)*	
Tibullus	Tibull *(röm. Dichter, um 55-19 v. Chr.)*	
iūcundus, a, um	angenehm, erfreulich	*iuvāre, i. giocondo*
sē recipere	sich zurückziehen	
Cōpiae in castra sē recēpērunt.	Die Truppen haben sich ins Lager zurückgezogen.	
rārō *Adv.*	selten	*rar, f. rare, i. raro*
occupātus, a, um *(in m. Abl.)*	beschäftigt (mit)	*occupāre, okkupieren, Okkupation*
Magistrātūs in negōtiīs occupātī sunt.	Die Beamten sind mit ihren Aufgaben beschäftigt.	
nec ... nec	weder ... noch	
invidia	Neid	*in, vidēre, f. envie, s. envidia*
pecus, pecoris *n*	Vieh, Tier	*i. pecora*
grātus, a, um	dankbar, willkommen, beliebt	*grātia, gratulieren, i./s. grato*
dōnum grātum	ein willkommenes Geschenk	
homō grātus	ein beliebter Mensch	
dictum	Ausspruch, Wort	*dīcere, Diktum, s. dicho*
Epicūrus	Epikur *(griech. Philosoph, um 341-270 v. Chr.)*	
dīvus, a, um	göttlich	*deus, dīvīnus, Diva*
carpere, carpō, carpsī, carptum	pflücken, genießen; nutzen	*ex-zerpieren*
Carpe diem!	Genieße den Tag! Nutze den Tag (die Zeit)!	

W Wiederholungswörter

scīre, sciō	wissen, kennen, verstehen	cupidus, a, um *(m. Gen.)*	(be)gierig (nach)
ars, artis *f (Gen. Pl.* -ium*)*	Kunst, Fertigkeit, Eigenschaft	quīn?	warum nicht?
maximē *Adv.*	am meisten, besonders	opēs, opum *f Pl.*	Macht, Mittel, Reichtum

Lernwörter

exemplum	Beispiel, Vorbild	*Exempel, e. example, f. exemple*
probus, a, um	anständig, gut	*probāre, improbus,* Probe
incendere, incendō, incendī, incēnsum	entflammen, in Brand stecken	*incendium, f. incendie*
Ovidius	Ovid *(röm. Dichter, 43 v. Chr.–17 n. Chr.)*	
dīversus, a, um	verschieden, entgegengesetzt, feindlich	*divers, e. diverse, f. divers, s. diverso*
studia dīversa	verschiedene (entgegengesetzte) Interessen	
permittere, permittō, permīsī, permissum	erlauben, überlassen	*per, mittere, e. permit, f. permettre*
Rōmae	in Rom *(wo?)*	
contrā *Adv.*	gegenüber, dagegen	*Kontrast, konträr, f. contre*
opus est *m. Abl.*	es ist nötig, man braucht (etw.)	
Nōbīs amīcīs opus est.	Wir brauchen Freunde.	
haud	nicht	
dīgnitās, dīgnitātis *f*	Ansehen, Würde; (gesellschaftliche) Stellung	*dīgnus, indīgnus, e. dignity, f. dignité, i. dignità, s. dignidad*
Vergilius	Vergil *(röm. Dichter, 70–19 v. Chr.)*	
ēgregius, a, um	ausgezeichnet, hervorragend	*i./s. egregio*
sē praebēre	sich zeigen	
grandis, e	alt; bedeutend, groß	*grandios, f. grand, i./s. grande*
prōferre, prōferō, prōtulī, prōlātum	(hervor)holen, zur Sprache bringen	*prō, ferre*

Verwendung des Gerundiums (2)

Tempus libros in bibliotheca legendi tibi est.

Du hast Zeit, die Bücher in der Bibliothek zu lesen.

Wie das Partizip hat auch das Gerundium Eigenschaften des Verbs; es kann somit Objekte (hier: libros) und adverbiale Bestimmungen (hier: in bibliotheca) bei sich haben.

Ein **erweitertes Gerundium** ist als satzwertige Konstruktion aufzufassen.

Wortschatz erweitern: Wortbildungselemente nutzen (Suffixe)

Wie du weißt, sind zahlreiche lateinische Substantive dadurch gebildet, dass der „Stamm" eines Wortes um ein **Suffix** erweitert wird.

Dasselbe gilt für Adjektive und Verben. Die folgende Übersicht stellt die wichtigsten Suffixe und ihre Bedeutung zusammen:

→ **Substantive**

-ium	z.B. aedificium	Handlung oder Ergebnis	von aedificare
-io	z.B. oratio		von orare
-mentum	z.B. ornamentum	Mittel oder Ergebnis	von ornare
-tas	z.B. libertas	Zustand oder Eigenschaft	von liber, a, um
-tudo	z.B. magnitudo		von magnus, a, um
-ia / -itia	z.B. laetitia		von laetus, a, um
-tor	z.B. imperator	handelnde Person	von imperare

→ **Adjektive**

-ius	z.B. regius, a, um	Herkunft oder Zugehörigkeit	von rex
-osus	z.B. gloriosus, a, um	Fülle	von gloria
-alis / -ilis	z.B. mortalis, e	Eigenschaft	von mors, mortis
-idus	z.B. cupidus		von cupere
-bilis	z.B. incredibilis, e	Möglichkeit oder Eigenschaft	von credere

→ **Verben**

-tare	z.B. captare	Verstärkung / Wiederholung	von capere
-scere	z.B. pertimescere	Beginn	von timere

89

W Wiederholungswörter

valēre, valeō	gesund sein, stark sein, Einfluss haben	oportet	es gehört sich, es ist nötig
calamitās, calamitātis *f*	Schaden, Unglück	fūr, fūris *m*	Dieb
praestāre, praestō, praestitī	*m. Akk.* gewähren, leisten, zeigen *m. Dat.* übertreffen	humānitās, humānitātis *f*	Menschlichkeit, Menschenfreundlichkeit; Bildung

Lernwörter

incolumis, e	unverletzt, wohlbehalten	*i. incolume, s. incolume*
quisque, quidque *subst.*	jeder	*quis, quid*
permovēre, permoveō, permōvī, permōtum	beunruhigen, veranlassen	*per, movēre*
optimus quisque Optimus quisque reī pūblicae prōvidet.	gerade die Besten Gerade die Besten sorgen für den Staat.	
ultimus, a, um	der äußerste, der entfernteste, der letzte	*Ultimatum, ultimativ, s. último*
discēdere, discēdō, discessī, discessum	auseinandergehen, weggehen	*cēdere*
pudor, pudōris *m*	Scham(gefühl), Anstand	*pudet, f. pudeur, i. pudore*
praeter *Präp. m. Akk.*	außer	*praetereā*
fūrtum fūrtum committere	Diebstahl, Hinterlist einen Diebstahl begehen	*fūr, i. furto*
auferre, auferō, abstulī, ablātum	wegbringen, rauben	*ferre, Ablativ*
quisque, quaeque, quodque *adj.*	jeder	*quis, quid*
proximus, a, um	der nächste	*prope, i. prossimo, s. próximo*
aequus, a, um campus aequus iūdex aequus iūs aequum animus aequus	eben, gleich, gerecht, gnädig ein ebenes (freies) Feld ein gerechter Richter gleiches Recht, Rechtsgleichheit Ausgeglichenheit; Gleichgültigkeit	*Äquator, äquivalent*

Indefinitpronomen quisque

quisque, quidque *jeder, jedes*

	m	*f*	*n*
Nominativ	quisque		quidque
Genitiv		cuiusque	
Dativ		cuique	
Akkusativ	quemque		quidque
Ablativ		quōque	

Das substantivische Indefinitpronomen quis-que, quid-que wird dekliniert wie das Indefinitpronomen ali-quis, ali-quid.
Die adjektivische Verwendung (quisque, quaeque, quodque) ist selten.
Das Indefinitpronomen quisque steht in der Regel hinter Pronomina, Superlativen und Ordnungszahlen.

Satzwertige Konstruktionen (Zeitverhältnisse)

Infinitiv Präsens und Partizip Präsens bezeichnen die **Gleichzeitigkeit**, Infinitiv Perfekt und Partizip Perfekt die **Vorzeitigkeit,** Infinitiv Futur und Partizip Futur die **Nachzeitigkeit**.
Die folgende Tabelle bietet eine entsprechende Übersicht:

→ Akkusativ mit Infinitiv

als Subjekt	gleichzeitig	vorzeitig	nachzeitig	
Augustum pacem	**facere**	**fecisse**	**facturum esse**	constat.
Dass Augustus Frieden	schafft,	geschaffen hat,	schaffen wird,	ist bekannt.

als Objekt

Augustum pacem	**facere**	**fecisse**	**facturum esse**	omnes cives sciunt.
Dass Augustus Frieden	schafft,	geschaffen hat,	schaffen wird,	wissen alle Bürger.

→ **Participium coniunctum**

als Adverbiale / Attribut	gleichzeitig	vorzeitig	nachzeitig	
Imperator pacem	**faciens**	–	**facturus**	a civibus laudatur.
Weil der Kaiser Frieden	schafft,	–	schaffen wird (will),	wird er von den Bürgern gelobt.
Pax ab imperatore	–	**facta**	–	cives delectat.
Der Frieden, der vom Kaiser	–	geschaffen wurde (worden ist),	–	erfreut die Bürger.

→ **Ablativus absolutus**

als Adverbiale	gleichzeitig	vorzeitig	nachzeitig	
Imperatore pacem	**faciente**	–	–	cives gaudent.
Wenn (weil) der Kaiser Frieden	schafft,	–	–	freuen sich die Bürger.
Pace	–	**facta**	–	cives gaudent.
Nachdem Frieden	–	geschaffen (worden) ist,	–	freuen sich die Bürger.

M Wortschatz erweitern: Wortbildungselemente nutzen (Präfixe I)

Als Präfixe treten oft Präpositionen auf, die – entsprechend ihrer Bedeutung – die Bedeutung des Kompositums mit bestimmen, z.B. ab-ire *weggehen*. Diese Präfixe können an den Anlaut des Grundwortes angeglichen werden (Assimilation), z. B. ad-ferre → afferre.

Die erste Zeile der folgenden Zusammenstellung enthält bekannte Vokabeln; die Verben der folgenden Zeilen kannst du erschließen:

ab-esse	**af**-ferre	**con**-venire	**de**-scendere	**ex**-pellere	**pro**-cedere
ab-ducere	ad-iungere	con-ducere	de-mittere	e-ripere	prod-ire
ab-rumpere	ad-iuvare	com-mutare	de-cedere	ex-petere	pro-fugere
abs-trahere	ad-movere	con-cipere	de-currere	e-nuntiare	pro-movere

Wiederholungswörter

vītam agere	ein Leben führen, leben	īgnōscere, īgnōscō, īgnōvī, īgnōtum	verzeihen
aedēs, aedium *f Pl.*	Haus	movēre, moveō, mōvī, mōtum	bewegen, beeindrucken
perniciēs, perniciēī *f*	Verderben, Vernichtung	sacerdōs, sacerdōtis *m/f*	Priester(in)
turbāre, turbō	durcheinanderbringen, stören	stultus, a, um	dumm

Lernwörter

Herc(u)le!	Beim Herkules!	
morārī, moror, morātus sum	(sich) aufhalten	*mora, Moratorium*
vērō *Adv.*	aber; in der Tat, wirklich	*vērus*
incēdere, incēdō, incessī, incessum	heranrücken, eintreten; (jdn.) befallen	*in, cēdere, i. incedere*
In hostēs incēdimus.	Wir rücken gegen die Feinde vor.	
Magna cūra incessit.	Große Sorge kam auf (trat ein).	
Metus mē incēdit.	Furcht befällt mich.	
verērī, vereor, veritus sum	fürchten, sich scheuen; verehren	
Perīculum vereor.	Ich fürchte die Gefahr.	
Deōs vereor.	Ich verehre die Götter.	
memorāre, memorō	erwähnen, sagen	*memor, memoria*
arbitrārī, arbitror, arbitrātus sum	glauben, meinen	*f. arbitrer, i. arbitrare*
precārī, precor, precātus sum	bitten	*prex*
suspicārī, suspicor, suspicātus sum	vermuten	*suspekt, e. suspect*
rērī, reor, ratus sum	meinen	
procul *Adv.*	von fern, weit weg	
ā *m. Abl.*	fern von	
pollicērī, polliceor, pollicitus sum	versprechen	
tuērī, tueor	betrachten, schützen, (milit.) sichern	*tūtus, Tutor*
nātūram tuērī	die Natur betrachten	
fīnēs tuērī	die Grenzen (das Gebiet) sichern	
fatērī, fateor, fassus sum	bekennen, gestehen	

arbitrārī, arbitror, arbitrātus sum	glauben, meinen
morārī, moror, morātus sum	(sich) aufhalten
precārī, precor, precātus sum	bitten
suspicārī, suspicor, suspicātus sum	vermuten
fatērī, fateor, fassus sum	bekennen, gestehen
pollicērī, polliceor, pollicitus sum	versprechen
rērī, reor, ratus sum	meinen
tuērī, tueor *m. Akk.*	betrachten, schützen, (milit.) sichern
verērī, vereor, veritus sum	fürchten, sich scheuen; verehren

F Verben: Deponentien (a- und e-Konjugation)

arbitror	*ich glaube*
passive Form	**aktive** Bedeutung

In allen Konjugationsklassen gibt es Verben, die passive Formen bilden, jedoch aktive Bedeutung haben (Deponentien); sie haben also gleichsam ihre aktiven Formen „abgelegt" (de-ponere!).

→ **Präsensstamm**

Inf. Präsens	arbitr-ā-rī *glauben, meinen*

	Indikativ		Konjunktiv	
Präsens	Singular	Plural	Singular	Plural
1. Person	arbitr-**or**	arbitrā-**mur**	arbitr-**e-r**	arbitr-**ē-mur**
2. Person	arbitrā-**ris**	arbitrā-**minī**	arbitr-**ē-ris**	arbitr-**ē-minī**
3. Person	arbitrā-**tur**	arbitra-**ntur**	arbitr-**ē-tur**	arbitr-**e-ntur**
Imperfekt	Singular	Plural	Singular	Plural
1. Person	arbitrā-**ba-r**	arbitrā-**bā-mur**	arbitrā-**re-r**	arbitrā-**rē-mur**
2. Person	arbitrā-**bā-ris**	arbitrā-**bā-minī**	arbitrā-**rē-ris**	arbitrā-**rē-minī**
3. Person	arbitrā-**bā-tur**	arbitrā-**ba-ntur**	arbitrā-**rē-tur**	arbitrā-**re-ntur**

Futur I	Singular	Plural
1. Person	arbitrā-b-or	arbitrā-bi-mur
2. Person	arbitrā-be-ris	arbitrā-bi-minī
3. Person	arbitrā-bi-tur	arbitrā-bu-ntur

Die Deponentien der a-Konjugation (z. B. arbitrā-rī) und der e-Konjugation (z. B. verērī) haben die gleichen Endungen wie die entsprechenden aktiven Verben (z. B. vocāre, monēre) im Passiv. Vgl. Formentabellen S. 210 ff.

Imperative	Singular	Plural
a-Konjugation	arbitrā-re	arbitrā-minī
e-Konjugation	verē-re	verē-minī

Die **Imperativformen** der Deponentien sind eigens zu lernen.

→ Stammformen

	Inf. Präs.	1. Pers. Sg. Präs.	1. Pers. Sg. Perf.
a-Konjugation	arbitrā-rī	arbitr-or	arbitrā-tus sum
e-Konjugation	verē-rī	vere-or	veri-tus sum

Synonyme

polliceri – promittere
tueri – spectare
reri – existimare
arbitrari – putare
precari – rogare, orare
suspicari – conicere
vereri – timere, metuere
vereri – colere
morari – esse

91

W Wiederholungswörter

carpere, carpō, carpsī, carptum	pflücken, genießen; nutzen	dolor, dolōris *m*	Schmerz
solvere, solvō, solvī, solūtum	lösen, auflösen; bezahlen	commūnis, e	gemeinsam, allgemein
		equidem	(ich) allerdings, freilich
		sermō, sermōnis *m*	Gespräch, Sprache, Gerede

Lernwörter

mōlīrī, mōlior, mōlītus sum	(an)treiben; planen, unternehmen	*demolieren*
experīrī, experior, expertus sum	erfahren, versuchen	*Experiment, Experte, e. expert*
querī, queror, questus sum *(m. Akk.)*	klagen, sich beklagen (über)	*Querele, Querulant*
sequī, sequor, secūtus sum *m. Akk.* amīcum sequī	folgen dem Freund folgen	*secundus, Sequenz, Suite*
loquī, loquor, locūtus sum	reden, sprechen	*eloquent, Kolloquium*
ferē *Adv.*	fast, beinahe; ungefähr	
causās agere	Prozesse führen	
sē dare Ōtiō mē dō.	sich widmen, sich hingeben Ich gebe mich der Ruhe hin. Ich widme mich der Ruhe.	*i. darsi*
patī, patior, passus sum Dolōrēs patior. Hoc numquam patiar. Pater fīliōs discēdere passus nōn est.	(er)leiden, ertragen, zulassen Ich erleide (ertrage) Schmerzen. Das werde ich niemals zulassen. Der Vater ließ nicht zu, dass die Söhne weggehen.	*Patient, Passion, passiv*
sensus, sensūs *m*	Gefühl, Satz, Sinn	*sentīre, sententia, e. sense*
velut	wie, wie zum Beispiel	*vel, ut*
cōnsequī, cōnsequor, cōnsecūtus sum *m. Akk.*	erreichen, nachfolgen	*sequī, Konsequenz, konsekutiv*
sūmere, sūmō, sūmpsī, sūmptum	nehmen	*konsumieren*
aggredī, aggredior, aggressus sum	angreifen, herangehen	*aggressiv, Aggression*

mōlīrī, mōlior, mōlītus sum	(an)treiben; planen, unternehmen
experīrī, experior, expertus sum	erfahren, versuchen
loquī, loquor, locūtus sum	reden, sprechen
querī, queror, questus sum *(m. Akk.)*	klagen, sich beklagen über
sequī, sequor, secūtus sum *m. Akk.*	folgen
cōnsequī, cōnsequor, cōnsecūtus sum *m. Akk.*	erreichen, nachfolgen
patī, patior, passus sum	(er)leiden, ertragen, zulassen
aggredī, aggredior, aggressus sum	angreifen, herangehen

Verben: Deponentien (kons. und i-Konjugation)

→ Präsensstamm

Inf. Präsens	sequ-ī *folgen*

	Indikativ		Konjunktiv	
Präsens	**Singular**	**Plural**	**Singular**	**Plural**
1. Person	sequ-**or**	sequ-**i-mur**	sequ-**a-r**	sequ-**ā-mur**
2. Person	sequ-**e-ris**	sequ-**i-minī**	sequ-**ā-ris**	sequ-**ā-minī**
3. Person	sequ-**i-tur**	sequ-**u-ntur**	sequ-**ā-tur**	sequ-**a-ntur**
Imperfekt	**Singular**	**Plural**	**Singular**	**Plural**
1. Person	sequē-**ba-r**	sequē-**bā-mur**	seque-**re-r**	seque-**rē-mur**
2. Person	sequē-**bā-ris**	sequē-**bā-minī**	seque-**rē-ris**	seque-**rē-minī**
3. Person	sequē-**bā-tur**	sequē-**ba-ntur**	seque-**rē-tur**	seque-**re-ntur**

Futur I	Singular	Plural
1. Person	sequ-**a-r**	sequ-**ē-mur**
2. Person	sequ-**ē-ris**	sequ-**ē-minī**
3. Person	sequ-**ē-tur**	sequ-**e-ntur**

Die Deponentien der i-Konjugation (z. B. experīrī) und der konsonantischen Konjugation (z. B. sequī, patī) bilden ihre Formen genauso wie die entsprechenden aktiven Verben (z. B. audīre, agere, capere) im Passiv. Vgl. Formentabellen S. 210 ff.

Imperative	Singular	Plural
kons. Konjugation (i-Erweiterung)	sequ-**e-re** pate-**re**	sequ-**i-minī** pati-**minī**
ī-Konjugation	mōlī-**re**	mōlī-**minī**

Die **Imperativformen** sind eigens zu lernen.

→ **Stammformen**

	Inf. Präs.	1. Pers. Sg. Präs. Pass.	1. Pers. Sg. Perf. Pass.
kons. Konjugation (i-Erweiterung)	sequ-**ī** pat-**ī**	sequ-**or** pati-**or**	secū-**tus sum** pas-**sus sum**
i-Konjugation	mōlī-**rī**	mōli-**or**	mōlī-**tus sum**

Ländliche Idylle

Fertige eine entsprechende Zeichnung an zum Thema „Trubel auf dem Forum"; versuche, darin möglichst viele Vokabeln aus diesem Wortschatz und den vorangehenden Wortschätzen unterzubringen.

Wiederholungswörter

herī *Adv.*	gestern	exstinguere, exstinguō, exstīnxī, exstīnctum	auslöschen, vernichten
dictum	Ausspruch, Wort	fōns, fontis *m* (*Gen. Pl.* -ium)	Quelle, Ursprung
cōnstāre, cōnstō, cōnstitī	ex *m. Abl.* bestehen aus		
accidere, accidō, accidī	geschehen, sich ereignen		

Lernwörter

versārī, versor, versātus sum	sich aufhalten, sich befinden, sich beschäftigen	*versiert*
in rē pūblicā versārī	politisch tätig sein	
colloquī, colloquor, collocūtus sum	sich unterhalten; verhandeln, besprechen	*loquī, Kolloquium, e. colloquial*
mīrārī, mīror, mīrātus sum	bewundern, sich wundern	*mīrus, i. mirare, s. mirar*
opīnārī, opīnor, opīnātus sum	glauben, meinen	*opīniō, i. opinare, s. opinar*
anima	Atem, Leben, Seele	*animus, i. anima*
orīrī, orior, ortus sum	entstehen, sich erheben	*Orient*
Sōl oritur.	Die Sonne geht auf.	
Clāmor oritur.	Geschrei erhebt sich.	
Bellum oritur.	Ein Krieg bricht aus.	
verērī, nē *m. Konj.*	fürchten, dass	
cōnārī, cōnor, cōnātus sum	versuchen	
ratiō, ratiōnis *f*	Grund, Vernunft, Überlegung; Art und Weise; Berechnung	*rērī, Ration, rational, rationell, e. reason, f. raison, s. razón*
nūllā ratiōne	ohne jeden Grund	
eādem ratiōne	auf dieselbe Weise	
ratiōne agere	mit Vernunft (vernünftig) handeln	
morī, morior, mortuus sum	sterben	*mors, mortuus, f. mourir, s. morir*
intuērī, intueor	anschauen	*in, tuērī, Intuition*
spīritus, spīritūs *m*	Atem, Seele	*Spiritus, e. spirit, f. esprit*
proficīscī, proficīscor, profectus sum	(ab)reisen, aufbrechen	
hortārī, hortor, hortātus sum	auffordern, ermahnen	

F Verben: Deponentien (Infinitive, Partizipien, Gerundium)

Auch von den Deponentien werden Infinitive, Partizipien und die Formen des Gerundiums gebildet:

Infinitiv	Präsens	arbitrā-**rī**	*glauben*
	Perfekt	arbitrā-**tum esse**	*geglaubt (zu) haben*
	Futur	arbitrā-**tūrum esse**	*glauben werden*
Partizip	Präsens	arbitrā-**ns**	*einer, der glaubt*
	Perfekt	arbitrā-**tus**	*einer, der geglaubt hat*
	Futur	arbitrā-**tūrus**	*einer, der glauben wird*
Gerundium		arbitra-**nd**-ī, arbitra-**nd**-ō, ad arbitra-**nd**-um, arbitra-**nd**-ō	

S Partizip Perfekt der Deponentien (Verwendung)

Das Partizip Perfekt der Deponentien bezeichnet oft die **Vorzeitigkeit**; es wird wie das PPP der aktiven Verben mit Gliedsatz, Präpositionalausdruck oder Beiordnung wiedergegeben.

	Cicero diu in Graecia moratus Romam rediit.
1. Gliedsatz	→ Cicero kehrte, **nachdem er sich** lange in Griechenland **aufgehalten hatte**, nach Rom zurück.
2. Präpositionalausdruck	→ **Nach seinem langen Aufenthalt** in Griechenland kehrte Cicero nach Rom zurück.
3. Beiordnung	→ Cicero **hielt sich** lange in Griechenland **auf und** kehrte **dann** nach Rom zurück.

Das Partizip Perfekt mancher Deponentien kann jedoch auch die **Gleichzeitigkeit** ausdrücken:

	Epicurus ratus omnia ex atomis constare timorem mortis vicit.
1. Gliedsatz	→ **Da** Epikur **glaubte**, dass alles aus Atomen bestehe, besiegte er die Furcht vor dem Tod.
2. Präpositionalausdruck	→ **In der Meinung**, dass alles aus Atomen bestehe, besiegte Epikur die Furcht vor dem Tod.
3. Beiordnung	→ Epikur **glaubte**, dass alles aus Atomen bestehe, **und** besiegte **deshalb** die Furcht vor dem Tod.

Beachte hierzu die folgenden Partizipien:

veritus	*aus Furcht*	ratus	*in der Meinung*
arbitratus	*in der Meinung*	secutus	*folgend*

Wortschatz erweitern: Wortbildungselemente nutzen (Präfixe II)

M

Du hast schon Präfixe kennengelernt, die auf Präpositionen zurückgeführt werden (z. B. ab-ire). Hier findest du eine Zusammenstellung anderer Präfixe; die unbekannten Wörter in der rechten Spalte solltest du selbst erschließen, die bekannten aus der Grundbedeutung erklären:

in-	z.B. in-certus z.B. in-iuria	Verneinung oder Gegenteil	in-fidus in-humanus in-cultus
ne-	z.B. ne-scire	Verneinung oder Gegenteil	neg-otium neg-legere
dis-	z.B. dis-cedere	Trennung	dis-currere dis-sentire dif-fundere dif-ferre
re-	z.B. re-tinere z.B. red-ire	Rückbezug oder Wiederholung	re-vocare re-ficere re-petere re-novare

93

W Wiederholungswörter

accipere, accipiō, accēpī, acceptum	erhalten, erfahren, annehmen	accēdere, accēdō, accessī, accessum *(ad m. Akk.)*	herbeikommen, hinzukommen
māiōrēs, māiōrum *m Pl.*	Vorfahren	vestīgium	Fußsohle, Spur, Stelle

Lernwörter

opera	Arbeit, Mühe	*opus, Oper, Operation, i. opera*
imitārī, imitor, imitātus sum	nachahmen	*imitieren, Imitation, e. imitate, f. imiter*
persequī, persequor, persecūtus sum	verfolgen; erstreben	*per, sequī, i. perseguire, s. perseguir*
rēctus, a, um	gerade, recht, richtig	*regere, rēctē*
nāscī, nāscor, nātus sum	entstehen, geboren werden	*nātūra, nātiō*
Antīquō genere nātus est.	Er stammt aus einem alten Geschlecht.	
Scelus ab invidiā nātum est.	Das Verbrechen entstand aus Neid.	
contentus, a, um	zufrieden	*f. content, i./s. contento*
pār, paris	gleich, ebenbürtig	*Paar, i. pari, s. par*
prīvātus, a, um	persönlich, privat; *Subst.* Privatperson	*e. private, i. privato, s. privado*
praecipere, praecipiō, praecēpī, praeceptum	(be)lehren, vorschreiben	*capere*
ūtī, ūtor, ūsus sum *m. Abl.*	benutzen, gebrauchen	*ūsus, e. use, f. user, s. usar*
Ulixes dolō ūtitur.	Odysseus wendet eine List an.	
Mārcō ūtor amīcō.	Ich habe Markus als Freund.	
ultrō *Adv.*	freiwillig, noch dazu	
pūblicus, a, um	öffentlich, staatlich	*rēs pūblica, Publikum, e./f. public*
plērīque, plēraeque, plēraque	die meisten, sehr viele	
voluptātem capere ē / ex *m. Abl.*	Freude haben an	
prōgredī, prōgredior, prōgressus sum	vorrücken, weitergehen	*aggredī, progressiv, e. progress*

nd-Formen: Gerundiv(um)

	Infinitiv	Gerundiv(um)
a-Konjugation	vocā-re	voca-**nd-us, a, um**
e-Konjugation	monē-re	mone-**nd-us, a, um**
i-Konjugation	audī-re	audi-**e-nd-us, a, um**
kons. Konjugation (i-Erweiterung)	ag-e-re cape-re	ag-**e-nd-us, a, um** capi-**e-nd-us, a, um**

Das Gerundivum wird ebenso wie das Gerundium mit -nd- gebildet. Es kommt auch bei Deponentien vor (z. B. verendus, a, um; aggrediendus, a, um).

Es wird wie die Adjektive der a- und o-Deklination dekliniert.

nd-Formen: Attributives Gerundiv(um)

→ Erscheinungsform und Übersetzung

Das attributive Gerundivum ist ein zu Verben gebildetes Adjektiv (Verbaladjektiv).

Es stimmt nach der KNG-Regel mit einem Bezugswort überein. Nominativ und Dativ sind sehr selten.

→ Genitiv

Mihi tempus libri legendi non est.
Ich habe keine Zeit zum Lesen des Buches.

Libri legendi cupidus sum.
Ich bin begierig darauf, das Buch zu lesen.

Libri legendi causa otium quaero.
Um ein Buch zu lesen, suche ich Ruhe.

→ Akkusativ

Hic locus ad librum legendum idoneus non est.
Dieser Platz ist nicht geeignet, um ein Buch zu lesen.
Dieser Platz ist zur Lektüre eines Buches nicht geeignet.

93

→ **Ablativ**

Libro legendo multa disco.
Durch die Lektüre des Buches lerne ich viel.

In libro legendo saepe ridebam.
Bei der Lektüre des Buches lachte ich oft.

Wie die Beispiele zeigen, drückt das Gerundivum einen Vorgang aus.
Eine wörtliche Übersetzung ist nicht möglich. Bei der Wiedergabe im Deutschen verwendet man meist Substantive oder Infinitivkonstruktionen.

Häufig kannst du für die Übersetzung nach folgendem Schema vorgehen:
Die Gerundivform wird im Deutschen zu einem Substantiv, von dem dann das lateinische Bezugswort als Genitivattribut abhängt.

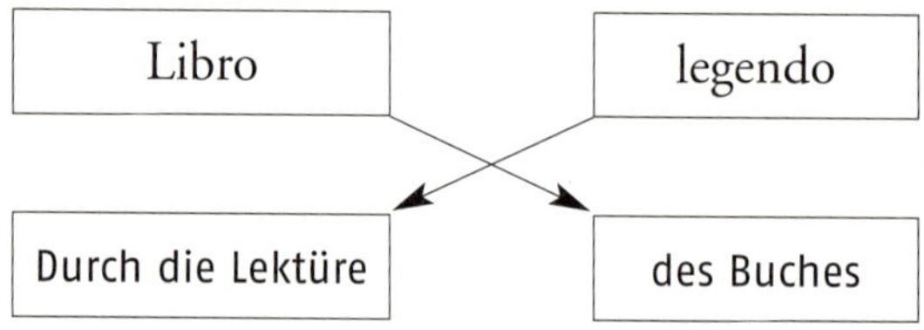

liber legendus
ein Buch, das gelesen werden muss / soll
ein lesenswertes Buch

dolor non ferendus
ein unerträglicher Schmerz

Ein attributives Gerundivum im **Nominativ** kann durch Adjektive auf *-wert* oder *-lich* wiedergegeben werden. Hier wird deutlich, dass das attributive Gerundivum passive Bedeutung hat.

→ **Attributives Gerundivum als satzwertige Konstruktion**

Aussagesatz	→ Librum lego: Ich lese das Buch:	Multa disco. Ich lerne (dadurch) viel.
Gerundium	→ Librum legendo	multa disco.
attributives Gerundivum	→ Libro legendo Durch die Lektüre des Buches	multa disco. lerne ich viel.

Man kann ein **attributives Gerundivum mit Bezugswort** (hier: libro legendo) ebenso wie ein **erweitertes Gerundium** (hier: librum legendo) als einen eigenständigen Aussagesatz verstehen, der als satzwertige Konstruktion in einen anderen Satz „eingebettet" wurde.

94

Wiederholungswörter

W

libenter *Adv.*	gerne	mūnus, mūneris *n*	Geschenk; Aufgabe
perficere, perficiō, perfēcī, perfectum	erreichen, fertigstellen, vollenden	prōvidēre, prōvideō, prōvīdī, prōvīsum	*m. Dat.* sorgen für *m. Akk.* vorhersehen

Lernwörter

vidērī, videor, vīsus sum	scheinen, gelten (als)	*vidēre*, *Vision*
īdem ac / atque Idem dīcitis ac amīcī.	derselbe wie Ihr sagt dasselbe wie die Freunde.	
ingredī, ingredior, ingressus sum	betreten; beginnen	*aggredī, prōgredī*, *Ingredienz*
āctiō, āctiōnis *f*	Tätigkeit; Gerichtsverhandlung; Rede	*agere*, *Aktion, Reaktion, e./f. action, i. azione, s. acción*
onus, oneris *n*	Last	*i. onere*
remittere, remittō, remīsī, remissum	zurückschicken; nachlassen, vermindern	*mittere*, *Remittende*
agitāre, agitō	betreiben; überlegen	*agere, āctiō*, *Agitation*
cor, cordis *n* cordī esse	Herz am Herzen liegen	*f. cœur, i. cuore*
cōnfitērī, cōnfiteor, cōnfessus sum	(ein)gestehen	*fatērī*, *Konfession, e. confess*
quantus, a, um	wie groß, wie viel	*tantus … quantus*, *Quantum*
suscipere, suscipiō, suscēpī, susceptum	auf sich nehmen, sich (einer Sache) annehmen, unternehmen	*sub, capere*
scīlicet *Adv.*	freilich, natürlich	*scīre, licet*
manifestus, a, um	offenkundig; überführt	*manus*, *Manifest*
cōnsuēscere, cōnsuēscō, cōnsuēvī, cōnsuētum *m. Inf.* Equus pārēre cōnsuēscit.	sich daran gewöhnen Das Pferd gewöhnt sich daran zu gehorchen.	
īnstruere, īnstruō, īnstrūxī, īnstrūctum	aufstellen, ausrüsten; unterrichten	*Instruktion, Instrument, e. instruct*

S1 nd-Formen: Prädikatives Gerundivum (1)

→ **Gerundivum bei esse (persönliche Konstruktion)**

Hic liber legendus est.

Dieses Buch *muss* gelesen werden (ist zu lesen).

Hi libri legendi non sunt.

Diese Bücher *dürfen nicht* gelesen werden.

Multi putant libros legendos esse.

Viele meinen, dass man Bücher lesen *muss (soll)*.

Das prädikative Gerundivum bezeichnet bei Formen von esse eine Handlung, die ausgeführt werden muss (soll) bzw. nicht ausgeführt werden darf (soll). Es tritt häufig auch im AcI auf.

Die nd-Formen **transitiver Verben** stehen dabei mit ihrem Bezugswort in KNG-Kongruenz, d. h. sie werden **„persönlich"** konstruiert.

Bei Formen von esse steht das prädikative Gerundivum als **Prädikatsnomen**.

S2 Dativus auctoris

Hic liber *tibi* legendus est.

Dieses Buch muss *von dir* gelesen werden (ist *von dir* zu lesen).

Du musst dieses Buch lesen.

Beim prädikativen Gerundivum mit Formen von esse steht die Person, von der die Handlung ausgeführt werden muss (soll), im **Dativus auctoris** (Dativ des Urhebers).

Im Deutschen ist die Wiedergabe im Aktiv oft eleganter.

Sprachenvergleich

Tibi veniendum est.	Tibi veniendum non est.
You must come.	You must not come.
Du musst kommen.	Du darfst nicht kommen.

95

W

Wiederholungswörter

salūtem dīcere *(m. Dat.)*	(jdn.) grüßen, begrüßen	vēndere, vēndō, vēndidī, vēnditum	verkaufen
nāscī, nāscor, nātus sum	entstehen, geboren werden	trādere, trādō, trādidī, trāditum	übergeben, überliefern
māiōrēs, māiōrum *m Pl.*	Vorfahren		
crūdēlis, e	grausam		

Lernwörter

nepōs, nepōtis *m*	Enkel	*i. nipote, s. nieto*
domum *Akk.*	nach Hause *(wohin?)*	*domus*
reliquus, a, um	übrig, künftig	*relinquere, reliquiae*
ōrdō, ōrdinis *m*	Ordnung, Reihe, Stand	*Orden, e. order, f. ordre, i. ordine, s. orden*
ōrdō senātōrum	der Senatorenstand	
eiusdem ōrdinis	von gleichem Rang (Stand)	
nōbilitās, nōbilitātis *f*	Adel, vornehme Abstammung	*Nobilität, f. noblesse*
aetās, aetātis *f*	Lebensalter, Zeit, Zeitalter	*i. età, s. edad*
prōspicere, prōspiciō, prōspexī, prōspectum	achtgeben, dafür sorgen, (vorher)sehen	*Prospekt*
mortem prōspicere	den Tod vorhersehen	
salūtī patris prōspicere	für das Wohl des Vaters sorgen	
īnstituere, īnstituō, īnstituī, īnstitūtum	beginnen, einrichten, unterrichten	*in, statuere, Institut, Institution*
aciēs, aciēī *f*	Schlachtordnung, Schärfe	*ācer, acerbus*
-ve	oder	
subicere, subiciō, subiēcī, subiectum	darunterlegen; unterwerfen	*sub, Subjekt*
parcere hostibus subiectīs	die unterworfenen Feinde schonen	
pater familiās	Hausherr, Familienoberhaupt	*pater, familia*
ēicere, ēiciō, ēiēcī, ēiectum	hinauswerfen, vertreiben	*„Eject"*
neque vērō	aber nicht	
potentia	Macht	*posse, potēns, potestās, Potenz*
rēs familiāris *f*	(Privat-)Vermögen, Besitz	*rēs, familia*

S1 nd-Formen: Prädikatives Gerundivum (2)

→ **Gerundivum bei esse (unpersönliche Konstruktion)**

Parend*um* est.

Man muss gehorchen.
(*Es* muss gehorcht werden.)

Fortunae parend*um* est.

Man muss dem Schicksal gehorchen.
(Dem Schicksal muss gehorcht werden.)

Scimus fortunae parend*um* esse.

Wir wissen, dass *man* dem Schicksal gehorchen muss.

Das prädikative Gerundivum **intransitiver Verben** steht im Neutrum Singular, d. h. es wird **„unpersönlich"** konstruiert. In der Regel passt eine Übersetzung mit *man*.

S2 nd-Formen: Prädikatives Gerundivum (3)

→ **Gerundivum bei Vollverben**

Amico librum *legendum do.*

Ich gebe dem Freund das Buch *zum Lesen.*

Bei manchen Vollverben (z. B. dare, tradere, mittere, curare) drückt das prädikative Gerundivum den **Zweck** aus. Es wird übersetzt mit *zum, zur, zu*.

Bei Vollverben steht das prädikative Gerundivum als **Prädikativum**.

Wortbildung

con-icere
e-icere
ob-icere
sub-icere

Das Grundwort zu diesen vier Komposita heißt iacere, iacio, ieci.
Versuche die Bedeutung dieses Verbs zu erschließen, indem du die Bedeutungen der Komposita vergleichst.
Was heißt dann ad-icere?

Wiederholungswörter

aliquis, aliquid *subst.*	(irgend)jemand	adversus *Präp. m. Akk.*	gegen
parere, pariō, peperī, partum	zur Welt bringen, gebären; schaffen	parum *Adv.*	(zu) wenig
restāre, restō, restitī	übrig bleiben; Widerstand leisten	conicere, coniciō, coniēcī, coniectum	(zusammen)werfen, folgern, vermuten

Lernwörter

flamma	Flamme, Feuer	*e. flame, f. flamme, i. fiamma*
libīdō, libīdinis *f (m. Gen.)*	Verlangen (nach), Lust, Willkür	*Libido, i. libidine*
nimius, a, um	übermäßig, zu groß	
nimis / nimium *Adv.*	(all)zu, (all)zu sehr	*nimius*
nimium lībertātis	zu viel Freiheit	
quīcumque, quaecumque, quodcumque	jeder, der; wer auch immer	*quī, quae, quod*
tametsī *Subj.*	obwohl, wenn auch	
locus *(Pl.* **locā, locōrum***)*	Ort, Platz, Stelle; **Gegend**	*Loko-motive*
admittere, admittō, admīsī, admissum	hinzuziehen, zulassen	*ad, mittere, e. admit*
domī	zu Hause, daheim *(wo?)*	*domus, domum*
interesse, intersum, interfuī *(m. Dat.)*	dazwischen sein; teilnehmen (an)	*Interesse, interessant*
quippe *Adv.*	freilich	
iūdicium	Gericht, Urteil	*iūs, iūstus, iūdex, iūdicāre*
licentia	Freiheit, Willkür	*licet, Lizenz, e. license*
accendere, accendō, accendī, accēnsum	anfeuern, anzünden	*incendere, i. accendere*
īrā accēnsus	zornentbrannt, zornerfüllt	
ārdēre, ārdeō, ārsī, ārsūrum	brennen	*i. ardere, s. arder*
quisquis, quidquid (quicquid) *subst.*	jeder, der; wer auch immer	*quis, Quisquilie*

F Verallgemeinernde Relativpronomina: quisquis, quicumque

→ **quisquis, quidquid** *jeder, der; wer auch immer*

Quisquis es, lingua Latina tibi placebit.

Wer auch immer du bist, die lateinische Sprache wird dir gefallen.

Das verallgemeinernde Relativpronomen quisquis, quid-quid wird zumeist substantivisch verwendet. Es kommt fast nur im Nominativ vor.

→ **quīcumque, quaecumque, quodcumque** *jeder, der; wer auch immer*

Quicumque linguam Latinam discit, multa discit.

Wer auch immer (jeder, der) die lateinische Sprache lernt, lernt vieles.

Quaecumque promisisti, praestare debes.

Was auch immer (alles, was) du versprochen hast, musst du halten.

Magistri quocumque modo humanitatem augere student.

Die Lehrer bemühen sich, die Bildung auf jede (erdenkliche) Weise zu fördern.

Das verallgemeinernde Relativpronomen quicumque wird adjektivisch und substantivisch verwendet.

An die Deklinationsformen des Relativpronomens qui, quae, quod wird -cumque angefügt.

S Genitivus partitivus

Multitudo *hominum* in foro est.

Eine Menge *Menschen* ist auf dem Forum.

Pars *eorum* in tabernis res varias emit, pars stat et spectat.

Ein Teil *von ihnen* kauft verschiedene Sachen in den Läden, ein (anderer) Teil steht herum und schaut.

Der **Genitivus partitivus** (Genitiv des geteilten Ganzen) (hier: hominum bzw. eorum) bezeichnet die Gesamtheit, von der ein bestimmter Teil (hier: multitudo bzw. pars) genannt wird.

Der Genitivus partitivus steht hauptsächlich bei:

- **Maß- und Mengenangaben** (z. B. numerus, vis, copia, pars, multum)
- **bestimmten Pronomina** (z. B. nemo, quis).

Er hat die Satzgliedfunktion des Attributs.

Beachte die folgenden Wendungen:

multum temporis	viel Zeit
tantum ingenii	so viel (an) Begabung
nihil novi	nichts Neues
quid consilii?	welcher Plan?
quis vestrum?	wer von euch?
ubi terrarum?	wo auf der Welt?

Texte erschließen: Textsorten beachten

Für das Erfassen der Thematik, des Inhalts und der Aussageabsicht eines Textes ist es auch wichtig zu wissen, welche Textsorte vorliegt. Die Merkmale, die für die einzelnen Textsorten typisch sind, helfen auch bei der Erschließung von Texten.
Für die folgenden Textsorten hast du in Campus schon Beispiele kennengelernt:

→ Die **Erzählung** oder **Schilderung** von – meist vergangenen – Ereignissen erfolgt oft in kunstvoll ausgestalteter Sprache: Typisch sind wörtliche Reden; oft wechseln auch kürzere Sätze mit Satzgefügen, in denen die Verwendung der Tempora und der Pronomina beachtet werden muss. Außerdem treten häufig satzwertige Konstruktionen (AcI, Partizipialkonstruktionen) auf.
Den gedanklichen Zusammenhang und die Abfolge der Handlungen bzw. Ereignisse versteht man leichter, wenn man auf die Wörter achtet, die die Sätze verbinden (die Konnektoren). Diese Texte wollen meist unterhalten und ggf. zum Nachdenken anregen.

→ Bei einem **Dialog** sind vor allem die Teilnehmer und das Thema wichtig; je mehr Vorkenntnisse man darüber hat, umso besser versteht man die einzelnen Äußerungen.
Oft sind die Sätze relativ kurz und die Äußerungen nehmen auf vorher Gesagtes Bezug. Bei einem lebhaften Dialog ist mit einem schnellen Wechsel von Formen und Konstruktionen zu rechnen, d. h. auch mit Ausrufen, Aufforderungen und Fragen; man sollte also die Satzzeichen besonders beachten.
In der antiken Literatur passiert es nicht selten, dass einmal ein Gesprächspartner auch längere Ausführungen macht, um etwas sachlich genauer darzustellen oder um zu belehren.

→ Ein **Brief** ist manchmal nicht leicht zu verstehen, da er ein Teil einer Korrespondenz ist und somit Kenntnisse voraussetzt, die über den Brieftext hinausgehen. Manchmal muss man also aus einer Antwort auf eine vorausgehende Frage schließen.
Die Inhalte von Briefen sind ganz vielfältig, es kommen Berichte und Beschreibungen ebenso vor wie Wünsche und Aufforderungen. Es finden sich alle Personalendungen und Tempora, oft auch Imperative, Konjunktive und Fragen.
Typisch sind in lateinischen Briefen die Einleitungs- und Schlussformeln, die du schon kennst.

97

W Wiederholungswörter

quīdam, quaedam, quoddam *adj.*	ein gewisser, (irgend)ein; *Pl.* einige
vetāre, vetō, vetuī *(m. Akk.)*	verbieten
cōgere, cōgō, coēgī, coāctum	(ver)sammeln; zwingen
quamvīs *Subj. m. Konj.*	wenn auch, obwohl
ūnā *Adv.*	zugleich, zusammen

Lernwörter

adversus, a, um	entgegengesetzt, feindlich	*adversus, adversativ*
tollere, tollō, sustulī, sublātum	aufheben, in die Höhe heben, wegnehmen	
manūs ad caelum tollere	die Hände zum Himmel erheben	
lēgem tollere	ein Gesetz aufheben	
prīnceps, prīncipis *m*	der Erste, der führende Mann; Kaiser	*Prinz, e./f. prince, i. principe*
obses, obsidis *m/f*	Geisel	
interest *(m. Gen.)*	es ist wichtig (für jdn.)	*inter, esse, Interesse*
rēfert *(m. Gen.)*	es ist wichtig (für jdn.)	*rēs, ferre*
Omnium rēfert (interest) tē valēre.	Es ist für alle wichtig, dass du gesund bist.	
meā rēfert / meā interest	es ist wichtig für mich	
commodus, a, um	günstig, angenehm, angemessen	*commodum, f. commode*
inīquus, a, um	ungerecht, ungleich	*aequus, f. inique*
rūrsus *Adv.*	wieder	
modo *Adv.*	eben (noch); nur	*modus, modo … modo*
mālle, mālō, māluī	lieber wollen	
Venus, Veneris *f*	Venus *(die Göttin der Liebe)*	
libet, libuit	es gefällt	

Wortfamilie

velle	volo	vis	vult	volumus	vultis	volunt – volui
nolle (aus: ne-volo)	nolo	non vis	non vult	nolumus	non vultis	nolunt – nolui
malle (aus: magis-volo)	malo	mavis	mavult	malumus	mavultis	malunt – malui

Realis

S1

Multa narrare possum, sed taceo.

Ich könnte viel erzählen, aber ich schweige.

Multa narrare potui, sed tacui.

Ich hätte viel erzählen können,
aber ich schwieg.

Bei Ausdrücken des **Könnens, Sollens** und **Müssens** kann sich der Sprachgebrauch im Lateinischen und Deutschen unterscheiden:
Im Lateinischen wird durch den Indikativ hervorgehoben, dass der Inhalt einer Aussage als wirklich aufzufassen ist **(Realis)**.
Im Deutschen wird durch den irrealen Konjunktiv ausgedrückt, dass der Inhalt der Aussage unwirklich ist.

Beispiele:

possum	ich könnte
potui	ich hätte ... können
debui	ich hätte ... müssen
difficile est	es wäre zu schwierig
longum est	es würde zu weit führen
meum est	es wäre meine Aufgabe / Pflicht
oportuit	es hätte sich gehört
non multum afuit	es hätte nicht viel gefehlt

Paene cecidi.

Ich wäre fast (beinahe) gefallen.

Numquam putavi ...

Ich hätte niemals geglaubt ...

Diese unterschiedliche Verwendung der Modi kommt auch dann vor, wenn festgestellt wird, dass etwas **beinahe** geschehen wäre oder **unvermutet** eingetreten ist.

Relativer Satzanschluss

S2

Miles: „Amici magno in periculo sunt."
Dux: „*Quod* si ita est, eos servare debemus. Veni mecum!"
Quibus verbis dux militi respondet.

Der Soldat: „Die Freunde sind in großer Gefahr."
Der Anführer: „Wenn *das* so ist, müssen wir sie retten. Komm mit mir!"
Mit diesen Worten antwortet der Anführer dem Soldaten.

Im Lateinischen kann – anders als im Deutschen – am Anfang eines Hauptsatzes ein Relativpronomen stehen, das sich auf ein Wort oder auf den Inhalt des vorhergehenden Satzes bezieht. Dadurch werden die Sätze eng miteinander verbunden. Im Deutschen wird ein entsprechendes Demonstrativpronomen eingesetzt.
Das Relativpronomen kann ein konkretes Bezugswort haben oder sich auf den Inhalt des gesamten vorausgehenden Satzes beziehen (hier: quod).

98

W Wiederholungswörter

aestimāre, aestimō	einschätzen, beurteilen; *m. dopp. Akk.* halten für	impellere, impellō, impulī, impulsum	antreiben, veranlassen
mīrus, a, um	erstaunlich, sonderbar	aliter ... atque	anders ... als

Lernwörter

minus *Adv.*	weniger	*minor, minus*
quaesere, quaesō	bitten	*quaerere*
hiems, hiemis *f*	Winter; Unwetter	
vehere, vehō, vēxī, vectum Frūmentum vehō.	fahren, tragen, ziehen Ich fahre (transportiere) Getreide.	*Vehikel, Vektor*
aequor, aequoris *n*	Ebene, Fläche, Meer	*aequus*
vehī, vehor, vectus sum Carrō vehor.	sich fortbewegen, fahren Ich fahre mit (auf) dem Wagen.	*vehere, Vehikel, Vektor*
prius *Adv.*	früher, zuerst	*prior, prīmus, prīmum, prīmō*
suspīciō, suspīciōnis *f*	Verdacht, Vermutung	*suspicārī, e. suspicion*
tempestās, tempestātis *f*	Sturm, (schlechtes) Wetter; Zeit	*tempus, e. tempest*
repente *Adv.*	plötzlich, unerwartet	*s. de repente*
adventus, adventūs *m*	Ankunft	*ad, venīre, Advent*
flūctus, flūctūs *m*	Flut, Strömung	*fluvius, Fluktuation*
rīpa	Ufer	*Revier, Riviera*
avāritia	Geiz, Habsucht	*i. avarizia*

S Konjunktiv im Hauptsatz: Potentialis

Hoc nemo credat / crediderit.

Das *dürfte (könnte)* keiner glauben.
Das glaubt *wohl* keiner.

Der **Konjunktiv Präsens** bzw. **Perfekt** kann im Hauptsatz dazu dienen, eine Aussage als möglich zu kennzeichnen oder in ihrer Gültigkeit abzuschwächen. Beide Tempora drücken den **Potentialis der Gegenwart** aus. Zur Wiedergabe im Deutschen eignen sich Formulierungen mit *könnte, dürfte* oder *wohl*.
Der Potentialis steht in Aussage- oder Fragesätzen.

99

Wiederholungswörter

W

vetus, veteris	alt	iūdex, iūdicis *m*	Richter
solvere, solvō, solvī, solūtum	lösen, auflösen; bezahlen	opīniō, opīniōnis *f*	Meinung, (guter) Ruf
cōnfirmāre, cōnfirmō	bekräftigen, ermutigen, stärken	fallere, fallō, fefellī	täuschen, betrügen

Lernwörter

amplus, a, um	bedeutend, groß, weit	*f. ample, s. amplio*
fierī, fīō, factus sum	gemacht werden; geschehen, werden	*facere, factum*
sūmptus, sūmptūs *m*	Aufwand, Kosten	*sūmere*
īgnārus, a, um *(m. Gen.)* īgnārus perīculōrum	ohne Kenntnis, unwissend ohne Kenntnis der Gefahren	*Ignoranz*
collum	Hals	*Collier, f. col, i. collo*
īrāscī, īrāscor *(m. Dat.)*	in Zorn geraten, zornig sein (gegen / über)	*īra*
alter, altera, alterum *(Gen.* **alterīus**, *Dat.* **alterī***)*	der eine / der andere *(von zweien)*	*alius, Altruismus, f. autre, i. altro, s. otro*
an *(im indir. Fragesatz)* Nesciō, an nūntius vēnerit.	ob nicht *(nach Ausdrücken des Nichtwissens und Zweifelns)* Ich weiß nicht, ob nicht eine Nachricht gekommen ist.	
ob *Präp. m. Akk.* quam ob rem	wegen; für; gegen(über) weshalb; deshalb	
īnfēstus, a, um	feindlich, feindselig	
repetere, repetō, repetīvī, repetītum verba repetere pecūniam repetere	(zurück)verlangen, wiederholen Wörter wiederholen Geld (zurück)verlangen	*petere, repetieren, e. repeat, f. répéter, s. repetir*
uterque, utraque, utrumque *(Gen.* **utrīusque**, *Dat.* **utrīque***)* Uterque cōnsul adest.	beide, jeder *(von zweien)* Beide Konsuln **sind** anwesend.	
impetrāre, impetrō	erreichen, durchsetzen	*s. impetrar*
laus, laudis *f*	Lob, Ruhm	*laudare, Laudatio*

F Verben: fieri

Inf. Präsens	fierī *gemacht werden; geschehen, werden*

	Indikativ		Konjunktiv	
Präsens	Singular	Plural	Singular	Plural
1. Person	fī-ō	fī-mus	fī-a-m	fī-ā-mus
2. Person	fī-s	fī-tis	fī-ā-s	fī-ā-tis
3. Person	fi-t	fī-u-nt	fī-a-t	fī-a-nt
Imperfekt	Singular	Plural	Singular	Plural
1. Person	fī-ēba-m	fī-ēbā-mus	fi-e-re-m	fi-e-rē-mus
2. Person	fī-ēbā-s	fī-ēbā-tis	fi-e-rē-s	fi-e-rē-tis
3. Person	fī-ēba-t	fī-ēba-nt	fi-e-re-t	fi-e-re-nt

Futur I	Singular	Plural
1. Person	fī-a-m	fī-ē-mus
2. Person	fī-ē-s	fī-ē-tis
3. Person	fī-e-t	fī-e-nt

Die Formen des Präsensstammes entsprechen im Allgemeinen denen der i-Konjugation.

Gutes Deutsch für fieri

Um lateinische Texte in gutes Deutsch zu übersetzen, musst du oft über die gelernten Grundbedeutungen hinausgehen. Versuche dies bei der Übersetzung von fieri in den folgenden Sätzen.

Clamor **fit**.
Saepe **fit**, ut rideamus.
Amicus consul **fit**.
Monumenta **fiunt**.

Quo **facto** redibimus.
Pons **fit**.
Insidiae mihi **fiunt**.

Quid de me **fiet**?
Proelium **fiebat**.
Ita **fit**, ut rem intellegam.

Verwendung von fieri

Augustus imperavit, ut etiam in provinciis multa monumenta *fierent*.

Augustus befahl, dass auch in den Provinzen viele Denkmäler *geschaffen wurden*.

fieri vertritt im Präsensstamm das fehlende Passiv von facere.

Itaque in provinciis multa monumenta *facta sunt*.

Deshalb *wurden* in den Provinzen viele Denkmäler *geschaffen*.

Die Formen des Perfektstammes werden mit dem PPP von facere gebildet (factus, a, um).

Beachte: Die Komposita von facere bilden das Passiv in der Regel nicht mit Formen von fieri, sondern regulär (z. B. efficitur).

Ita *factum est*, ut in provinciis multa monumenta fierent.

So *geschah es*, dass in den Provinzen viele Denkmäler geschaffen wurden.

Nach unpersönlichen Formen von fieri leitet ut (mit Konjunktiv) einen Gliedsatz ein, der erläutert, was geschieht.

Solche unpersönlichen Formulierungen sind zum Beispiel:

fit	es geschieht
factum est	es geschah
fieri potest	es kann geschehen, es ist möglich

Konjunktiv im Hauptsatz: Deliberativ

Quid faciam?

Was *soll* ich tun?

In Fragesätzen dient der Konjunktiv (meist 1. Pers.) zum Ausdruck der Überlegung oder Unentschlossenheit. Der **Konjunktiv Präsens** drückt den **Deliberativ der Gegenwart** aus.
Zur Wiedergabe im Deutschen eignet sich die Umschreibung mit *sollen*.

100

W Wiederholungswörter

opīnārī, opīnor, opīnātus sum	glauben, meinen	quippe *Adv.*	freilich
vīs *f (Akk.* vim, *Abl.* vī*)*	Gewalt, Kraft, Menge	haud	nicht
ambō, ambae, ambō	beide (zusammen)	opus est *m. Abl.*	es ist nötig, man braucht (etw.)

Lernwörter

caedēs, caedis *f (Gen. Pl.* -ium*)*	Mord, Blutbad	*caedere, Genozid, Suizid, Insektizid*
excipere, excipiō, excēpī, exceptum	aufnehmen, eine Ausnahme machen	*ex, capere, e. except*
sīve / seu	oder, oder wenn	*sī, -ve*
continēre, contineō, continuī	festhalten, enthalten	*tenēre, Kontinent, Container, e. contain*
tendere, tendō, tetendī, tentum	(aus)strecken, spannen, sich anstrengen	*tendieren, Tendenz*
frūstrā *Adv.*	vergeblich	*frustriert*
hinc *Adv.*	von hier, hierauf	
requīrere, requīro, requīsīvī, requīsītum	aufsuchen, sich erkundigen, verlangen	*quaerere, Requisiten, requirieren*
dīvidere, dīvidō, dīvīsī, dīvīsum	teilen, trennen	*dividieren, Division, Individuum*
fierī *m. Gen.* Domus mercātōris fit.	Eigentum (von jdm.) werden Das Haus wird Eigentum des Kaufmanns.	
mercēs, mercēdis *f*	Lohn	*„merci"*
theātrum	Theater	*e. theatre, f. théâtre, s. teatro*
eō *Adv.*	dorthin; deswegen	

Komposita

Zu diesen Verben hast du nun alle wichtigen Komposita gelernt:

tenere	capere	tendere	quaerere
con-tinere	ac-cipere	con-tendere	re-quirere
ob-tinere	ex-cipere	os-tendere	quaesere
per-tinere	in-cipere		
re-tinere	prae-cipere		
sus-tinere	sus-cipere		

Verschränkter Relativsatz

→ Erscheinungsform

Tibi dabo librum, quem optimum esse constat.

Ich werde dir ein Buch geben, von dem feststeht, dass es sehr gut ist.

Im Lateinischen gibt es Relativsätze, die mit einem AcI verschmolzen („verschränkt") sind. Dabei richtet sich das Relativpronomen nach der untergeordneten Konstruktion (AcI).

Da man die verschränkten Relativsätze im Deutschen nicht wörtlich wiedergeben kann, muss man bei der Übersetzung freiere Formulierungen wählen.

→ Übersetzungsmöglichkeiten

Tibi dabo librum,

Ich werde dir ein Buch geben,

	quem optimum esse constat.
mit *von* und **Relativsatz**:	→ von dem feststeht, dass es sehr gut ist.
mit **Parenthese** (Einschub):	→ das – wie bekannt ist – sehr gut ist.
mit **Adverb**:	→ das bekanntlich sehr gut ist.
mit **Präpositionalausdruck**:	→ das nach allgemeiner Überzeugung sehr gut ist.

Wenn diese Konstruktion Schwierigkeiten bereitet, kannst du vor dem Relativsatz zunächst einen Strichpunkt einfügen und wie bei einem relativen Satzanschluss übersetzen:

Tibi dabo librum; quem optimum esse constat.

Ich werde dir ein Buch geben; es steht fest, dass es / dieses sehr gut ist.

Wenn du auf diese Weise den Sinn erfasst hast, kannst du den Relativsatz in der Übersetzung wieder unterordnen und eine der oben genannten Übersetzungsmöglichkeiten wählen.

101

W Wiederholungswörter

pauper, pauperis	arm	dēcernere, dēcernō, dēcrēvī, dēcrētum	beschließen, entscheiden
exercēre, exerceō	üben, trainieren; quälen	augēre, augeō, auxī, auctum	vergrößern, vermehren
vītam agere	ein Leben führen, leben		
aditus, aditūs *m*	Zugang, Eingang		

Lernwörter

cōnsuēvisse, cōnsuēvī *Perf.*	gewohnt sein	*cōnsuēscere*
Magister līberōs docēre cōnsuēvit.	Der Lehrer ist es gewohnt, die Kinder zu unterrichten.	
Hoc fierī cōnsuēvit.	Das geschieht gewöhnlich.	
nō(vi)sse, nōvī *Perf.*	kennen, wissen	*nōscere,* e. know
sīve … sīve	sei es (dass) … sei es (dass)	*sī, -ve*
meminisse, meminī *Perf.*	*(m. Gen. / Akk.)* sich erinnern an; *(m. AcI)* daran denken	*memor, memoria, memorāre*
Avī / avum meminī.	Ich erinnere mich an den Großvater.	
Meministīne mē esse amīcum tuum?	Denkst du daran, dass ich dein Freund bin?	
quippe quī (quippe cum)	da ja	
imāgō, imāginis *f*	Bild, Abbild	*imitārī,* Image, e./f. image
simulācrum	Bild, Schatten *(eines Toten)*	*simul*
sunt, quī *m. Konj.*	es gibt Leute, die …	
nēmō est, quī *m. Konj.*	es gibt niemand, der …	
ūnusquisque nostrum	ein jeder von uns	
dīgnus, quī *m. Konj.*	würdig, zu …	i. degno, s. digno
Dīgnus es, quī laudēris.	Du bist würdig, gelobt zu werden. Du verdienst es, gelobt zu werden.	
ōdisse, ōdī *Perf.*	hassen	*odium,* s. odiar
ūniversus, a, um	gesamt; *Pl.* alle zusammen	*ūnus,* Universität, Universum
frūctus, frūctūs *m*	Frucht, Nutzen, Ertrag	*frūmentum,* e./f. fruit, i. frutto, s. fruto
frūctum capere	Nutzen ziehen	

Verben: Perfektopräsentien

nōvī	ich kenne / weiß (ich habe kennengelernt / erkannt)
cognōvī	ich kenne / weiß (ich habe kennengelernt / erkannt)
cōnsuēvī	ich bin gewohnt (ich habe mich daran gewöhnt)
meminī	ich erinnere mich / denke an
ōdī	ich hasse

Die aktiven Perfektformen einiger Verben können einen Zustand oder ein Ergebnis ausdrücken und somit präsentische Bedeutung bekommen.

Multi Romani philosophiam neglegere consueverant.

Viele Römer waren es gewohnt, die Philosophie zu vernachlässigen.

Viele Römer kümmerten sich gewöhnlich nicht um Philosophie.

Die Verben odisse und meminisse bilden ausschließlich Formen des Perfektstamms in präsentischer Bedeutung.

Bei diesen Verben „verschieben sich" auch die anderen Tempora; so werden die Formen des Plusquamperfekts (hier: consueverant) mit Präteritum wiedergegeben, die Formen des Futur II mit Futur I.

Magister Forum Romanum cognovit. **Hodie discipuli Forum Romanum cognoscunt.**

S2 Konjunktiv im Relativsatz

Wenn in einem lateinischen Relativsatz der Konjunktiv steht, kann dieser einen adverbialen **Nebensinn** ausdrücken.

→ **kausaler Nebensinn**

Horatius, *qui* (cum) turba ac clamore hominum *sollicitaretur*, ruri vivere cupivit.

Weil Horaz durch die Menge und das Geschrei der Menschen erregt wurde, wollte er auf dem Land leben.

→ **finaler Nebensinn**

Horatius servum misit, *qui* (ut) amicos ad cenam *vocaret*.

Horaz schickte einen Sklaven, der die Freunde zum Essen rufen *sollte* (*damit* er die Freunde zum Essen rief / *um* die Freunde zum Essen *zu* rufen).

→ **konsekutiver Nebensinn**

Horatius non *is* / *talis* erat, *qui* (ut) turba ac clamore hominum *delectaretur*.

Horaz war nicht so, *dass* er durch die Menge und das Geschrei der Menschen erfreut wurde.

Horaz war *kein Mann*, *der* durch die Menge und das Geschrei der Menschen erfreut wurde.

Opera Horatii *digna* sunt, *quae legantur*.

Die Werke des Horaz sind es *wert*, *gelesen zu werden*.

Ein Relativsatz mit konsekutivem Nebensinn kann im übergeordneten Satz durch ein „Signalwort" (z. B. is, talis) vorbereitet werden oder von bestimmten Adjektiven (z. B. dignus, idoneus) abhängen. Hierzu zählt auch der Konjunktiv nach Ausdrücken wie:

sunt, qui ...	es gibt Leute, die ...
nemo est, qui ...	es gibt keinen, der ...
quis est, qui ...	wen gibt es, der ... ?

Der konsekutive Nebensinn wird im Deutschen oft nicht ausgedrückt.

102

Wiederholungswörter

W

quaerere, quaerō, quaesīvī, quaesītum	erwerben wollen, suchen, fragen	persuādēre, persuādeō, persuāsī, persuāsum *m. Dat.*	überreden, überzeugen *(m. AcI)*
cognōscere, cognōscō, cognōvī, cognitum	erkennen, kennenlernen; *Perf.* kennen, wissen	contendere, contendō, contendī	sich anstrengen, kämpfen; eilen; behaupten
occupātus, a, um (in *m. Abl.*)	beschäftigt (mit)	quiēscere, quiēscō, quiēvī, quiētum	(aus)ruhen, schlafen
vertere, vertō, vertī, versum	drehen, wenden		

Lernwörter

audēre, audeō, ausus sum	wagen	*f. oser*
solēre, soleō, solitus sum Catō hoc dīcere solēbat.	gewohnt sein, gewöhnlich etw. tun Cato sagte gewöhnlich dies.	*i. solere, s. soler*
cōnfīdere, cōnfīdō, cōnfīsus sum cōnfīsus suīs vīribus	vertrauen im Vertrauen auf seine Kräfte	*fidēs, fidūcia*
crēber, crēbra, crēbrum crēbrō *Adv.*	häufig, zahlreich häufig	
revertī, revertor, revertī, reversum	zurückkehren	*vertere*
perspicere, perspiciō, perspexī, perspectum	durchschauen, genau betrachten, sehen, erkennen	*Perspektive*
perpetuus, a, um in perpetuum perpetuō *Adv.*	dauerhaft, ewig für immer ununterbrochen	*Perpetuum mobile*
celeritās, celeritātis *f*	Schnelligkeit	*celer, Akzeleration*
vulgō *Adv.*	allgemein, gewöhnlich	
quōmodo	wie? auf welche Weise?	*quī, modus*
gaudēre, gaudeō, **gāvīsus sum**	sich freuen	
reperīre, reperiō, repperī, repertum	(wieder)finden	*Repertoire*
fingere, fingō, finxī, fictum statuam fingere causās fingere	gestalten, sich (etw.) ausdenken eine Statue gestalten (erschaffen) sich Gründe ausdenken	*fingieren, Fiktion, e. science fiction*
currus, currūs *m*	Wagen	*currere*

F Verben: Semideponentien

Präsensstamm: Aktiv		Perfektstamm: Passiv	
solet	*er ist gewohnt*	solitus est	*er war gewohnt*
gaudet	*er freut sich*	gāvīsus est	*er hat sich gefreut*
audet	*er wagt*	ausus est	*er hat gewagt*
cōnfīdit	*er vertraut*	cōnfīsus est	*er hat vertraut*

Einige wenige Verben bilden nur im Perfektstamm passive Formen mit aktiver Bedeutung. Deshalb heißen sie Semideponentien („Halbdeponentien").

Präsensstamm: Passiv		Perfektstamm: Aktiv	
revertitur	*er kehrt zurück*	revertit	*er ist zurückgekehrt*

reverti ist das einzige Verb, das umgekehrt im Präsensstamm passive Formen mit aktiver Bedeutung bildet; im Perfektstamm bildet es aktive Formen.

S Nominativ mit Infinitiv (NcI)

→ Erscheinungsform

Wie im Englischen können auch im Lateinischen einige Verben im Passiv persönlich konstruiert werden. Im Deutschen ist dies nur selten möglich (z. B. *ich werde gezwungen, etwas zu tun*).

Hercules filius Iovis fuisse dicitur.

Man sagt, dass Herkules der Sohn Jupiters war.

Hercules is said to have been the son of Jupiter.

Da die persönlichen Passivformen durch einen Nominativ (hier: Hercules) und durch einen Infinitiv (hier: fuisse) ergänzt werden, spricht man von einem **NcI (Nominativus cum Infinitivo)**.

Wie der AcI ist auch der NcI eine satzwertige Konstruktion. Er hat die Satzgliedfunktion des Subjekts.

→ **Übersetzung**

Hercules filius Iovis fuisse dicitur.

Man sagt, dass Herkules der Sohn Jupiters war.
Herkules war – wie man sagt – der Sohn Jupiters.
Herkules soll der Sohn Jupiters gewesen sein.

Die Wiedergabe im Deutschen wird meist freier gestaltet. Neben einem dass-Satz sind auch andere Übersetzungen möglich.

Der NcI findet sich vor allem nach Formen der 3. Person im Passiv, z. B.:

traditur	man überliefert, dass er (sie, es) ...
putatur	man glaubt, dass er (sie, es) ...
dicitur	man sagt, dass er (sie, es) ..., er (sie, es) soll ...
videtur	er (sie, es) scheint ...
cogitur	er (sie, es) wird gezwungen ..., er (sie, es) muss ...
iubetur	ihm (ihr) wird befohlen ..., er (sie) soll ...

Wortschatz sichern und erweitern: Arbeiten mit einer Wortkunde

Sicher hast du schon einmal gelernte Vokabeln vergessen oder verwechselt. Bei der Erschließung lateinischer Originaltexte wirst du auch auf Vokabeln stoßen, die du noch gar nicht gelernt hast. Dann ist es wichtig, mit einer Wortkunde Wörter zu wiederholen und den Wortschatz zu erweitern.

→ Ältere Wortkunden ordnen die Vokabeln nach **Wortfamilien**; die jeweiligen Leitwörter sind alphabetisch aufgereiht:
So sind z. B. unter dem Leitwort **cap**ere die Komposita ac**cip**ere und ex**cip**ere zu finden, aber auch Ableitungen wie **cap**tivus und dis**cip**ulus. Wenn dir bei einem lateinischen Wort die Zuordnung nicht klar ist, kannst du im Register nachschlagen, unter welchem Leitwort du es findest.

→ Andere Wortkunden ordnen den Wortschatz nach **Sachfeldern**, also nach der Zugehörigkeit zu bestimmten Lebens- und Vorstellungsbereichen:
Solche Sachfelder sind z. B. Staat und Politik, Handel, Gefühle und Wahrnehmungen, Rechtswesen oder Militär. Die Vokabeln sind hier nach ihrer Bedeutung gegliedert.
Es kann auch vorkommen, dass ein lateinisches Wort mit seinen unterschiedlichen Bedeutungen zu mehreren Sachfeldern gehört; z. B. tritt animadvertere (in der Bedeutung *bemerken*) beim Sachfeld „Wahrnehmung" und (in der Bedeutung *vorgehen gegen*) beim Sachfeld „Rechtswesen" auf.

→ Sinnvoll ist eine **Verknüpfung** verschiedener Prinzipien in einer Wortkunde, um möglichst viele und verschiedene Lernhilfen nutzen zu können. Die übergeordnete Gliederung ist dann **alphabetisch**, was auch das Auffinden der Vokabeln erleichtert; von den alphabetisch aufgelisteten Wörtern aus wird auf wichtige Wortfamilien und Sachfelder, aber auch auf die grammatischen Eigenschaften der Vokabeln und wichtige Wendungen verwiesen.

103

W Wiederholungswörter

pervenīre, perveniō, pervēnī, perventum ad / in *m. Akk.*	kommen zu / nach	causā *(nachgestellt) m. Gen.*	wegen
alere, alō, aluī, altum	ernähren, großziehen	appellāre, appellō	anrufen; *m. dopp. Akk.* nennen
ārdēre, ārdeō, ārsī, ārsūrum	brennen	differre, differō, distulī, dīlātum *(ā m. Abl.)*	aufschieben; sich unterscheiden (von)

Lernwörter

ēgredī, ēgredior, ēgressus sum	hinausgehen, verlassen	*ag-gredī, prō-gredī, in-gredī*
modum ēgredī	das Maß überschreiten	
prōrsus *Adv.*	überhaupt, völlig	
perfectus, a, um	vollkommen, vollendet	*perficere, perfekt, e. perfect*
adeō *Adv.*	so sehr	
cōnsūmere, cōnsūmō, cōnsūmpsī, cōnsūmptum	verbrauchen, verwenden	*sūmere, Konsum*
sēdēs, sēdis *f*	Platz, Sitz, Wohnsitz	*sedēre, i./s. sede*
suprēmus, a, um	der (die, das) höchste, letzte, oberste	*superī, superbus, superāre, e. supreme, f. suprême*
aestus, aestūs *m*	Hitze, Flut	*aestās*
vās, vāsis *n (Pl.* **vāsa, vāsōrum***)*	Gefäß	*Vase, f. vase, i./s. vaso*
alter … alter	der eine … der andere	*alius, alter, aliter, Alternative*
abdūcere, abdūcō, abdūxī, abductum	wegführen	*ab, dūcere*

Wortfamilien

sedes
sedere
possidere
considere
insidiae

aedis
aedes
aedificium
aedificare

aestus
aestas

Zum Knobeln: Überlege, wie die Bedeutungen innerhalb der beiden Wortfamilien zusammenhängen.

Tipp: In einem lateinisch-deutschen Wörterbuch erhältst du Hinweise; schlage ggf. bei den einzelnen Vokabeln nach.

Obliquer Konjunktiv

Gelegentlich kommt in Relativsätzen oder Gliedsätzen, die normalerweise im Indikativ stehen, ein sog. obliquer („schiefer") Konjunktiv vor.

→ konjunktivische Abhängigkeit

Quis eum diligat, quem timeat?

Wer könnte den lieben, den er fürchtet?

Dies ist z. B. dann der Fall, wenn der Relativsatz oder Gliedsatz von einem übergeordneten Satz abhängt, der selbst im Konjunktiv steht **(konjunktivische Abhängigkeit** oder **Modusangleichung)**. Dieser Konjunktiv wird bei der Übersetzung nicht wiedergegeben.

→ infinitivische Abhängigkeit

Scimus neminem eum diligere,
quem timeat.

Wir wissen, dass niemand den liebt,
den er fürchtet.

Der oblique Konjunktiv wird auch verwendet, wenn der Relativsatz oder Gliedsatz von einer Infinitivkonstruktion abhängt **(infinitivische Abhängigkeit)**. Auch dann wird er bei der Übersetzung nicht wiedergegeben.

→ innere Abhängigkeit

Cicero Catullum reprehendit,
quod carmina turpia scriberet.

Cicero kritisierte Catull, weil er (seiner Meinung nach) schändliche Gedichte schreibe.

Caesar Catullum reprehendit,
quod *se* laesisset.

Cäsar kritisierte Catull, weil dieser *ihn* beleidigt habe.

Ein obliquer Konjunktiv im Relativsatz oder Gliedsatz kann bedeuten, dass ein Sachverhalt als Meinung des Subjektes (hier: Cicero) wiedergegeben wird. Man spricht dann von **„innerer Abhängigkeit"**. In diesen Fällen wird auch im Deutschen der Konjunktiv verwendet.

In derartigen Relativsätzen oder Gliedsätzen bezieht sich ein reflexives Pronomen (hier: se) auf das Subjekt des übergeordneten Satzes (hier: Caesar).

→ T 100, Z. 7–9

Hauptsatz	Nebensatz 1
Nam alius servus ... ei occurrit contenditque ↓ *se scire,*	quis vidulum eundem in fluctibus perdidisset.
AcI: Objekt zu contendit	indirekter Fragesatz: Objekt zu scire

Satzwertige Konstruktionen (hier: *se scire*) solltest du besonders markieren *(hier kursiv)*.

→ T 102, Z. 1 f.

Hauptsatz	Nebensatz 1	
	Quamquam multa quaerere audeo,	konzessiver Gliedsatz: Adverbiale zu ausus sum
numquam ausus sum ↓ *quaerere,*	utrum totus mundus finem habeat an non.	indirekter Fragesatz: Objekt zu quaerere
Infinitiv: Objekt zu ausus sum		

Dieses Beispiel zeigt, dass ein Satzgefüge nicht immer mit dem Hauptsatz beginnt.

Genau hinsehen: auf die Wortform und den Kontext

Parentes liberos libenter laudant.
Liberi libenter parentes laudentur.
Liberi cenam parantes laudantur.

Patres liberos parere cupiunt.
Partes urbis videre cupio.
Pares sumus hostium copiis.

Cenam parare cupio.
Gloriam parere cupio.
Magistro parere nolo.
Magistro parcere nolo.

Portam patere video.
Dolorem fortiter patere!

Übergangslektüre

Wortschatz

Ihr findet auf den folgenden Seiten Lernvokabeln zu den einzelnen Kapiteln der Übergangslektüre. Es sind Wörter des Grundwortschatzes, die in *Campus* noch nicht gelernt wurden. Diese Vokabeln werden im Lernwortschatz jedes Kapitels aufgeführt, in dem sie vorkommen. So tauchen einige der neuen Vokabeln zwar mehrmals auf, aber ihr seid dadurch frei, die Abfolge in der Behandlung der Texte selbst zu bestimmen.

W Wiederholungswörter

dēferre, dēferō, dētulī, dēlātum	hinbringen, melden, übertragen	prōrsus *Adv.*	überhaupt, völlig
neglegere, neglegō, neglēxī, neglēctum	nicht (be)achten, vernachlässigen	fallere, fallō, fefellī	täuschen, betrügen
dēnique *Adv.*	schließlich, zuletzt	opīniō, opīniōnis *f*	Meinung, (guter) Ruf
		vestīgium	Fußsohle, Spur, Stelle
		praetereā *Adv.*	außerdem

Lernwörter

Columbus	Christoph Kolumbus	
Hispānia	Spanien	
praedicāre, praedicō	behaupten	*Prädikat, predigen*
vāstus, a, um	riesig; öde, verwüstet	*e. waste, f. vaste*
Ōceanus	Ozean, Weltmeer	*e. ocean*
dēdere, dēdō, dēdidī, dēditum	ausliefern, übergeben	*dare*
captīvōs dēdere	Kriegsgefangene ausliefern	
arma dēdere	Waffen übergeben	
mēnsis, mēnsis *m*	Monat	*e. month, f. mois, s. mes*
mandāre, mandō	einen Auftrag geben, übergeben	*Mandant, Mandat, kommandieren*
parvī dūcere	geringschätzen, gering achten	
nauta *m*	Seemann	*nāvis*
avis, avis *f (Gen. Pl.* **-ium***)*	Vogel	*f. avion*
propius *Adv.*	näher	*prope*
āter, ātra, ātrum	schwarz, düster	
adiungere, adiungō, adiūnxī, adiūnctum	hinzufügen, anschließen	*ad, iungere*
sibi adiungere *m. Akk.*	jdn. für sich gewinnen	
verba adiungere	Worte hinzufügen	
foedus, foederis *n*	Bündnis, Vertrag	*Föderation*
flūmen, flūminis *n*	Fluss	*i. fiume*
iugum	Berg, Bergrücken; Joch	*iungere*

Wiederholungswörter

vīs *f* *(Akk.* vim, *Abl.* vī*)*	Gewalt, Kraft, Menge
igitur *Adv.*	also, folglich
ergō *Adv.*	also, deshalb
pariter *Adv.*	ebenso, gleichzeitig
brevī (tempore)	nach kurzer Zeit, bald (darauf)
audēre, audeō, ausus sum	wagen
referre, referō, rettulī, relātum	(zurück)bringen, berichten
īnstruere, īnstruō, īnstrūxī, īnstrūctum	aufstellen, ausrüsten; unterrichten
ūsuī esse	von Nutzen sein, nützlich sein
quamvīs *Subj. m. Konj.*	wenn auch, obwohl
excipere, excipiō, excēpī, exceptum	aufnehmen, eine Ausnahme machen

Lernwörter

bonum	das Gut, das Gute	*bonus*
nauta *m*	Seemann	
dēmittere, dēmittō, dēmīsī, dēmissum	hinabschicken, sinken lassen	*dē, mittere, Demission*
animum dēmittere	den Mut sinken lassen	
ad Tartarum dēmittere	in den Tartarus hinabschicken	
oculōs dēmittere	die Augen (den Blick) senken	
classis, classis *f* *(Gen. Pl.* **-ium***)*	Flotte, Abteilung	*Klasse, e. class*
supplex, supplicis	demütig bittend	*supplicium*
cingere, cingō, cinxī, cinctum	umgeben, umzingeln	
oppidum moenibus cingere	eine Stadt mit Mauern umgeben	
hostēs cingere	die Feinde umzingeln	
sē dēdere	sich ergeben	
īnsequī, īnsequor, īnsecūtus sum *(m. Akk.)*	unmittelbar folgen, verfolgen	*in, sequī*
quōcumque *Adv.*	wohin auch immer	*quīcumque*
quārē	weshalb, wodurch; *relativer Satzanschluss:* deshalb	*quī, rēs*
vulgus, vulgī *n*	die Leute (aus dem Volk), die große Masse, Pöbel	*vulgär, i. volgo, s. vulgo*
anus, anūs *f*	alte Frau	

Fortsetzung ⇢

circumvenīre, circumveniō, circumvēnī, circumventum	umringen, umzingeln	*circum, venīre*
senātōrem circumvenīre	den Senator umringen	
cōpiās circumvenīre	die Truppen umzingeln	
oppūgnāre, oppūgnō	angreifen	*pūgnāre*
nūdus, a, um	nackt	*Nudist, i. nudo*

T3

W Wiederholungswörter

ēgredī, ēgredior, ēgressus sum	hinausgehen, herausgehen, verlassen	suspicārī, suspicor, suspicātus sum	vermuten
sē recipere	sich zurückziehen	fāma	(guter / schlechter) Ruf, Gerücht
tantum *Adv. (nachgestellt)*	nur	sīve / seu	oder, oder wenn

Lernwörter

āter, ātra, ātrum	schwarz, düster	
praeceps, praecipitis	steil; schnell, überstürzt	
mōns praeceps	ein steiler Berg	
cōnsilium praeceps	ein überstürzter Beschluss	
Praecipitēs fūgērunt.	Sie flohen überstürzt.	
īnsequī, īnsequor, īnsecūtus sum *(m. Akk.)*	unmittelbar folgen, verfolgen	*in, sequī*
nūdus, a, um	nackt	*Nudist, i. nudo*
sinus, sinūs *m*	Krümmung, Brust, Bucht, Tasche	*Sinus, Co-sinus*
classis, classis *f (Gen. Pl. -ium)*	Flotte, Abteilung	*Klasse, e. class*
namque	denn, nämlich	*nam*
īgnōrāre, īgnōrō	nicht kennen, nicht wissen	*Ignorant, e. to ignore, f. ignorer*
imperium	Befehl, Herrschaft, Reich; Befehlsgewalt	

Wiederholungswörter

aureus, a, um	golden, aus Gold	īnferre, īnferō, intulī, illātum	hineintragen, zufügen
sollicitāre, sollicitō	aufhetzen, beunruhigen, erregen	īnstāre, īnstō, īnstitī	bevorstehen, hart zusetzen
nōn dubitō, quīn *m. Konj.*	ich zweifle nicht (daran), dass	potentia	Macht
cōnsīdere, cōnsīdō, cōnsēdī, cōnsessum	sich setzen, sich niederlassen	fundere, fundō, fūdī	(aus)gießen, zerstreuen

Lernwörter

nūdus, a, um	nackt	*Nudist, i. nudo*
sinister, sinistra, sinistrum	links; trügerisch, falsch	*f. sinistre*
morbus	Krankheit	*morī, morbide*
Columbus	Christoph Kolumbus	
paulum *Adv.*	ein wenig	
gravis, e	schwer; bedeutend, angesehen	
spoliāre, spoliō *(m. Abl.)*	berauben (*einer Sache*), plündern	*e. to spoil*
aurō spoliāre	des Goldes berauben	
domōs spoliāre	die Häuser plündern	
quārē	weshalb, wodurch; *relativer Satzanschluss:* deshalb	
prōpōnere, prōpōnō, prōposuī, prōpositum	darlegen, in Aussicht stellen	*prō, pōnere, e. to propose, f. proposer*
quisquam, quicquam	irgendjemand	
neque quisquam	(und) niemand	
vix quisquam	kaum jemand	
bonum	das Gut, das Gute	*bonus*
malum	Leid, Übel, Unglück	*malus, Malheur, f./s. mal*
nauta *m*	Seemann	*nāvis*
condūcere, condūcō, condūxī, conductum	zusammenführen, anwerben, mieten	*cum, dūcere, e. conduct, f. conduire*
cōpiās condūcere	die Truppen zusammenführen	
mīlitēs condūcere	Soldaten anwerben	

Fortsetzung ⟶

rēgīna	Königin	*rēx, regere, f.* reine, *s.* reina
Hispānia	Spanien	
oppūgnāre, oppūgnō	angreifen	*pūgnāre*
sānē *Adv.*	allerdings, gewiss; meinetwegen	
prōdūcere, prōdūcō, prōdūxī, prōductum	(vor)führen, hervorbringen	*prō, dūcere,* produzieren, *e.* to produce, *f.* produire

T5

W Wiederholungswörter

crēscere, crēscō, crēvī	wachsen	emere, emō, ēmī, ēmptum	kaufen
opus est *m. Abl.*	es ist nötig, man braucht (etw.)	accidere, accidō, accidī	geschehen, sich ereignen
necessārius, a, um	notwendig	perferre, perferō, pertulī, perlātum	(über)bringen, ertragen
ūtilis, e	nützlich	caedere, caedō, cecīdī	fällen, töten

Lernwörter

rārus, a, um	selten, vereinzelt	*rar, Rarität*
mātūrus, a, um	reif, (früh)zeitig	*Matura, e. mature, s. maduro*
vel … vel	entweder … oder	*vel, velle*
bonum	das Gut, das Gute	*bonus*
quīre, queō, quīvī (quiī) Hoc vix dīcere queō. …, sī id facere nōn queunt.	können Dies kann ich kaum sagen. …, falls sie dies nicht machen können.	
forās *Adv.*	heraus, hinaus *(wohin?)*	
exter, extera, exterum	ausländisch	*extrā*
quā	wie, wo, wohin	*quī*
simul *Subj. m. Ind.*	sobald	
lūmen, lūminis *n*	Licht; Auge	*illuminieren*
aura	Gunst; Luft, Luftzug	*Aura*

Wiederholungswörter

W

relinquere, relinquō, relīquī, relictum	verlassen, zurücklassen	cōnficere, cōnficiō, cōnfēcī, cōnfectum	fertig machen, beenden
mōs, mōris *m*	Sitte, Brauch; *Pl.* Charakter	auris, auris *f (Gen. Pl.* -ium*)*	Ohr
tegere, tegō, tēxī, tēctum	bedecken, schützen, verbergen	quot	wie viel(e)
		quotiēns	wie oft, so oft
ūsque ad *m. Akk.*	bis (zu)	magistrātus, magistrātūs *m*	Amt, Beamter

Lernwörter

nāvigāre, nāvigō	mit dem Schiff fahren, segeln	*nāvis*
secundum *Präp. m. Akk.*	entlang; entsprechend	*sequī*
secundum lītus	entlang der Küste	
secundum nātūram	der Natur entsprechend	
excēdere, excēdō, excessī, excessum	hinausgehen, weggehen	*ex, cēdere; exzessiv, Exzess*
patriā excēdere	aus der Heimat weggehen	
sīcut	(so) wie	*sīc, ut*
hospes, hospitis *m*	Fremder, Gast, Gastgeber	*Hospital, Hospiz, Hotel*
propinquus, a, um	nahe; *Subst.* Verwandter	*prope*
cōnsuētūdō, cōnsuētūdinis *f*	Gewohnheit	*cōnsuēscere*
nūdus, a, um	nackt	*Nudist, i. nudo*
ūllus, a, um *(Gen.* **ūllīus**, *Dat.* **ūllī***)*	irgendeiner	
neque ūllus	(und) keiner, (und) niemand	
color, colōris *m*	Farbe, Färbung	*e. color, f. couleur*
coniungere, coniungō, coniūnxī, coniūnctum	verbinden, vereinigen	*iungere, adiungere, coniunx, Konjunktion, Konjunktiv*
īgnōrāre, īgnōrō	nicht kennen, nicht wissen	*Ignorant, e. to ignore, f. ignorer*
nōn īgnōrāre	gut kennen, genau wissen	
vērum *Adv.*	aber, sondern	*vērus, vērō*

W Wiederholungswörter

quamquam *Subj.*	obwohl
ōrdō, ōrdinis *m*	Ordnung, Reihe, Stand
adeō *Adv.*	so sehr
immō *Adv.*	im Gegenteil, ja sogar
item *Adv.*	ebenso, gleichfalls
tantum … quantum	so viel … wie (viel)
vertere, vertō, vertī, versum	drehen, wenden
prohibēre, prohibeō *(ā m. Abl.)*	abhalten (von), hindern (an)
prōmittere, prōmittō, prōmīsī, prōmissum	versprechen
dīmittere, dīmittō, dīmīsī, dīmissum	aufgeben, entlassen

Lernwörter

adicere, adiciō, adiēcī, adiectum	hinzufügen	*Adjektiv*
secundum *Präp. m. Akk.*	entlang; entsprechend	*sequī*
secundum lītus	entlang der Küste	
secundum nātūram	der Natur entsprechend	
famēs, famis *f*	Hunger	*f. faim, i. fame*
inopia	Mangel, Not	*ops*
īgnōrāre, īgnōrō	nicht kennen, nicht wissen	*Ignorant, e. to ignore, f. ignorer*
nōn īgnōrāre	gut kennen, genau wissen	
similis, e *(m. Gen. / Dat.)*	ähnlich	
Fīlius similis est patris (patrī).	Der Sohn ist dem Vater ähnlich.	
vērī similis	wahrscheinlich	
indūcere, indūcō, indūxī, inductum	(hin)einführen, verleiten	*in, dūcere, Induktion*
novum mōrem indūcere	einen neuen Brauch einführen	
ad bellum indūcere	zum Krieg verleiten	
ēmittere, ēmittō, ēmīsī, ēmissum	entsenden, freilassen	*ē, mittere, Emission*
ēripere, ēripiō, ēripuī, ēreptum	entreißen	*ē, rapere*
nātus / nāta	Sohn / Tochter	*nāscī, nātūra*
trēcentī, ae, a	dreihundert	*trēs, centum*
angustus, a, um	eng, schwierig	*Angst, Angina*
inimīcus, a, um	feindlich; *Subst.* Feind	*amīcus*

Tabellarium

1. Substantive

a-Dekl.	Singular	Plural
Nominativ	serv-a	serv-ae
Genitiv	serv-ae	serv-ārum
Dativ	serv-ae	serv-īs
Akkusativ	serv-am	serv-ās
Ablativ	serv-ā	serv-īs

o-Dekl.	Singular	Plural	Singular	Plural
Nominativ	serv-us	serv-ī	dōn-um	dōn-a
Genitiv	serv-ī	serv-ōrum	dōn-ī	dōn-ōrum
Dativ	serv-ō	serv-īs	dōn-ō	dōn-īs
Akkusativ	serv-um	serv-ōs	dōn-um	dōn-a
Ablativ	serv-ō	serv-īs	dōn-ō	dōn-īs

3. Dekl.	Singular	Plural	Singular	Plural
Nominativ	senātor	senātōr-ēs	crīmen	crīmin-a
Genitiv	senātōr-is	senātōr-um	crīmin-is	crīmin-um
Dativ	senātōr-ī	senātōr-ibus	crīmin-ī	crīmin-ibus
Akkusativ	senātōr-em	senātōr-ēs	crīmen	crīmin-a
Ablativ	senātōr-e	senātōr-ibus	crīmin-e	crīmin-ibus

u-Dekl.	Singular	Plural
Nominativ	met-us	met-ūs
Genitiv	met-ūs	met-uum
Dativ	met-uī	met-ibus
Akkusativ	met-um	met-ūs
Ablativ	met-ū	met-ibus

e-Dekl.	Singular	Plural
Nominativ	r-ēs	r-ēs
Genitiv	r-eī	r-ērum
Dativ	r-eī	r-ēbus
Akkusativ	r-em	r-ēs
Ablativ	r-ē	r-ēbus

2. Adjektive

a-/o-Dekl.	Singular *m*	Singular *f*	Singular *n*	Plural *m*	Plural *f*	Plural *n*
Nominativ	magn-us	magn-a	magn-um	magn-ī	magn-ae	magn-a
Genitiv	magn-ī	magn-ae	magn-ī	magn-ōrum	magn-ārum	magn-ōrum
Dativ	magn-ō	magn-ae	magn-ō		magn-īs	
Akkusativ	magn-um	magn-am	magn-um	magn-ōs	magn-ās	magn-a
Ablativ	magn-ō	magn-ā	magn-ō		magn-īs	

dreiendige

3. Dekl.	*m*	*f*	*n*	*m*	*f*	*n*
Nominativ	ācer	ācr-is	ācr-e	ācr-ēs	ācr-ēs	ācr-ia
Genitiv		ācr-is			ācr-ium	
Dativ		ācr-ī			ācr-ibus	
Akkusativ		ācr-em	ācr-e		ācr-ēs	ācr-ia
Ablativ		ācr-ī			ācr-ibus	

zweiendige

Nominativ		fort-is	fort-e		fort-ēs	fort-ia
Genitiv		fort-is			fort-ium	
Dativ		fort-ī			fort-ibus	
Akkusativ		fort-em	fort-e		fort-ēs	fort-ia
Ablativ		fort-ī			fort-ibus	

einendige

Nominativ		sapiēns			sapient-ēs	sapient-ia
Genitiv		sapient-is			sapient-ium	
Dativ		sapient-ī			sapient-ibus	
Akkusativ		sapient-em	sapiēns		sapient-ēs	sapient-ia
Ablativ		sapient-ī			sapient-ibus	

Komparativ

Nominativ		longior	longius		longiōr-ēs	longiōr-a
Genitiv		longiōr-is			longiōr-um	
Dativ		longiōr-ī			longiōr-ibus	
Akkusativ		longiōr-em	longius		longiōr-ēs	longiōr-a
Ablativ		longiōr-e			longiōr-ibus	

3. Pronomina

Personalpronomen

	Singular			*Plural*		
	1. Person	*2. Person*	*3. Person (refl.)*	*1. Person*	*2. Person*	*3. Person (refl.)*
Nominativ	ego	tū	–	nōs	vōs	–
Dativ	mihi	tibi	sibi	nōbīs	vōbīs	sibi
Akkusativ	mē	tē	sē	nōs	vōs	sē
Ablativ	mēcum sine mē	tēcum sine tē	ā sē sēcum	nōbīscum sine nōbīs	vōbīscum sine vōbīs	ā sē sēcum

Demonstrativpronomen is *dieser*

	m	*f*	*n*	*m*	*f*	*n*
Nominativ	is	ea	id	eī / iī	eae	ea
Genitiv		eius		eōrum	eārum	eōrum
Dativ		eī			eīs / iīs	
Akkusativ	eum	eam	id	eōs	eās	ea
Ablativ	eō	eā	eō		eīs / iīs	

Demonstrativpronomen iste *dieser (da)*

Nominativ	iste	ista	istud	istī	istae	ista
Genitiv		istīus		istōrum	istārum	istōrum
Dativ		istī			istīs	
Akkusativ	istum	istam	istud	istōs	istās	ista
Ablativ	istō	istā	istō		istīs	

Demonstrativpronomen hic *dieser*

Nominativ	hic	haec	hoc	hī	hae	haec
Genitiv		huius		hōrum	hārum	hōrum
Dativ		huic			hīs	
Akkusativ	hunc	hanc	hoc	hōs	hās	haec
Ablativ	hōc	hāc	hōc		hīs	

Demonstrativpronomen ille *jener*

Nominativ	ille	illa	illud	illī	illae	illa
Genitiv		illīus		illōrum	illārum	illōrum
Dativ		illī			illīs	
Akkusativ	illum	illam	illud	illōs	illās	illa
Ablativ	illō	illā	illō		illīs	

Pronomen **ipse** *(er) selbst*

	Singular			*Plural*		
	m	*f*	*n*	*m*	*f*	*n*
Nominativ	ipse	ipsa	ipsum	ipsī	ipsae	ipsa
Genitiv		ipsīus		ipsōrum	ipsārum	ipsōrum
Dativ		ipsī			ipsīs	
Akkusativ	ipsum	ipsam	ipsum	ipsōs	ipsās	ipsa
Ablativ	ipsō	ipsā	ipsō		ipsīs	

Pronomen **īdem** *derselbe*

Nominativ	īdem	éadem	idem	eīdem / iīdem	eaedem	éadem
Genitiv		eiusdem		eōrundem	eārundem	eōrundem
Dativ		eīdem			eīsdem / iīsdem / īsdem	
Akkusativ	eundem	eandem	idem	eōsdem	eāsdem	éadem
Ablativ	eōdem	eādem	eōdem		eīsdem / iīsdem / īsdem	

Relativ- und Interrogativpronomen **quī** *der; welcher*

Nominativ	quī	quae	quod	quī	quae	quae
Genitiv		cuius		quōrum	quārum	quōrum
Dativ		cui			quibus	
Akkusativ	quem	quam	quod	quōs	quās	quae
Ablativ	quō	quā	quō		quibus	

Interrogativpronomen **quis** *wer?*

Nominativ	quis	quid
Genitiv	cuius	
Dativ	cui	
Akkusativ	quem	quid
Ablativ	ā quō / quōcum	quō

Indefinitpronomen **aliquis** *(subst.) irgendjemand*

Nominativ	aliquis	aliquid
Genitiv	alicuius	alicuius reī
Dativ	alicui	alicui reī
Akkusativ	aliquem	aliquid
Ablativ	aliquō	aliquā rē

Indefinitpronomen **aliquī** *(adj.) irgendein*

Nominativ	aliquī	aliqua	aliquod	aliquī	aliquae	aliqua
Genitiv		alicuius		aliquōrum	aliquārum	aliquōrum
Dativ		alicui			aliquibus	
Akkusativ	aliquem	aliquam	aliquod	aliquōs	aliquās	aliqua
Ablativ	aliquō	aliquā	aliquō		aliquibus	

Indefinitpronomen **quīdam** *(subst.) ein gewisser, (irgend)einer*

Nominativ	quīdam	quaedam	quiddam	quīdam	quaedam	quaedam
Genitiv		cuiusdam		quōrundam	quārundam	quōrundam
Dativ		cuidam			quibusdam	
Akkusativ	quendam	quandam	quiddam	quōsdam	quāsdam	quaedam
Ablativ	quōdam	quādam	quōdam		quibusdam	

Indefinitpronomen **quīdam** *(adj.) ein gewisser, (irgend)ein*

Nominativ	quīdam	quaedam	quoddam	quīdam	quaedam	quaedam
Genitiv		cuiusdam		quōrundam	quārundam	quōrundam
Dativ		cuidam			quibusdam	
Akkusativ	quendam	quandam	quoddam	quōsdam	quāsdam	quaedam
Ablativ	quōdam	quādam	quōdam		quibusdam	

Indefinitpronomen **quisque** *jeder*

Nominativ	quisque		quidque
Genitiv		cuiusque	
Dativ		cuique	
Akkusativ	quemque		quidque
Ablativ		quōque	

4. Verben: Indikativ Aktiv

Präsensstamm

	ā-Konjugation		ē-Konjugation		ī-Konjugation	
Inf. Präsens	rogā-re		monē-re		audī-re	
PPA	rogā-ns, roga-ntis		monē-ns, mone-ntis		audi-ē-ns, audi-e-ntis	
Präsens	Singular	Plural	Singular	Plural	Singular	Plural
1. Person	rog-ō	rogā-mus	mone-ō	monē-mus	audi-ō	audī-mus
2. Person	rogā-s	rogā-tis	monē-s	monē-tis	audī-s	audī-tis
3. Person	roga-t	roga-nt	mone-t	mone-nt	audi-t	audi-u-nt
Imperfekt	Singular	Plural	Singular	Plural	Singular	Plural
1. Person	rogā-ba-m	rogā-bā-mus	monē-ba-m	monē-bā-mus	audi-ēba-m	audi-ēbā-mus
2. Person	rogā-bā-s	rogā-bā-tis	monē-bā-s	monē-bā-tis	audi-ēbā-s	audi-ēbā-tis
3. Person	rogā-ba-t	rogā-ba-nt	monē-ba-t	monē-ba-nt	audi-ēba-t	audi-ēba-nt
Futur I	Singular	Plural	Singular	Plural	Singular	Plural
1. Person	rogā-b-ō	rogā-bi-mus	monē-b-ō	monē-bi-mus	audi-a-m	audi-ē-mus
2. Person	rogā-bi-s	rogā-bi-tis	monē-bi-s	monē-bi-tis	audi-ē-s	audi-ē-tis
3. Person	rogā-bi-t	rogā-bu-nt	monē-bi-t	monē-bu-nt	audi-e-t	audi-e-nt
Imperativ	rogā	rogā-te	monē	monē-te	audī	audī-te

Perfektstamm

Inf. Perfekt	rogāv-isse		monu-isse		audīv-isse	
Perfekt	Singular	Plural	Singular	Plural	Singular	Plural
1. Person	rogāv-ī	rogāv-imus	monu-ī	monu-imus	audīv-ī	audīv-imus
2. Person	rogāv-istī	rogāv-istis	monu-istī	monu-istis	audīv-istī	audīv-istis
3. Person	rogāv-it	rogāv-ērunt	monu-it	monu-ērunt	audīv-it	audīv-ērunt
Plusqpf.	Singular	Plural	Singular	Plural	Singular	Plural
1. Person	rogāv-eram	rogāv-erāmus	monu-eram	monu-erāmus	audīv-eram	audīv-erāmus
2. Person	rogāv-erās	rogāv-erātis	monu-erās	monu-erātis	audīv-erās	audīv-erātis
3. Person	rogāv-erat	rogāv-erant	monu-erat	monu-erant	audīv-erat	audīv-erant
Futur II	Singular	Plural	Singular	Plural	Singular	Plural
1. Person	rogāv-erō	rogāv-erimus	monu-erō	monu-erimus	audīv-erō	audīv-erimus
2. Person	rogāv-eris	rogāv-eritis	monu-eris	monu-eritis	audīv-eris	audīv-eritis
3. Person	rogāv-erit	rogāv-erint	monu-erit	monu-erint	audīv-erit	audīv-erint

Präsensstamm

	konsonantische Konjugation		*(i-Erweiterung)*		*Hilfsverb*	
Inf. Präsens	ag-e-re		cape-re		es-se	
PPA	ag-ē-ns, ag-e-ntis		capi-ē-ns, capi-e-ntis			
Präsens	*Singular*	*Plural*	*Singular*	*Plural*	*Singular*	*Plural*
1. Person	ag-ō	ag-i-mus	capi-ō	capi-mus	su-m	su-mus
2. Person	ag-i-s	ag-i-tis	capi-s	capi-tis	es	es-tis
3. Person	ag-i-t	ag-u-nt	capi-t	capi-u-nt	es-t	s-u-nt
Imperfekt	*Singular*	*Plural*	*Singular*	*Plural*	*Singular*	*Plural*
1. Person	ag-ēba-m	ag-ēbā-mus	capi-ēba-m	capi-ēbā-mus	er-a-m	er-ā-mus
2. Person	ag-ēbā-s	ag-ēbā-tis	capi-ēbā-s	capi-ēbā-tis	er-ā-s	er-ā-tis
3. Person	ag-ēba-t	ag-ēba-nt	capi-ēba-t	capi-ēba-nt	er-a-t	er-a-nt
Futur I	*Singular*	*Plural*	*Singular*	*Plural*	*Singular*	*Plural*
1. Person	ag-a-m	ag-ē-mus	capi-a-m	capi-ē-mus	er-ō	er-i-mus
2. Person	ag-ē-s	ag-ē-tis	capi-ē-s	capi-ē-tis	er-i-s	er-i-tis
3. Person	ag-e-t	ag-e-nt	capi-e-t	capi-e-nt	er-i-t	er-u-nt
Imperativ	ag-e	ag-i-te	cape	capi-te	es	es-te

Perfektstamm

Inf. Perfekt	ēg-isse		cēp-isse		fu-isse	
Perfekt	*Singular*	*Plural*	*Singular*	*Plural*	*Singular*	*Plural*
1. Person	ēg-ī	ēg-imus	cēp-ī	cēp-imus	fu-ī	fu-imus
2. Person	ēg-istī	ēg-istis	cēp-istī	cēp-istis	fu-istī	fu-istis
3. Person	ēg-it	ēg-ērunt	cēp-it	cēp-ērunt	fu-it	fu-ērunt
Plusqpf.	*Singular*	*Plural*	*Singular*	*Plural*	*Singular*	*Plural*
1. Person	ēg-eram	ēg-erāmus	cēp-eram	cēp-erāmus	fu-eram	fu-erāmus
2. Person	ēg-erās	ēg-erātis	cēp-erās	cēp-erātis	fu-erās	fu-erātis
3. Person	ēg-erat	ēg-erant	cēp-erat	cēp-erant	fu-erat	fu-erant
Futur II	*Singular*	*Plural*	*Singular*	*Plural*	*Singular*	*Plural*
1. Person	ēg-erō	ēg-erimus	cēp-erō	cēp-erimus	fu-erō	fu-erimus
2. Person	ēg-eris	ēg-eritis	cēp-eris	cēp-eritis	fu-eris	fu-eritis
3. Person	ēg-erit	ēg-erint	cēp-erit	cēp-erint	fu-erit	fu-erint

5. Verben: Indikativ Passiv

Präsensstamm

	ā-Konjugation		ē-Konjugation		ī-Konjugation	
Inf. Präsens	rogā-rī		monē-rī		audī-rī	
Gerundiv	roga-ndus, a, um		mone-ndus, a, um		audi-e-ndus, a, um	
Präsens	*Singular*	*Plural*	*Singular*	*Plural*	*Singular*	*Plural*
1. Person	rog-or	rogā-mur	mone-or	monē-mur	audi-or	audī-mur
2. Person	rogā-ris	rogā-minī	monē-ris	monē-minī	audī-ris	audī-minī
3. Person	rogā-tur	roga-ntur	monē-tur	mone-ntur	audī-tur	audi-u-ntur
Imperfekt	*Singular*	*Plural*	*Singular*	*Plural*	*Singular*	*Plural*
1. Person	rogā-ba-r	rogā-bā-mur	monē-ba-r	monē-bā-mur	audi-ēba-r	audi-ēbā-mur
2. Person	rogā-bā-ris	rogā-bā-minī	monē-bā-ris	monē-bā-minī	audi-ēbā-ris	audi-ēbā-minī
3. Person	rogā-bā-tur	rogā-ba-ntur	monē-bā-tur	monē-ba-ntur	audi-ēbā-tur	audi-ēba-ntur
Futur I	*Singular*	*Plural*	*Singular*	*Plural*	*Singular*	*Plural*
1. Person	rogā-b-or	rogā-bi-mur	monē-b-or	monē-bi-mur	audi-a-r	audi-ē-mur
2. Person	rogā-be-ris	rogā-bi-minī	monē-be-ris	monē-bi-minī	audi-ē-ris	audi-ē-minī
3. Person	rogā-bi-tur	rogā-bu-ntur	monē-bi-tur	monē-bu-ntur	audi-ē-tur	audi-e-ntur

Perfektstamm

Inf. Perfekt	rogā-tum esse		moni-tum esse		audī-tum esse	
PPP	rogā-tus, a, um		moni-tus, a, um		audī-tus, a, um	
Perfekt	*Singular*	*Plural*	*Singular*	*Plural*	*Singular*	*Plural*
1. Person	rogā-tus sum	rogā-tī sumus	moni-tus sum	moni-tī sumus	audī-tus sum	audī-tī sumus
2. Person	rogā-tus es	rogā-tī estis	moni-tus es	moni-tī estis	audī-tus es	audī-tī estis
3. Person	rogā-tus est	rogā-tī sunt	moni-tus est	moni-tī sunt	audī-tus est	audī-tī sunt
Plusqpf.	*Singular*	*Plural*	*Singular*	*Plural*	*Singular*	*Plural*
1. Person	rogā-tus eram	rogā-tī erāmus	moni-tus eram	moni-tī erāmus	audī-tus eram	audī-tī erāmus
2. Person	rogā-tus erās	rogā-tī erātis	moni-tus erās	moni-tī erātis	audī-tus erās	audī-tī erātis
3. Person	rogā-tus erat	rogā-tī erant	moni-tus erat	moni-tī erant	audī-tus erat	audī-tī erant
Futur II	*Singular*	*Plural*	*Singular*	*Plural*	*Singular*	*Plural*
1. Person	rogā-tus erō	rogā-tī erimus	moni-tus erō	moni-tī erimus	audī-tus erō	audī-tī erimus
2. Person	rogā-tus eris	rogā-tī eritis	moni-tus eris	moni-tī eritis	audī-tus eris	audī-tī eritis
3. Person	rogā-tus erit	rogā-tī erunt	moni-tus erit	moni-tī erunt	audī-tus erit	audī-tī erunt

Präsensstamm

	konsonantische Konjugation		(i-Erweiterung)	
Inf. Präsens	ag-ī		cap-ī	
Gerundiv	ag-e-ndus, a, um		capi-e-ndus, a, um	

Präsens	Singular	Plural	Singular	Plural
1. Person	ag-or	ag-i-mur	capi-or	capi-mur
2. Person	ag-e-ris	ag-i-minī	cape-ris	capi-minī
3. Person	ag-i-tur	ag-u-ntur	capi-tur	capi-u-ntur

Imperfekt	Singular	Plural	Singular	Plural
1. Person	ag-ēba-r	ag-ēbā-mur	capi-ēba-r	capi-ēbā-mur
2. Person	ag-ēbā-ris	ag-ēbā-minī	capi-ēbā-ris	capi-ēbā-minī
3. Person	ag-ēbā-tur	ag-ēba-ntur	capi-ēbā-tur	capi-ēba-ntur

Futur I	Singular	Plural	Singular	Plural
1. Person	ag-a-r	ag-ē-mur	capi-a-r	capi-ē-mur
2. Person	ag-ē-ris	ag-ē-minī	capi-ē-ris	capi-ē-minī
3. Person	ag-ē-tur	ag-e-ntur	capi-ē-tur	capi-e-ntur

Perfektstamm

Inf. Perfekt	āc-tum esse		cap-tum esse	
PPP	āc-tus, a, um		cap-tus, a, um	

Perfekt	Singular	Plural	Singular	Plural
1. Person	āc-tus sum	āc-tī sumus	cap-tus sum	cap-tī sumus
2. Person	āc-tus es	āc-tī estis	cap-tus es	cap-tī estis
3. Person	āc-tus est	āc-tī sunt	cap-tus est	cap-tī sunt

Plusqpf.	Singular	Plural	Singular	Plural
1. Person	āc-tus eram	āc-tī erāmus	cap-tus eram	cap-tī erāmus
2. Person	āc-tus erās	āc-tī erātis	cap-tus erās	cap-tī erātis
3. Person	āc-tus erat	āc-tī erant	cap-tus erat	cap-tī erant

Futur II	Singular	Plural	Singular	Plural
1. Person	āc-tus erō	āc-tī erimus	cap-tus erō	cap-tī erimus
2. Person	āc-tus eris	āc-tī eritis	cap-tus eris	cap-tī eritis
3. Person	āc-tus erit	āc-tī erunt	cap-tus erit	cap-tī erunt

6. Verben: Konjunktiv Aktiv

	ā-Konjugation		*ē-Konjugation*		*ī-Konjugation*	
Präsens	*Singular*	*Plural*	*Singular*	*Plural*	*Singular*	*Plural*
1. Person	rog-e-m	rog-ē-mus	mone-a-m	mone-ā-mus	audi-a-m	audi-ā-mus
2. Person	rog-ē-s	rog-ē-tis	mone-ā-s	mone-ā-tis	audi-ā-s	audi-ā-tis
3. Person	rog-e-t	rog-e-nt	mone-a-t	mone-a-nt	audi-a-t	audi-a-nt
Imperfekt	*Singular*	*Plural*	*Singular*	*Plural*	*Singular*	*Plural*
1. Person	rogā-re-m	rogā-rē-mus	monē-re-m	monē-rē-mus	audī-re-m	audī-rē-mus
2. Person	rogā-rē-s	rogā-rē-tis	monē-rē-s	monē-rē-tis	audī-rē-s	audī-rē-tis
3. Person	rogā-re-t	rogā-re-nt	monē-re-t	monē-re-nt	audī-re-t	audī-re-nt
Perfekt	*Singular*	*Plural*	*Singular*	*Plural*	*Singular*	*Plural*
1. Person	rogāv-eri-m	rogāv-eri-mus	monu-eri-m	monu-eri-mus	audīv-eri-m	audīv-eri-mus
2. Person	rogāv-eri-s	rogāv-eri-tis	monu-eri-s	monu-eri-tis	audīv-eri-s	audīv-eri-tis
3. Person	rogāv-eri-t	rogāv-eri-nt	monu-eri-t	monu-eri-nt	audīv-eri-t	audīv-eri-nt
Plusqpf.	*Singular*	*Plural*	*Singular*	*Plural*	*Singular*	*Plural*
1. Person	rogāv-isse-m	rogāv-issē-mus	monu-isse-m	monu-issē-mus	audīv-isse-m	audīv-issē-mus
2. Person	rogāv-issē-s	rogāv-issē-tis	monu-issē-s	monu-issē-tis	audīv-issē-s	audīv-issē-tis
3. Person	rogāv-isse-t	rogāv-isse-nt	monu-isse-t	monu-isse-nt	audīv-isse-t	audīv-isse-nt

7. Verben: Konjunktiv Passiv

Präsens	*Singular*	*Plural*	*Singular*	*Plural*	*Singular*	*Plural*
1. Person	rog-e-r	rog-ē-mur	mone-a-r	mone-ā-mur	audi-a-r	audi-ā-mur
2. Person	rog-ē-ris	rog-ē-minī	mone-ā-ris	mone-ā-minī	audi-ā-ris	audi-ā-minī
3. Person	rog-ē-tur	rog-e-ntur	mone-ā-tur	mone-a-ntur	audi-ā-tur	audi-a-ntur
Imperfekt	*Singular*	*Plural*	*Singular*	*Plural*	*Singular*	*Plural*
1. Person	rogā-re-r	rogā-rē-mur	monē-re-r	monē-rē-mur	audī-re-r	audī-rē-mur
2. Person	rogā-rē-ris	rogā-rē-minī	monē-rē-ris	monē-rē-minī	audī-rē-ris	audī-rē-minī
3. Person	rogā-rē-tur	rogā-re-ntur	monē-rē-tur	monē-re-ntur	audī-rē-tur	audī-re-ntur
Perfekt	*Singular*	*Plural*	*Singular*	*Plural*	*Singular*	*Plural*
1. Person	rogā-tus sim	rogā-tī sīmus	moni-tus sim	moni-tī sīmus	audī-tus sim	audī-tī sīmus
2. Person	rogā-tus sīs	rogā-tī sītis	moni-tus sīs	moni-tī sītis	audī-tus sīs	audī-tī sītis
3. Person	rogā-tus sit	rogā-tī sint	moni-tus sit	moni-tī sint	audī-tus sit	audī-tī sint
Plusqpf.	*Singular*	*Plural*	*Singular*	*Plural*	*Singular*	*Plural*
1. Person	rogā-tus essem	rogā-tī essēmus	moni-tus essem	moni-tī essēmus	audī-tus essem	audī-tī essēmus
2. Person	rogā-tus essēs	rogā-tī essētis	moni-tus essēs	moni-tī essētis	audī-tus essēs	audī-tī essētis
3. Person	rogā-tus esset	rogā-tī essent	moni-tus esset	moni-tī essent	audī-tus esset	audī-tī essent

	konsonantische Konjugation		(i-Erweiterung)		Hilfsverb	
Präsens	*Singular*	*Plural*	*Singular*	*Plural*	*Singular*	*Plural*
1. Person	ag-a-m	ag-ā-mus	capi-a-m	capi-ā-mus	s-i-m	s-ī-mus
2. Person	ag-ā-s	ag-ā-tis	capi-ā-s	capi-ā-tis	s-ī-s	s-ī-tis
3. Person	ag-a-t	ag-a-nt	capi-a-t	capi-a-nt	s-i-t	s-i-nt
Imperfekt	*Singular*	*Plural*	*Singular*	*Plural*	*Singular*	*Plural*
1. Person	ag-e-re-m	ag-e-rē-mus	cape-re-m	cape-rē-mus	es-se-m	es-sē-mus
2. Person	ag-e-rē-s	ag-e-rē-tis	cape-rē-s	cape-rē-tis	es-sē-s	es-sē-tis
3. Person	ag-e-re-t	ag-e-re-nt	cape-re-t	cape-re-nt	es-se-t	es-se-nt
Perfekt	*Singular*	*Plural*	*Singular*	*Plural*	*Singular*	*Plural*
1. Person	ēg-eri-m	ēg-eri-mus	cēp-eri-m	cēp-eri-mus	fu-eri-m	fu-eri-mus
2. Person	ēg-eri-s	ēg-eri-tis	cēp-eri-s	cēp-eri-tis	fu-eri-s	fu-eri-tis
3. Person	ēg-eri-t	ēg-eri-nt	cēp-eri-t	cēp-eri-nt	fu-eri-t	fu-eri-nt
Plusqpf.	*Singular*	*Plural*	*Singular*	*Plural*	*Singular*	*Plural*
1. Person	ēg-isse-m	ēg-issē-mus	cēp-isse-m	cēp-issē-mus	fu-isse-m	fu-issē-mus
2. Person	ēg-issē-s	ēg-issē-tis	cēp-issē-s	cēp-issē-tis	fu-issē-s	fu-issē-tis
3. Person	ēg-isse-t	ēg-isse-nt	cēp-isse-t	cēp-isse-nt	fu-isse-t	fu-isse-nt

Präsens	*Singular*	*Plural*	*Singular*	*Plural*
1. Person	ag-a-r	ag-ā-mur	capi-a-r	capi-ā-mur
2. Person	ag-ā-ris	ag-ā-minī	capi-ā-ris	capi-ā-minī
3. Person	ag-ā-tur	ag-a-ntur	capi-ā-tur	capi-a-ntur
Imperfekt	*Singular*	*Plural*	*Singular*	*Plural*
1. Person	ag-e-re-r	ag-e-rē-mur	cape-re-r	cape-rē-mur
2. Person	ag-e-rē-ris	ag-e-rē-minī	cape-rē-ris	cape-rē-minī
3. Person	ag-e-rē-tur	ag-e-re-ntur	cape-rē-tur	cape-re-ntur
Perfekt	*Singular*	*Plural*	*Singular*	*Plural*
1. Person	āc-tus sim	āc-tī sīmus	cap-tus sim	cap-tī sīmus
2. Person	āc-tus sīs	āc-tī sītis	cap-tus sīs	cap-tī sītis
3. Person	āc-tus sit	āc-tī sint	cap-tus sit	cap-tī sint
Plusqpf.	*Singular*	*Plural*	*Singular*	*Plural*
1. Person	āc-tus essem	āc-tī essēmus	cap-tus essem	cap-tī essēmus
2. Person	āc-tus essēs	āc-tī essētis	cap-tus essēs	cap-tī essētis
3. Person	āc-tus esset	āc-tī essent	cap-tus esset	cap-tī essent

8. posse

Präsensstamm

Inf. Präsens	pos-se

	Indikativ		Konjunktiv	
Präsens	*Singular*	*Plural*	*Singular*	*Plural*
1. Person	pos-sum	pos-sumus	pos-sim	pos-sīmus
2. Person	pot-es	pot-estis	pos-sīs	pos-sītis
3. Person	pot-est	pos-sunt	pos-sit	pos-sint
Imperfekt	*Singular*	*Plural*	*Singular*	*Plural*
1. Person	pot-eram	pot-erāmus	pos-se-m	pos-sē-mus
2. Person	pot-erās	pot-erātis	pos-sē-s	pos-sē-tis
3. Person	pot-erat	pot-erant	pos-se-t	pos-se-nt
Futur I	*Singular*	*Plural*		
1. Person	pot-erō	pot-erimus		
2. Person	pot-eris	pot-eritis		
3. Person	pot-erit	pot-erunt		

Perfektstamm

Inf. Perfekt	potu-isse

	Indikativ		Konjunktiv	
Perfekt	*Singular*	*Plural*	*Singular*	*Plural*
1. Person	potu-ī	potu-imus	potu-eri-m	potu-eri-mus
2. Person	potu-istī	potu-istis	potu-eri-s	potu-eri-tis
3. Person	potu-it	potu-ērunt	potu-eri-t	potu-eri-nt
Plusqpf.	*Singular*	*Plural*	*Singular*	*Plural*
1. Person	potu-eram	potu-erāmus	potu-isse-m	potu-issē-mus
2. Person	potu-erās	potu-erātis	potu-issē-s	potu-issē-tis
3. Person	potu-erat	potu-erant	potu-isse-t	potu-isse-nt
Futur II	*Singular*	*Plural*		
1. Person	potu-erō	potu-erimus		
2. Person	potu-eris	potu-eritis		
3. Person	potu-erit	potu-erint		

9. ire

Präsensstamm

Inf. Präsens	ī-re
PPA	i-ē-ns, e-u-ntis

	Indikativ		Konjunktiv	
Präsens	*Singular*	*Plural*	*Singular*	*Plural*
1. Person	e-ō	ī-mus	e-a-m	e-ā-mus
2. Person	ī-s	ī-tis	e-ā-s	e-ā-tis
3. Person	i-t	e-u-nt	e-a-t	e-a-nt
Imperfekt	*Singular*	*Plural*	*Singular*	*Plural*
1. Person	ī-ba-m	ī-bā-mus	ī-re-m	ī-rē-mus
2. Person	ī-bā-s	ī-bā-tis	ī-rē-s	ī-rē-tis
3. Person	ī-ba-t	ī-ba-nt	ī-re-t	ī-re-nt
Futur I	*Singular*	*Plural*		
1. Person	ī-b-ō	ī-bi-mus		
2. Person	ī-bi-s	ī-bi-tis		
3. Person	ī-bi-t	ī-bu-nt		
Imperativ	ī	ī-te		

Perfektstamm

Inf. Perfekt	īsse

	Indikativ		Konjunktiv	
Perfekt	*Singular*	*Plural*	*Singular*	*Plural*
1. Person	i-ī	i-imus	i-eri-m	i-eri-mus
2. Person	īstī	īstis	i-eri-s	i-eri-tis
3. Person	i-it	i-ērunt	i-eri-t	i-eri-nt
Plusqpf.	*Singular*	*Plural*	*Singular*	*Plural*
1. Person	i-eram	i-erāmus	īsse-m	īssē-mus
2. Person	i-erās	i-erātis	īssē-s	īssē-tis
3. Person	i-erat	i-erant	īsse-t	īsse-nt
Futur II	*Singular*	*Plural*		
1. Person	i-erō	i-erimus		
2. Person	i-eris	i-eritis		
3. Person	i-erit	i-erint		

10. velle

Präsensstamm

Inf. Präsens	vel-le
PPA	vol-ē-ns, vol-e-ntis

	Indikativ		*Konjunktiv*	
Präsens	*Singular*	*Plural*	*Singular*	*Plural*
1. Person	volō	volumus	vel-im	vel-īmus
2. Person	vīs	vultis	vel-īs	vel-ītis
3. Person	vult	volunt	vel-it	vel-int
Imperfekt	*Singular*	*Plural*	*Singular*	*Plural*
1. Person	vol-ēba-m	vol-ēbā-mus	vel-le-m	vel-lē-mus
2. Person	vol-ēbā-s	vol-ēbā-tis	vel-lē-s	vel-lē-tis
3. Person	vol-ēba-t	vol-ēba-nt	vel-le-t	vel-le-nt
Futur I	*Singular*	*Plural*		
1. Person	vol-a-m	vol-ē-mus		
2. Person	vol-ē-s	vol-ē-tis		
3. Person	vol-e-t	vol-e-nt		

Perfektstamm

Inf. Perfekt	volu-isse

	Indikativ		*Konjunktiv*	
Perfekt	*Singular*	*Plural*	*Singular*	*Plural*
1. Person	volu-ī	volu-imus	volu-eri-m	volu-eri-mus
2. Person	volu-istī	volu-istis	volu-eri-s	volu-eri-tis
3. Person	volu-it	volu-ērunt	volu-eri-t	volu-eri-nt
Plusqpf.	*Singular*	*Plural*	*Singular*	*Plural*
1. Person	volu-eram	volu-erāmus	volu-isse-m	volu-issē-mus
2. Person	volu-erās	volu-erātis	volu-issē-s	volu-issē-tis
3. Person	volu-erat	volu-erant	volu-isse-t	volu-isse-nt
Futur II	*Singular*	*Plural*		
1. Person	volu-erō	volu-erimus		
2. Person	volu-eris	volu-eritis		
3. Person	volu-erit	volu-erint		

11. nolle

Präsensstamm

Inf. Präsens	nōl-le
PPA	nōl-ē-ns, nōl-e-ntis

	Indikativ		Konjunktiv	
Präsens	Singular	Plural	Singular	Plural
1. Person	nōlō	nōlumus	nōl-im	nōl-īmus
2. Person	nōn vīs	nōn vultis	nōl-īs	nōl-ītis
3. Person	nōn vult	nōlunt	nōl-it	nōl-int
Imperfekt	Singular	Plural	Singular	Plural
1. Person	nōl-ēba-m	nōl-ēbā-mus	nōl-le-m	nōl-lē-mus
2. Person	nōl-ēbā-s	nōl-ēbā-tis	nōl-lē-s	nōl-lē-tis
3. Person	nōl-ēba-t	nōl-ēba-nt	nōl-le-t	nōl-le-nt
Futur I	Singular	Plural		
1. Person	nōl-a-m	nōl-ē-mus		
2. Person	nōl-ē-s	nōl-ē-tis		
3. Person	nōl-e-t	nōl-e-nt		
Imperativ	nōl-ī	nōl-ī-te		

Perfektstamm

Inf. Perfekt	nōlu-isse

	Indikativ		Konjunktiv	
Perfekt	Singular	Plural	Singular	Plural
1. Person	nōlu-ī	nōlu-imus	nōlu-eri-m	nōlu-eri-mus
2. Person	nōlu-istī	nōlu-istis	nōlu-eri-s	nōlu-eri-tis
3. Person	nōlu-it	nōlu-ērunt	nōlu-eri-t	nōlu-eri-nt
Plusqpf.	Singular	Plural	Singular	Plural
1. Person	nōlu-eram	nōlu-erāmus	nōlu-isse-m	nōlu-issē-mus
2. Person	nōlu-erās	nōlu-erātis	nōlu-issē-s	nōlu-issē-tis
3. Person	nōlu-erat	nōlu-erant	nōlu-isse-t	nōlu-isse-nt
Futur II	Singular	Plural		
1. Person	nōlu-erō	nōlu-erimus		
2. Person	nōlu-eris	nōlu-eritis		
3. Person	nōlu-erit	nōlu-erint		

12. ferre: Aktiv

Präsensstamm

Inf. Präsens	fer-re
PPA	fer-ē-ns, fer-e-ntis

	Indikativ		Konjunktiv	
Präsens	*Singular*	*Plural*	*Singular*	*Plural*
1. Person	fer-ō	fer-i-mus	fer-a-m	fer-ā-mus
2. Person	fer-s	fer-tis	fer-ā-s	fer-ā-tis
3. Person	fer-t	fer-u-nt	fer-a-t	fer-a-nt
Imperfekt	*Singular*	*Plural*	*Singular*	*Plural*
1. Person	fer-ēba-m	fer-ēbā-mus	fer-re-m	fer-rē-mus
2. Person	fer-ēbā-s	fer-ēbā-tis	fer-rē-s	fer-rē-tis
3. Person	fer-ēba-t	fer-ēba-nt	fer-re-t	fer-re-nt
Futur I	*Singular*	*Plural*		
1. Person	fer-a-m	fer-ē-mus		
2. Person	fer-ē-s	fer-ē-tis		
3. Person	fer-e-t	fer-e-nt		
Imperativ	fer	fer-te		

Perfektstamm

Inf. Perfekt	tul-isse

	Indikativ		Konjunktiv	
Perfekt	*Singular*	*Plural*	*Singular*	*Plural*
1. Person	tul-ī	tul-imus	tul-eri-m	tul-eri-mus
2. Person	tul-istī	tul-istis	tul-eri-s	tul-eri-tis
3. Person	tul-it	tul-ērunt	tul-eri-t	tul-eri-nt
Plusqpf.	*Singular*	*Plural*	*Singular*	*Plural*
1. Person	tul-eram	tul-erāmus	tul-isse-m	tul-issē-mus
2. Person	tul-erās	tul-erātis	tul-issē-s	tul-issē-tis
3. Person	tul-erat	tul-erant	tul-isse-t	tul-isse-nt
Futur II	*Singular*	*Plural*		
1. Person	tul-erō	tul-erimus		
2. Person	tul-eris	tul-eritis		
3. Person	tul-erit	tul-erint		

ferre: Passiv

Präsensstamm

Inf. Präsens	fer-rī

	Indikativ		Konjunktiv	
Präsens	*Singular*	*Plural*	*Singular*	*Plural*
1. Person	fer-or	fer-i-mur	fer-a-r	fer-ā-mur
2. Person	fer-ris	fer-i-minī	fer-ā-ris	fer-ā-minī
3. Person	fer-tur	fer-u-ntur	fer-ā-tur	fer-a-ntur
Imperfekt	*Singular*	*Plural*	*Singular*	*Plural*
1. Person	fer-ēba-r	fer-ēbā-mur	fer-re-r	fer-rē-mur
2. Person	fer-ēbā-ris	fer-ēbā-minī	fer-rē-ris	fer-rē-minī
3. Person	fer-ēbā-tur	fer-ēba-ntur	fer-rē-tur	fer-re-ntur
Futur I	*Singular*	*Plural*		
1. Person	fer-a-r	fer-ē-mur		
2. Person	fer-ē-ris	fer-ē-minī		
3. Person	fer-ē-tur	fer-e-ntur		

Perfektstamm

Inf. Perfekt	lā-tum esse
PPP	lā-tus, a, um

	Indikativ		Konjunktiv	
Perfekt	*Singular*	*Plural*	*Singular*	*Plural*
1. Person	lā-tus sum	lā-tī sumus	lā-tus sim	lā-tī sīmus
2. Person	lā-tus es	lā-tī estis	lā-tus sīs	lā-tī sītis
3. Person	lā-tus est	lā-tī sunt	lā-tus sit	lā-tī sint
Plusqpf.	*Singular*	*Plural*	*Singular*	*Plural*
1. Person	lā-tus eram	lā-tī erāmus	lā-tus essem	lā-tī essēmus
2. Person	lā-tus erās	lā-tī erātis	lā-tus essēs	lā-tī essētis
3. Person	lā-tus erat	lā-tī erant	lā-tus esset	lā-tī essent
Futur II	*Singular*	*Plural*		
1. Person	lā-tus erō	lā-tī erimus		
2. Person	lā-tus eris	lā-tī eritis		
3. Person	lā-tus erit	lā-tī erunt		

13. fieri

Präsensstamm

Inf. Präsens	fierī

	Indikativ		Konjunktiv	
Präsens	Singular	Plural	Singular	Plural
1. Person	fī-ō	fī-mus	fī-a-m	fī-ā-mus
2. Person	fī-s	fī-tis	fī-ā-s	fī-ā-tis
3. Person	fī-t	fī-u-nt	fī-a-t	fī-a-nt
Imperfekt	Singular	Plural	Singular	Plural
1. Person	fī-ēba-m	fī-ēbā-mus	fi-e-re-m	fi-e-rē-mus
2. Person	fī-ēbā-s	fī-ēbā-tis	fi-e-rē-s	fi-e-rē-tis
3. Person	fī-ēba-t	fī-ēba-nt	fi-e-re-t	fi-e-re-nt
Futur I	Singular	Plural		
1. Person	fī-a-m	fī-ē-mus		
2. Person	fī-ē-s	fī-ē-tis		
3. Person	fī-e-t	fī-e-nt		

Perfektstamm

Inf. Perfekt	fac-tum esse

	Indikativ		Konjunktiv	
Perfekt	Singular	Plural	Singular	Plural
1. Person	fac-tus sum	fac-tī sumus	fac-tus sim	fac-tī sīmus
2. Person	fac-tus es	fac-tī estis	fac-tus sīs	fac-tī sītis
3. Person	fac-tus est	fac-tī sunt	fac-tus sit	fac-tī sint
Plusqpf.	Singular	Plural	Singular	Plural
1. Person	fac-tus eram	fac-tī erāmus	fac-tus essem	fac-tī essēmus
2. Person	fac-tus erās	fac-tī erātis	fac-tus essēs	fac-tī essētis
3. Person	fac-tus erat	fac-tī erant	fac-tus esset	fac-tī essent
Futur II	Singular	Plural		
1. Person	fac-tus erō	fac-tī erimus		
2. Person	fac-tus eris	fac-tī eritis		
3. Person	fac-tus erit	fac-tī erint		

Stammformen wichtiger Verben

In der folgenden Übersicht stehen diejenigen Verben oder Stammformen, die im Lehrbuch noch nicht vorkamen, in Klammern.

Verben der ā-Konjugation

u-Perfekt				
vetāre	vetō	vetuī	vetitum	verbieten

Dehnungsperfekt				
iuvāre	iuvō	iūvī	–	unterstützen, helfen; erfreuen

Reduplikationsperfekt				
dare	dō	dedī	datum	geben
circumdare	circumdō	circumdedī	circumdatum	umgeben
stāre	stō	stetī	–	stehen
cōnstāre	cōnstō	cōnstitī	–	bestehen aus
īnstāre	īnstō	īnstitī	–	bevorstehen, hart zusetzen
praestāre	praestō	praestitī	–	gewähren, leisten, zeigen; übertreffen
restāre	restō	restitī	–	übrig bleiben; Widerstand leisten

Verben der ē-Konjugation

v-Perfekt				
complēre	compleō	complēvī	complētum	anfüllen, auffüllen
dēlēre	dēleō	dēlēvī	dēlētum	zerstören, vernichten
flēre	fleō	flēvī	flētum	weinen, beweinen

u-Perfekt				
cēnsēre	cēnseō	cēnsuī	cēnsum	meinen, einschätzen; seine Stimme abgeben (für)
docēre	doceō	docuī	doctum	lehren, unterrichten
miscēre	misceō	miscuī	mixtum	mischen, verwirren, durcheinanderbringen
tenēre	teneō	tenuī	–	halten, festhalten, besitzen
continēre	contineō	continuī	contentum	festhalten, enthalten
obtinēre	obtineō	obtinuī	–	(in Besitz) haben, (besetzt) halten
pertinēre	pertineō	pertinuī	–	betreffen, gehören (zu), sich erstrecken (bis)
retinēre	retineō	retinuī	retentum	behalten, festhalten, zurückhalten
sustinēre	sustineō	sustinuī	–	ertragen, standhalten

s-Perfekt				
ārdēre	ārdeō	ārsī	ārsūrum	brennen
augēre	augeō	auxī	auctum	vergrößern, vermehren
haerēre	haereō	haesī	–	hängen, stecken bleiben
iubēre	iubeō	iussī	iussum	anordnen, befehlen
manēre	maneō	mānsī	–	bleiben, (er)warten
remanēre	remaneō	remānsī	–	(zurück)bleiben
persuādēre	persuādeō	persuāsī	persuāsum	überreden, überzeugen
rīdēre	rīdeō	rīsī	rīsum	lachen, auslachen
torquēre	torqueō	torsī	tortum	drehen; quälen

Dehnungsperfekt				
cavēre	caveō	cāvī	cautum	sich hüten (vor), Vorsorge treffen
movēre	moveō	mōvī	mōtum	bewegen, beeindrucken
commovēre	commoveō	commōvī	commōtum	bewegen, veranlassen
permovēre	permoveō	permōvī	permōtum	beunruhigen; veranlassen
sedēre	sedeō	sēdī	(sessum)	sitzen
possidēre	possideō	possēdī	possessum	besitzen
vidēre	videō	vīdī	vīsum	sehen
prōvidēre	prōvideō	prōvīdī	prōvīsum	vorhersehen; sorgen für

Reduplikationsperfekt				
respondēre	respondeō	respondī	respōnsum	antworten

Verben der ī-Konjugation

u-Perfekt				
aperīre	aperiō	aperuī	(apertum)	aufdecken, öffnen

s-Perfekt				
sentīre	sentiō	sēnsī	(sēnsum)	fühlen, meinen, wahrnehmen

Dehnungsperfekt				
venīre	veniō	vēnī	ventum	kommen
circumvenīre	circumveniō	circumvēnī	circumventum	umringen, umzingeln
convenīre	conveniō	convēnī	(conventum)	zusammenkommen, zusammenpassen, besuc
ēvenīre	ēveniō	ēvēnī	ēventum	sich ereignen
invenīre	inveniō	invēnī	inventum	finden, erfinden
pervenīre	perveniō	pervēnī	perventum	kommen (zu / nach)

Reduplikationsperfekt				
comperīre	comperiō	comperī	compertum	(genau) erfahren
reperīre	reperiō	repperī	repertum	(wieder)finden

Verben der konsonantischen Konjugation

v-Perfekt

arcessere	arcessō	arcessīvī	arcessītum	herbeirufen, holen
cernere	cernō	–	–	sehen, bemerken
dēcernere	dēcernō	dēcrēvī	dēcrētum	beschließen, entscheiden
cōnsuēscere	cōnsuēscō	cōnsuēvī	cōnsuētum	sich daran gewöhnen; *Perf.* gewohnt sein
crēscere	crēscō	crēvī	–	wachsen
nōscere	nōscō	nōvī	nōtum	erkennen, kennenlernen; *Perf.* kennen, wissen
cognōscere	cognōscō	cognōvī	cognitum	erkennen, kennenlernen; *Perf.* kennen, wissen
īgnōscere	īgnōscō	īgnōvī	īgnōtum	verzeihen
petere	petō	petīvī	petītum	aufsuchen, (er)streben, bitten, verlangen
appetere	appetō	appetīvī	(appetītum)	erstreben, haben wollen; angreifen
repetere	repetō	repetīvī	repetītum	(zurück)verlangen, wiederholen
quaerere	quaerō	quaesīvī	quaesītum	erwerben wollen, suchen; jdn. fragen
requīrere	requīrō	requīsīvī	requīsītum	aufsuchen, sich erkundigen, verlangen
quiēscere	quiēscō	quiēvī	quiētum	(aus)ruhen, schlafen
sinere	sinō	sīvī	(situm)	(zu)lassen, erlauben
dēsinere	dēsinō	dēsiī	dēsitum	aufhören

u-Perfekt

alere	alō	aluī	altum	ernähren, großziehen
colere	colō	coluī	cultum	bewirtschaften, pflegen; verehren
cōnsulere	cōnsulō	cōnsuluī	cōnsultum	um Rat fragen; sorgen für; vorgehen (gegen)
dēserere	dēserō	dēseruī	dēsertum	im Stich lassen, verlassen
pōnere	pōnō	posuī	positum	(auf)stellen, (hin)legen, setzen
compōnere	compōnō	composuī	compositum	abfassen, ordnen, schlichten; vergleichen
dēpōnere	dēpōnō	dēposuī	dēpositum	niederlegen, aufgeben
impōnere	impōnō	imposuī	impositum	auferlegen, einsetzen
prōpōnere	prōpōnō	prōposuī	prōpositum	darlegen, in Aussicht stellen

s-Perfekt

carpere	carpō	carpsī	carptum	pflücken, genießen; nutzen
cēdere	cēdō	cessī	–	gehen, nachgeben, weichen
accēdere	accēdō	accessī	accessum	herbeikommen, hinzukommen
concēdere	concēdō	concessī	–	erlauben, nachgeben, zugestehen
discēdere	discēdō	discessī	discessum	auseinandergehen, weggehen
excēdere	excēdō	excessī	excessum	hinausgehen, weggehen
incēdere	incēdō	incessī	incessum	heranrücken, eintreten; (jdn.) befallen
prōcēdere	prōcēdō	prōcessī	–	(vorwärts)gehen, vorrücken
succēdere	succēdō	successī	successum	(nach)folgen, nachrücken
cingere	cingō	cinxī	cinctum	umgeben, umzingeln
claudere	claudō	clausī	clausum	schließen, abschließen, einschließen
dīcere	dīcō	dīxī	dictum	sagen, sprechen

dīvidere	**dīvidō**	**dīvīsī**	**dīvīsum**	teilen, trennen
dūcere	**dūco**	**dūxī**	**ductum**	führen, ziehen
abdūcere	abdūcō	abdūxī	abductum	wegführen
addūcere	addūcō	addūxī	adductum	heranführen, veranlassen
condūcere	condūcō	condūxī	conductum	zusammenführen, anwerben, mieten
dēdūcere	dēdūcō	dēdūxī	dēductum	wegführen, hinführen
ēdūcere	ēdūcō	(ēdūxī)	(ēductum)	herausführen
indūcere	indūcō	indūxī	inductum	(hin)einführen, verleiten
prōdūcere	prōdūcō	prōdūxī	prōductum	(vor)führen, hervorbringen
redūcere	redūcō	redūxī	reductum	zurückführen, zurückziehen
exstinguere	**exstinguō**	**exstīnxī**	**exstīnctum**	auslöschen, vernichten
fingere	**fingō**	**fīnxī**	**fictum**	gestalten, sich (etw.) ausdenken
flectere	**flectō**	**flexī**	**flexum**	biegen, (hin)lenken, umstimmen
gerere	**gerō**	**gessī**	**gestum**	ausführen, führen, tragen
īnstruere	**īnstruō**	**īnstrūxī**	**īnstrūctum**	aufstellen, ausrüsten; unterrichten
iungere	**iungō**	**iūnxī**	**iūnctum**	verbinden, vereinigen
adiungere	adiungō	adiūnxī	adiūnctum	hinzufügen, anschließen
coniungere	coniungō	coniūnxī	coniūnctum	verbinden, vereinigen
laedere	**laedō**	**laesī**	**laesum**	beschädigen, verletzen, beleidigen
[legere]				[s. S. 225]
dīligere	dīligō	dīlēxī	dīlēctum	hochachten, lieben
intellegere	intellegō	intellēxī	intellēctum	(be)merken, verstehen
neglegere	neglegō	neglēxī	neglēctum	nicht (be)achten, vernachlässigen
mittere	**mittō**	**mīsī**	**missum**	(los)lassen, schicken, werfen
admittere	admittō	admīsī	admissum	hinzuziehen, zulassen
āmittere	āmittō	āmīsī	(āmissum)	aufgeben, verlieren
committere	committō	commīsī	commissum	anvertrauen; veranstalten; zustande bringen
dēmittere	dēmittō	dēmīsī	dēmissum	hinabschicken, sinken lassen
dīmittere	dīmittō	dīmīsī	dīmissum	aufgeben, entlassen
ēmittere	ēmittō	ēmīsī	ēmissum	entsenden, freilassen
omittere	omittō	omīsī	(omissum)	aufgeben, beiseite lassen
permittere	permittō	permīsī	permissum	erlauben, überlassen
prōmittere	prōmittō	prōmīsī	prōmissum	versprechen
remittere	remittō	remīsī	remissum	zurückschicken; nachlassen, vermindern
nūbere	**nūbō**	**nūpsī**	**nūptum**	heiraten
premere	**premō**	**pressī**	**pressum**	(unter)drücken, bedrängen
opprimere	opprimō	oppressī	oppressum	bedrohen, niederwerfen, unterdrücken
regere	**regō**	**rēxī**	**rēctum**	beherrschen, leiten, lenken
pergere	pergō	perrēxī	–	aufbrechen; weitermachen
surgere	surgō	surrēxī	–	aufrichten; sich erheben, aufstehen
scrībere	**scrībō**	**scrīpsī**	**scrīptum**	schreiben, beschreiben
cōnscrībere	cōnscrībō	cōnscrīpsī	cōnscrīptum	aufschreiben, verfassen

sūmere	**sūmō**	**sūmpsī**	**sūmptum**	nehmen
cōnsūmere	cōnsūmō	cōnsūmpsī	cōnsūmptum	verbrauchen, verwenden
tegere	**tegō**	**tēxī**	**tēctum**	bedecken, schützen, verbergen
trahere	**trahō**	**trāxī**	**tractum**	schleppen, ziehen
vehere	**vehō**	**vēxī**	**vectum**	fahren, tragen, ziehen
vīvere	**vīvō**	**vīxī**	–	leben

Dehnungsperfekt

agere	**agō**	**ēgī**	**āctum**	handeln, treiben, verhandeln
cōgere	cōgō	coēgī	coāctum	(ver)sammeln, zwingen
exigere	exigō	exēgī	exāctum	(ein)fordern, vollenden
cōnsīdere	**cōnsīdō**	**cōnsēdī**	**cōnsessum**	sich setzen, sich niederlassen
emere	**emō**	**ēmī**	**ēmptum**	kaufen
frangere	**frangō**	**frēgī**	**frāctum**	zerbrechen *(trans.)*
fundere	**fundō**	**fūdī**	**(fūsum)**	(aus)gießen, zerstreuen
legere	**legō**	**lēgī**	**lēctum**	lesen; auswählen
colligere	colligō	collēgī	collēctum	sammeln
dēligere	dēligō	dēlēgī	dēlēctum	(aus)wählen
relinquere	**relinquō**	**relīquī**	**relictum**	verlassen, zurücklassen
rumpere	**rumpō**	**rūpī**	**ruptum**	zerbrechen
corrumpere	corrumpō	corrūpī	corruptum	bestechen, verderben
vincere	**vincō**	**vīcī**	**victum**	(be)siegen, übertreffen

Reduplikationsperfekt

cadere	**cadō**	**cecidī**	–	fallen
accidere	accidō	accidī	–	geschehen, sich ereignen
occidere	occidō	occidī	–	(zu Boden) fallen, umkommen, untergehen
caedere	**caedō**	**cecīdī**	**(caesum)**	fällen, töten
occīdere	occīdō	occīdī	occīsum	niederschlagen, töten
currere	**currō**	**cucurrī**	**(cursum)**	laufen, eilen
occurrere	occurrō	occurrī	(occursum)	begegnen, entgegentreten
[dare]				[s. S. 221]
addere	addō	addidī	additum	hinzufügen
condere	condō	condidī	conditum	verwahren, verbergen; erbauen, gründen
crēdere	crēdō	crēdidī	(crēditum)	glauben, anvertrauen
dēdere	dēdō	dēdidī	dēditum	ausliefern, übergeben
ēdere	ēdō	ēdidī	ēditum	herausgeben, bekannt machen, veranstalten
perdere	perdō	perdidī	perditum	verlieren, verschwenden, zugrunde richten
prōdere	prōdō	prōdidī	prōditum	verraten, überliefern
reddere	reddō	reddidī	redditum	zurückgeben, etw. zukommen lassen
trādere	trādō	trādidī	trāditum	übergeben, überliefern
vēndere	vēndō	vēndidī	vēnditum	verkaufen
discere	**discō**	**didicī**	–	lernen, erfahren
fallere	**fallō**	**fefellī**	–	täuschen, betrügen
parcere	**parcō**	**pepercī**	–	schonen, verschonen

pellere	**pellō**	**pepulī**	**pulsum**	stoßen, schlagen, (ver)treiben
expellere	expellō	expulī	expulsum	vertreiben, verbannen
impellere	impellō	impulī	impulsum	antreiben, veranlassen
repellere	repellō	reppulī	(repulsum)	zurückstoßen, abweisen, vertreiben
pōscere	**pōscō**	**popōscī**	–	fordern, verlangen
[sistere]				stellen, sich hinstellen
cōnsistere	cōnsistō	cōnstitī	–	stehen bleiben, haltmachen, sich aufstellen
resistere	resistō	restitī	–	stehen bleiben; Widerstand leisten
tangere	**tangō**	**tetigī**	**tāctum**	berühren
attingere	attingō	attigī	attāctum	berühren
contingere	contingō	contigī	contāctum	berühren; gelingen
tendere	**tendō**	**tetendī**	**tentum**	(aus)strecken, spannen, sich anstrengen
contendere	contendō	contendī	–	sich anstrengen, kämpfen; eilen; behaupten
ostendere	ostendō	ostendī	–	zeigen, erklären
tollere	**tollō**	**sustulī**	**sublātum**	aufheben, in die Höhe heben, wegnehmen

Perfekt ohne Stammveränderung

bibere	**bibō**	**bibī**	–	trinken
[candēre]				glühen, schimmern
accendere	accendō	accendī	accēnsum	anfeuern, anzünden
incendere	incendō	incendī	incēnsum	entflammen, in Brand stecken
dēfendere	**dēfendō**	**dēfendī**	**dēfēnsum**	abwehren, verteidigen
metuere	**metuō**	**metuī**	–	(sich) fürchten
prehendere	**prehendō**	**prehendī**	**prehēnsum**	ergreifen, nehmen
comprehendere	comprehendō	comprehendī	comprehēnsum	begreifen, ergreifen, festnehmen
reprehendere	reprehendō	reprehendī	reprehēnsum	schimpfen, kritisieren
ruere	**ruō**	**ruī**	**(ruitūrus)**	stürzen, eilen, stürmen
[scandere]				steigen
dēscendere	dēscendō	dēscendī	–	herabsteigen
solvere	**solvō**	**solvī**	**solūtum**	lösen, auflösen; bezahlen
statuere	**statuō**	**statuī**	**statūtum**	aufstellen, beschließen, festsetzen
cōnstituere	cōnstituō	cōnstituī	cōnstitūtum	festsetzen, beschließen
īnstituere	īnstituō	īnstituī	īnstitūtum	beginnen, einrichten, unterrichten
restituere	restituō	restituī	restitūtum	wiederherstellen
tribuere	**tribuō**	**tribuī**	**tribūtum**	schenken, zuteilen
vertere	**vertō**	**vertī**	**versum**	drehen, wenden
animadvertere	animadvertō	animadvertī	animadversum	bemerken; vorgehen (gegen)
āvertere	āvertō	āvertī	āversum	abwenden, vertreiben
convertere	convertō	convertī	conversum	verändern, (um)wenden
vīsere	**vīsō**	**vīsī**	**vīsum**	besichtigen, besuchen
volvere	**volvō**	**volvī**	**volūtum**	rollen, wälzen; überlegen

Verben der konsonantischen Konjugation (mit i-Erweiterung)

v-Perfekt				
cupere	**cupiō**	**cupīvī**	**cupītum**	wünschen, verlangen
sapere	**sapiō**	**sapīvī**	**–**	Verstand haben, Geschmack haben
u-Perfekt				
rapere	**rapiō**	**rapuī**	**raptum**	wegführen, rauben, wegreißen
corripere	corripiō	corripuī	correptum	ergreifen, gewaltsam an sich reißen
ēripere	ēripiō	ēripuī	ēreptum	entreißen
s-Perfekt				
aspicere	**aspiciō**	**aspexī**	**aspectum**	erblicken, ansehen
cōnspicere	**cōnspiciō**	**cōnspexī**	**cōnspectum**	erblicken
perspicere	**perspiciō**	**perspexī**	**perspectum**	durchschauen, genau betrachten, sehen, erkennen
prōspicere	**prōspiciō**	**prōspexī**	**prōspectum**	achtgeben, dafür sorgen, (vorher)sehen
respicere	**respiciō**	**respexī**	**respectum**	zurückblicken, berücksichtigen
Dehnungsperfekt				
capere	**capiō**	**cēpī**	**captum**	fassen, nehmen; erobern
accipere	accipiō	accēpī	acceptum	erhalten, erfahren, annehmen
excipere	excipiō	excēpī	exceptum	aufnehmen, eine Ausnahme machen
incipere	incipiō	coepī (incēpī)	inceptum	anfangen, beginnen
praecipere	praecipiō	praecēpī	praeceptum	(be)lehren, vorschreiben
recipere	recipiō	recēpī	receptum	zurücknehmen, aufnehmen, wiederbekommen
suscipere	suscipiō	suscēpī	susceptum	auf sich nehmen, sich (einer Sache) annehmen, unternehmen
facere	**faciō**	**fēcī**	**factum**	machen, tun, handeln
afficere	afficiō	affēcī	affectum	versehen mit etw.
cōnficere	cōnficiō	cōnfēcī	cōnfectum	fertig machen, beenden
dēficere	dēficiō	dēfēcī	dēfectum	abnehmen, ermatten, abfallen (von)
efficere	efficiō	effēcī	effectum	bewirken, herstellen
interficere	interficiō	interfēcī	interfectum	töten, vernichten
perficere	perficiō	perfēcī	perfectum	erreichen, fertig stellen, vollenden
fugere	**fugiō**	**fūgī**	**–**	fliehen (vor), meiden
effugere	effugiō	effūgī	–	entfliehen, entkommen
[iacere]				werfen, schleudern
adicere	adiciō	adiēcī	adiectum	hinzufügen
conicere	coniciō	coniēcī	coniectum	(zusammen)werfen, folgern, vermuten
ēicere	ēiciō	ēiēcī	ēiectum	hinauswerfen, vertreiben
obicere	obiciō	obiēcī	(obiectum)	darbieten, vorwerfen
subicere	subiciō	subiēcī	subiectum	darunterlegen; unterwerfen
Reduplikationsperfekt				
parere	**pariō**	**peperī**	**partum**	zur Welt bringen, gebären; schaffen

Deponentien der a-Konjugation			
arbitrārī	arbitror	arbitrātus sum	glauben, meinen
cōnārī	cōnor	cōnātus sum	versuchen
hortārī	hortor	hortātus sum	auffordern, ermahnen
imitārī	imitor	imitātus sum	nachahmen
mīrārī	mīror	mīrātus sum	bewundern, sich wundern
morārī	moror	morātus sum	(sich) aufhalten
opīnārī	opīnor	opīnātus sum	glauben, meinen
precārī	precor	precātus sum	bitten
suspicārī	suspicor	suspicātus sum	vermuten
versārī	versor	versātus sum	sich aufhalten, sich befinden, sich beschäftigen

Deponentien der e-Konjugation			
fatērī	fateor	fassus sum	bekennen, gestehen
cōnfitērī	cōnfiteor	cōnfessus sum	(ein)gestehen
pollicērī	polliceor	pollicitus sum	versprechen
rērī	reor	ratus sum	meinen
tuērī	tueor	–	betrachten, schützen, (milit.) sichern
intuērī	intueor	–	anschauen
verērī	vereor	veritus sum	fürchten, sich scheuen; verehren
vidērī	videor	vīsus sum	scheinen, gelten (als)

Deponentien der i-Konjugation			
experīrī	experior	expertus sum	erfahren, versuchen
mōlīrī	mōlior	mōlītus sum	(an)treiben; planen, unternehmen
orīrī	orior	ortus sum	entstehen, sich erheben

Deponentien der kons. Konjugation			
īrāscī	īrāscor	(īrātus sum)	in Zorn geraten, zornig sein (gegen / über)
loquī	loquor	locūtus sum	reden, sprechen
colloquī	colloquor	collocūtus sum	sich unterhalten; verhandeln, besprechen
nāscī	nāscor	nātus sum	entstehen, geboren werden
nītī	nītor	nīxus sum	sich stützen auf; streben (nach)
proficīscī	proficīscor	profectus sum	(ab)reisen, aufbrechen
querī	queror	questus sum	klagen, sich beklagen über
sequī	sequor	secūtus sum	folgen
cōnsequī	cōnsequor	cōnsecūtus sum	erreichen, nachfolgen
īnsequī	īnsequor	īnsecūtus sum	unmittelbar folgen, verfolgen
persequī	persequor	persecūtus sum	verfolgen; erstreben
ūtī	ūtor	ūsus sum	benutzen, gebrauchen
vehī	vehor	vectus sum	sich fortbewegen, fahren

Deponentien der kons. Konjugation (mit i-Erweiterung)			
[gradī]			gehen, schreiten
aggredī	aggredior	aggressus sum	angreifen, herangehen
ēgredī	ēgredior	ēgressus sum	hinausgehen, verlassen
ingredī	ingredior	ingressus sum	betreten; beginnen
prōgredī	prōgredior	prōgressus sum	vorrücken, weitergehen
morī	**morior**	**mortuus sum**	sterben
patī	**patior**	**passus sum**	(er)leiden, ertragen, zulassen

Semideponentien				
audēre	**audeō**	**ausus sum**	wagen	
cōnfīdere	**cōnfīdō**	**cōnfīsus sum**	vertrauen	
gaudēre	**gaudeō**	**gāvīsus sum**	sich freuen	
revertī	**revertor**	**revertī**	**reversum**	zurückkehren
solēre	**soleō**	**solitus sum**	gewohnt sein, gewöhnlich etw. tun	

Perfektopräsentien		
cōnsuēvisse	**cōnsuēvī**	gewohnt sein
meminisse	**meminī**	sich erinnern an; daran denken
nō(vi)sse	**nōvī**	kennen, wissen
cognōvisse	cognōvī	kennen, wissen
ōdisse	**ōdī**	hassen

Weitere Verben

esse	**sum**	**fuī**	**futūrus**	sein, sich befinden
abesse	absum	āfuī	–	entfernt sein, abwesend sein, fehlen
adesse	adsum	adfuī	–	da sein, helfen
dēesse	dēsum	dēfuī	–	abwesend sein, fehlen
interesse	intersum	interfuī	–	dazwischen sein, teilnehmen (an)
posse	possum	potuī	–	können
praeesse	praesum	praefuī	–	leiten, an der Spitze stehen
superesse	supersum	superfuī	–	überleben, übrig sein
ferre	**ferō**	**tulī**	**lātum**	bringen, tragen; ertragen
afferre	afferō	attulī	allātum	bringen, herbeibringen, mitbringen; melden
auferre	auferō	abstulī	ablātum	rauben, wegbringen
cōnferre	cōnferō	contulī	collātum	vergleichen, zusammentragen
dēferre	dēferō	dētulī	dēlātum	hinbringen, melden, übertragen
differre	differō	distulī	dīlātum	aufschieben; sich unterscheiden (von)
efferre	efferō	extulī	ēlātum	herausheben, hervorbringen
īnferre	īnferō	intulī	illātum	hineintragen, zufügen
offerre	offerō	obtulī	oblātum	anbieten, entgegenbringen
perferre	perferō	pertulī	perlātum	(über)bringen, ertragen
praeferre	praeferō	praetulī	praelātum	vorziehen
prōferre	prōferō	prōtulī	prōlātum	(hervor)holen, zur Sprache bringen
referre	referō	rettulī	relātum	(zurück)bringen, berichten
īre	**eō**	**iī**	**itum**	gehen
abīre	abeō	abiī	(abitum)	weggehen
adīre	adeō	adiī	(aditum)	herantreten (an), bitten, aufsuchen
exīre	exeō	exiī	exitum	herausgehen, hinausgehen; enden
inīre	ineō	iniī	(initum)	hineingehen (in), beginnen
perīre	pereō	periī	(peritum)	umkommen, zugrunde gehen
praeterīre	praetereō	praeteriī	(praeteritum)	übergehen, vorbeigehen (an)
quīre	queō	quīvī (quiī)	–	können
redīre	redeō	rediī	reditum	zurückgehen, zurückkehren
subīre	subeō	subiī	(subitum)	auf sich nehmen, herangehen
trānsīre	trānseō	trānsiī	(trānsitum)	durchqueren, hinübergehen, überschreiten
velle	**volō**	**voluī**	–	wollen
mālle	mālō	māluī	–	lieber wollen
nōlle	nōlō	nōluī	–	nicht wollen
fierī	**fīō**	**factus sum**	–	gemacht werden; geschehen, werden

Grammatisches Register

Grammatisches Register

Lateinisch-deutsches Register

A

ā / ab *Präp. m. Abl.* von, von … her **16**
ā basilicā venīre von der Markthalle kommen **16**
ā iuventūte von Jugend an **65**
ab oppidō venīre von der Stadt kommen **16**
abdūcere, abdūcō, abdūxī, abductum wegführen **103**
abesse, absum, āfuī *(ā m. Abl.)* entfernt sein, abwesend sein, fehlen **73**
ab urbe abesse von der Stadt entfernt sein **73**
Multa mihi absunt. Mir fehlt viel(es). **73**
abīre, abeō, abiī weggehen **40**
ac und, und auch; *im Vergleich:* wie, als **45. 94**
accēdere, accēdō, accessī, accessum *(ad m. Akk.)* herbeikommen, hinzukommen **85**
ad rem pūblicam accēdere sich politisch betätigen **85**
accendere, accendō, accendī, accēnsum anfeuern, anzünden **96**
īrā accēnsus zornentbrannt, zornerfüllt **96**
accidere, accidō, accidī geschehen, sich ereignen **47**
accipere, accipiō, accēpī, acceptum erhalten, erfahren, annehmen **36. 53**
accūsāre, accūsō anklagen, beschuldigen **35**
ācer, ācris, ācre energisch, heftig, scharf **34**
ācerbus, a, um bitter, grausam, rücksichtslos **57**
aciēs, aciēī *f* Schlachtordnung, Schärfe **95**
āctiō, āctiōnis *f* Tätigkeit; Gerichtsverhandlung; Rede **94**
ad *Präp. m. Akk.* zu, bei, nach, an **12**
ad basilicam esse bei der Markthalle sein **12**
ad basilicam properāre zu der Markthalle eilen **12**
ad rem pūblicam accēdere sich politisch betätigen **85**
addere, addō, addidī, additum hinzufügen **62**
addūcere, addūcō, addūxī, adductum heranführen, veranlassen **17. 55**
adeō *Adv.* so sehr **103**
adesse, adsum, adfuī da sein, helfen **17**
amīcō adesse dem Freund helfen **17**
adhūc *Adv.* bis jetzt, noch **6**
adicere, adiciō, adiēcī, adiectum hinzufügen **T7**
adīre, adeō, adiī *(m. Akk.)* herantreten (an), bitten, aufsuchen **40**
senātōrem adīre an einen Senator herantreten, einen Senator bitten **40**
Circum Maximum adīre den Circus Maximus aufsuchen **40**
aditus, aditūs *m* Zugang, Eingang **86**
adiungere, adiungō, adiūnxī, adiūnctum hinzufügen, anschließen **T1**
sibi adiungere *m. Akk.* jdn. für sich gewinnen **T1**
verba adiungere Worte hinzufügen **T1**
admittere, admittō, admīsī, admissum hinzuziehen, zulassen **96**
adulēscēns, adulēscentis *m (Gen. Pl. -ium)* jung; *Subst.* junger Mann **82**
adventus, adventūs *m* Ankunft **98**
adversus, a, um entgegengesetzt, feindlich **97**
rēs adversae *f Pl.* Unglück **42**
adversus *Präp. m. Akk.* gegen **65**
adversus cōnsulēs gegen die Konsuln **65**
aedificāre, aedificō bauen **11**
aedificium Gebäude **11**
aedis, aedis *f (Gen. Pl. -ium)* Tempel, *Pl.* Haus **82**
Aenēās, Aenēae *m* Äneas *(Trojaner und Stammvater der Römer)* **32**
Aeolus Äolus *(Herr über die Winde)* **6**
aequor, aequoris *n* Ebene, Fläche, Meer **98**
aequus, a, um eben, gleich, gerecht, gnädig **89**
animus aequus Ausgeglichenheit; Gleichgültigkeit **89**
iūs aequum gleiches Recht, Rechtsgleichheit **89**
āēr, āeris *m* Luft **55**
aes, aeris *n* Erz, Geld **74**
aes aliēnum Schulden **74**
aestās, aestātis *f* Sommer **38**
aestimāre, aestimō einschätzen, beurteilen; *m. dopp. Akk.* halten für **56**
aestus, aestūs *m* Hitze, Flut **103**
aetās, aetātis *f* Lebensalter, Zeit, Zeitalter **95**
aeternus, a, um ewig **66**
Aetna Ätna *(Vulkan auf Sizilien)* **10**
afferre, afferō, attulī, allātum bringen, herbeibringen, mitbringen; melden **76**
afficere, afficiō, affēcī, affectum *m. Abl.* versehen mit etw. **84**
poenā afficere bestrafen **84**
suppliciō afficere hinrichten lassen **84**
Āfrica Afrika **9**
ager, agrī *m* Acker, Feld, Gebiet **15**
agrōs colere die Felder bewirtschaften **56**
agere, agō, ēgī, āctum handeln, treiben, verhandeln **29. 64**
causās agere Prozesse führen **91**
ratiōne agere mit Vernunft (vernünftig) handeln **92**
vītam agere ein Leben führen, leben **38**
aggredī, aggredior, aggressus sum angreifen, herangehen **91**
agitāre, agitō betreiben; überlegen **94**
agmen, agminis *n* Heereszug **63**
āiō *(3. Pers. Sg.* **ait**, *3. Pers. Pl.* **āiunt***)* behaupte(te) ich, sag(t)e ich **79**
Alcaeus Alkaios *(griech. Dichter, um 600 v. Chr.)* **79**
alere, alō, aluī, altum ernähren, großziehen **60**
aliēnus, a, um fremd **71**
aliquī, aliqua, aliquod *adj.* (irgend)ein **77**
aliquis, aliquid *subst.* (irgend)jemand **77**
aliter *Adv.* anders; sonst **75**
alius, alia, aliud ein anderer **31**
alius … alius der eine … der andere **52**
Alpēs, Alpium *f Pl.* die Alpen **63**
alter, altera, alterum *(Gen.* **alterīus**, *Dat.* **alterī***)* der eine / der andere *(von zweien)* **99**
alter … alter der eine … der andere **103**
altus, a, um hoch, tief **26**

Die mit **T** erweiterten Ziffern beziehen sich auf die Lernwörter der Übergangslektüre.

bellum Krieg **31**
bellum gerere Krieg führen **39**
Bellum oritur. Ein Krieg bricht aus. **92**
bene *Adv.* gut **9**
beneficium Wohltat **11**
bēstia (wildes) Tier **22**
bibere, bibō, bibī trinken **17. 34**
Bonifātius Bonifatius *(christlicher Missionar, „Apostel der Deutschen", um 670–754)* **69**
bonum das Gut, das Gute **T2. T4. T5**
bonus, a, um gut, tüchtig **14**
bonō animō esse guten Mutes sein, zuversichtlich sein **54**
brevis, e kurz **78**
brevī (tempore) nach kurzer Zeit, bald darauf **58**
Brūtus Lucius Junius Brutus *(Befreier Roms)* **41**

C

cadere, cadō, cecidī fallen **27. 28**
caedere, caedō, cecīdī fällen, töten **33**
caedēs, caedis *f (Gen. Pl.* **-ium***)* Mord, Blutbad **100**
caelum Himmel **22**
Caesar, Caesaris *m* Cäsar; Kaiser **21**
calamitās, calamitātis *f* Schaden, Unglück **53**
Camillus Camillus *(röm. Politiker und Feldherr, um 446–365 v. Chr.)* **61**
Campānia Kampanien *(fruchtbare Landschaft südlich von Rom)* **16**
campus Feld, freier Platz **1**
canis, canis *m* Hund **82**
cantāre, cantō singen **48**
capere, capiō, cēpī, captum fassen, nehmen; erobern **18. 29. 52**
amōre capī von Liebe ergriffen werden **53**
cōnsilium capere einen Plan (Entschluss) fassen **29**
frūctum capere Nutzen ziehen **101**
voluptātem capere ē / ex Freude haben an **93**
Capitōlium das Kapitol *(bedeutendster der sieben Hügel Roms)* **39**
captīvus Kriegsgefangener **9**
caput, capitis *n* Kopf; Hauptstadt **49**
Caput mihi dolet. Der Kopf tut mir weh. **49**
Rōma caput imperiī est. Rom ist die Hauptstadt des Reiches. **49**
carēre, careō *m. Abl.* frei sein von, ohne (etw.) sein, nicht haben **30**
amīcīs carēre keine Freunde haben, ohne Freunde sein **30**
carmen, carminis *n* Gedicht, Lied **48**
Carolus Magnus Karl der Große *(König des Frankenreiches 768–814)* **70**
carpere, carpō, carpsī, carptum pflücken, genießen; nutzen **87**
Carpe diem! Genieße den Tag! Nutze den Tag (die Zeit)! **87**
carrus Wagen, Karren **16**
Carthāgō, Carthāginis *f* Karthago *(Stadt in Nordafrika)* **32**
cārus, a, um lieb, teuer, wertvoll **21**
castra, castrōrum *n Pl.* Lager **27**
cāsus, cāsūs *m* Fall, Zufall **77**
cāsus nōminātīvus der (Fall) Nominativ **77**
cāsus cīvitātis der Untergang des Staates **77**
cāsū ēvenīre sich zufällig ereignen **77**
Cātō, Catōnis *m* Cato *(röm. Politiker und Feldherr)* **83**
Catullus Catull *(röm. Dichter, 1. Jh. v. Chr.)* **85**
causa Sache, Ursache, Grund; Prozess **42**
causās agere Prozesse führen **91**
causā *(nachgestellt) m. Gen.* wegen **81**
glōriae causā wegen des Ruhms **81**
cavēre, caveō, cāvī, cautum *(m. Akk.)* sich hüten (vor), Vorsorge treffen **81**
Cavē īram! Hüte dich vor Zorn! **81**
Cavē, (nē) cadās! Hüte dich zu fallen! **81**
cēdere, cēdō, cessī gehen, nachgeben, weichen **31**
celer, celeris, celere schnell **34**
celeritās, celeritātis *f* Schnelligkeit **102**
cēna Mahlzeit, Essen **8**
cēnāre, cēnō essen **9**
cēnsēre, cēnseō, cēnsuī, cēnsum meinen, einschätzen; *(m. Akk.)* seine Stimme abgeben (für) **70**
Linguam Latīnam pulchram esse cēnseō. Ich meine, dass die lateinische Sprache schön ist. **70**
Senātōrēs pācem cēnsent. Die Senatoren stimmen für (den) Frieden. **70**
centum *indekl.* hundert **73**
Cerberus Zerberus *(der dreiköpfige Höllenhund)* **30**
cernere, cernō sehen, bemerken **77**
certē / certō *Adv.* gewiss, sicherlich **31**
certus, a, um sicher, bestimmt **48**
cessāre, cessō zögern, rasten **45**
cēterī, ae, a die übrigen **22**
cēterum *Adv.* übrigens, im Übrigen **84**
Christiānus, a, um christlich; *Subst.* Christ **65**
Chrīstus Christus **66**
cibus Nahrung, Speise, Futter **6**
Cicerō, Cicerōnis *m* Cicero *(röm. Redner, Schriftsteller und Politiker, 106–43 v. Chr.)* **85**
cingere, cingō, cinxī, cinctum umgeben, umzingeln **T2**
oppidum moenibus cingere eine Stadt mit Mauern umgeben **T2**
hostēs cingere die Feinde umzingeln **T2**
circiter *Adv.* ungefähr **50**
circum *Präp. m. Akk.* rings um, um ... herum **33**
circum mūrōs um die Mauern (herum) **33**
circumdare, circumdō, circumdedī, circumdatum umgeben **65**
circumvenīre, circumveniō, circumvēnī, circumventum umringen, umzingeln **T2**
senātōrem circumvenīre den Senator umringen **T2**
cōpiās circumvenīre die Truppen umzingeln **T2**

Circus Maximus Circus Maximus *(Rennbahn für Wagenrennen in Rom)* **40**
cīvis, cīvis *m (Gen. Pl. -ium)* Bürger **32**
cīvitās, cīvitātis *f* Gemeinde, Staat; Bürgerrecht **21. 72**
clāmāre, clāmō laut rufen, schreien **13**
clāmor, clāmōris *m* Geschrei, Lärm **20**
  Clāmor oritur. Geschrei erhebt sich. **92**
clārus, a, um klar, hell, berühmt **19**
classis, classis *f (Gen. Pl. -ium)* Flotte, Abteilung **T2. T3**
claudere, claudō, clausī, clausum schließen, abschließen, einschließen **68**
cōgere, cōgō, coēgī, coāctum (ver)sammeln; zwingen **69**
  mīlitēs cōgere die Soldaten versammeln **69**
  nūllō cōgente ohne Zwang **69**
cōgitāre, cōgitō denken, beabsichtigen **32**
cognōscere, cognōscō, cognōvī, cognitum erkennen, kennenlernen; *Perf.* kennen, wissen **69. 101**
  Tē cognōvī. Ich habe dich kennengelernt. Ich kenne dich. **69**
colere, colō, coluī, cultum bewirtschaften, pflegen; verehren **56**
  agrōs colere die Felder bewirtschaften **56**
  deōs colere die Götter verehren **56**
colligere, colligō, collēgī, collēctum sammeln **84**
collocāre, collocō aufstellen, unterbringen **68**
colloquī, colloquor, collocūtus sum sich unterhalten; verhandeln, besprechen **92**
collum Hals **99**
Colōnia (Agrippīnēnsis) Köln **73**
color, colōris *m* Farbe, Färbung **T6**
Columbus Christoph Kolumbus **T1. T4**
comes, comitis *m/f* Begleiter(in), Gefährte, Gefährtin **34**
committere, committō, commīsī, commissum anvertrauen; veranstalten; zustande bringen **82**
  fūrtum committere einen Diebstahl begehen **89**
  lūdōs committere Spiele veranstalten, eröffnen **82**
  proelium committere eine Schlacht liefern, kämpfen **82**
commodum Bequemlichkeit, Vorteil **71**
commodus, a, um günstig, angenehm, angemessen **97**
commovēre, commoveō, commōvī, commōtum bewegen, veranlassen **57**
commūnis, e gemeinsam, allgemein **37**
comparāre, comparō vergleichen **78**
comperīre, comperiō, comperī, compertum (genau) erfahren **66**
complēre, compleō, complēvī anfüllen, auffüllen **6. 26**
complūrēs, complūra mehrere **50**
compōnere, compōnō, composuī, compositum abfassen, ordnen, schlichten; vergleichen **79**
comprehendere, comprehendō, comprehendī, comprehēnsum begreifen, ergreifen, festnehmen **29. 52**
cōnārī, cōnor, cōnātus sum versuchen **92**
concēdere, concēdō, concessī erlauben, nachgeben, zugestehen **39**
Concordia Concordia *(Göttin der Eintracht)* **11**
condere, condō, condidī, conditum verwahren, verbergen; erbauen, gründen **36. 55**
condiciō, condiciōnis *f* Bedingung, Lage, Verabredung **57**
condūcere, condūcō, condūxī, conductum zusammenführen, anwerben, mieten **T4**
  cōpiās condūcere die Truppen zusammenführen **T4**
  mīlitēs condūcere Soldaten anwerben **T4**
cōnferre, cōnferō, cōntulī, collātum vergleichen, zusammentragen **76**
cōnficere, cōnficiō, cōnfēcī, cōnfectum fertig machen, beenden **63**
cōnfīdere, cōnfīdō, cōnfīsus sum vertrauen **102**
  cōnfīsus suīs vīribus im Vertrauen auf seine Kräfte **102**
cōnfirmāre, cōnfirmō bekräftigen, ermutigen, stärken **38**
cōnfitērī, cōnfiteor, cōnfessus sum (ein)gestehen **94**
conicere, coniciō, coniēcī, coniectum (zusammen) werfen, folgern, vermuten **52**
coniungere, coniungō, coniūnxī, coniūnctum verbinden, vereinigen **T6**
coniūnx, coniugis *m/f* Gatte, Gattin **57**
coniūrātiō, coniūrātiōnis *f* Verschwörung **85**
cōnscrībere, cōnscrībō, cōnscrīpsī, cōnscrīptum aufschreiben, verfassen **68**
  mīlitēs cōnscrībere Soldaten ausheben, rekrutieren **68**
cōnsequī, cōnsequor, cōnsecūtus sum *m. Akk.* erreichen, nachfolgen **91**
cōnservāre, cōnservō *(ā m. Abl.)* retten (vor), bewahren **85**
  ā vitiō cōnservāre vor einem Fehler bewahren **85**
cōnsīdere, cōnsīdō, cōnsēdī, cōnsessum sich setzen, sich niederlassen **53**
cōnsilium Beratung, Beschluss, Plan, Rat **11**
  cōnsilium capere einen Plan (Entschluss) fassen **29**
cōnsistere, cōnsistō, cōnstitī stehen bleiben, haltmachen, sich aufstellen **17. 31**
cōnspectus, cōnspectūs *m* Anblick, Blickfeld **45**
cōnspicere, cōnspiciō, cōnspexī, cōnspectum erblicken **68**
Cōnstantīnus Konstantin *(der Große; röm. Kaiser 306–337 n. Chr.)* **68**
cōnstāre, cōnstō, cōnstitī ex *m. Abl.* bestehen aus **77**
  Ōrātiō ē complūribus partibus cōnstat. Eine Rede besteht aus mehreren Teilen. **77**
cōnstat es ist bekannt, es steht fest **31**
cōnstituere, cōnstituō, cōnstituī, cōnstitūtum festsetzen, beschließen **54**
cōnsuēscere, cōnsuēscō, cōnsuēvī, cōnsuētum *m. Inf.* sich daran gewöhnen; *Perf.* gewohnt sein **94. 101**

Equus pārēre cōnsuēscit. Das Pferd gewöhnt sich daran zu gehorchen. **94**
Magister līberōs docēre cōnsuēvit. Der Lehrer ist es gewohnt, die Kinder zu unterrichten. **101**
Hoc fierī cōnsuēvit. Das geschieht gewöhnlich. **101**
cōnsuētūdō, cōnsuētūdinis *f* Gewohnheit **T6**
cōnsul, cōnsulis *m* Konsul **64**
cōnsulere, cōnsulō, cōnsuluī, cōnsultum *m. Akk.* um Rat fragen; *m. Dat.* sorgen für; **in** *m. Akk.* vorgehen gegen **59**
deōs cōnsulere die Götter um Rat fragen **59**
sociīs cōnsulere für die Verbündeten sorgen **59**
in hostēs cōnsulere gegen die Feinde vorgehen **59**
cōnsūmere, cōnsūmō, cōnsūmpsī, cōnsūmptum verbrauchen, verwenden **103**
contendere, contendō, contendī sich anstrengen, kämpfen; eilen; behaupten **36**
contentus, a, um zufrieden **93**
continēre, contineō, continuī, contentum festhalten, enthalten **100**
contingere, contingō, contigī, contāctum berühren; gelingen **79**
Contingit mihi, ut veniam. Es gelingt mir zu kommen. **79**
contrā *Adv.* gegenüber, dagegen **88**
contrā *Präp. m. Akk.* gegen **46**
contrā hostēs gegen die Feinde **46**
convenīre, conveniō, convēnī zusammenkommen, zusammenpassen, besuchen **32**
convertere, convertō, convertī, conversum verändern, (um)wenden **65**
convīvium Gastmahl, Gelage **85**
convocāre, convocō zusammenrufen, versammeln **68**
cōpia Menge, Vorrat, Möglichkeit; *Pl.* Truppen **6. 39**
cor, cordis *n* Herz **94**
cordī esse am Herzen liegen **94**
Corinthus *f* Korinth *(Stadt in Griechenland)* **80**
Coriolānus Coriolan *(röm. Patrizier)* **60**
corpus, corporis *n* Körper, Leichnam **47**
corripere, corripiō, corripuī, correptum ergreifen, gewaltsam an sich reißen **71**
corrumpere, corrumpō, corrūpī, corruptum bestechen, verderben **83**
iūdicem corrumpere den Richter bestechen **83**
iuventūtem corrumpere die Jugend verderben **83**
creāre, creō erschaffen, wählen **19**
crēber, crēbra, crēbrum häufig, zahlreich **102**
crēbrō *Adv.* häufig **102**
crēdere, crēdō, crēdidī glauben, anvertrauen **37**
Creōn, Creontis *m* Kreon *(König von Theben)* **81**
crēscere, crēscō, crēvī wachsen **76**
Crēta Kreta *(Insel im Mittelmeer)* **10**
crīmen, crīminis *n* Verbrechen, Vorwurf, Beschuldigung **47**
crīminī dare zum Vorwurf machen **60**
fūrem crīminis damnāre einen Dieb wegen eines Verbrechens verurteilen **50**
Croesus Krösus *(König von Lydien, 6. Jh. v. Chr.)* **78**
crūdēlis, e grausam **35**
crux, crucis f Kreuz **66**
cui? wem? **5**
culpa Schuld **75**
cultus, cultūs *m* Bildung, Lebensweise, Pflege, Verehrung **67**
cum *Präp. m. Abl.* mit, zusammen mit **12**
cum amīcō mit dem Freund **12**
cum *Subj. m. Ind.* als (plötzlich); (immer) wenn **26**
cum *Subj. m. Konj.* als, nachdem; weil; obwohl, während (dagegen) **67**
cūnctī, ae, a alle (zusammen) **14**
cupere, cupiō, cupīvī, cupītum wünschen, verlangen **62**
cupiditās, cupiditātis *f (m. Gen.)* (heftiges) Verlangen (nach), Leidenschaft **80**
cupiditās glōriae das Verlangen nach Ruhm **80**
cupidus, a, um *(m. Gen.)* (be)gierig (nach) **77**
cupidus pecūniae gierig nach Geld, geldgierig **77**
cūr? warum? **2**
cūra Pflege, Sorge **38**
cūrae esse Sorge bereiten **60**
cūrāre, cūrō pflegen, sorgen für **25**
equum cūrāre das Pferd pflegen **25**
familiam cūrāre für die Familie sorgen **25**
cūria Kurie *(Sitzungsgebäude des Senats)* **11**
currere, currō, cucurrī laufen, eilen **45**
currus, currūs *m* Wagen **98**
cursus, cursūs *m* Lauf **77**
cūstōs, cūstōdis *m/f* Wächter(in) **61**
cūstōdia Gefängnis, Haft, Wache **82**

D

Daedalus Dädalus *(berühmter Baumeister und Erfinder aus Athen)* **55**
damnāre, damnō *(m. Gen.)* verurteilen (wegen) **50**
fūrem crīminis damnāre einen Dieb wegen eines Verbrechens verurteilen **50**
dare, dō, dedī, datum geben **22. 28. 51**
crīminī dare zum Vorwurf machen **60**
sē dare sich widmen, sich hingeben **91**
Ōtiō mē dō. Ich gebe mich der Ruhe hin. Ich widme mich der Ruhe. **91**
dē *m. Abl.* von, von … her, von … weg, von … herab; über **14**
dē templō vom Tempel herab **14**
dea Göttin **11**
dēbēre, dēbeō, dēbuī, dēbitum müssen, sollen, schulden **2. 58**
decem *indekl.* zehn **49**
dēcernere, dēcernō, dēcrēvī, dēcrētum beschließen, entscheiden **69**

dūcere, dūco, dūxī, ductum führen, ziehen **16. 28. 52**
m. dopp. Akk. halten für **56**
parvī dūcere geringschätzen, gering achten **T1**
dulcis, e angenehm, süß **35**
dum *Subj.* während, solange, bis **20**
duo, duae, duo zwei **49**
duodecim *indekl.* zwölf **49**
duodēvīgintī *indekl.* achtzehn **49**
dūrus, a, um hart, hartherzig **81**
dux, ducis *m/f* Anführer(in) **51**

E

ē / ex *Präp. m. Abl.* aus, von ... her **12**
ē patriā aus der Heimat **12**
ex aedificiō aus dem Gebäude **12**
ecce Schau! Sieh da! Schaut! Seht da! **28**
ēdere, ēdō, ēdidī, ēditum herausgeben, bekannt machen, veranstalten **74**
librōs ēdere Bücher herausgeben **74**
lūdōs ēdere Spiele veranstalten **74**
ēdūcere, ēdūcō herausführen **17**
efferre, efferō, extulī, ēlātum herausheben, hervorbringen **76**
verbīs efferre mit Worten hervorheben, rühmen **76**
efficere, efficiō, effēcī, effectum bewirken, herstellen **60**
effugere, effugiō, effūgī *(m. Akk.)* entfliehen, entkommen **58**
ego *Nom.* ich *(betont)* **13**
ēgredī, ēgredior, ēgressus sum hinausgehen, verlassen **103**
modum ēgredī das Maß überschreiten **103**
ēgregius, a, um ausgezeichnet, hervorragend **88**
ēicere, ēiciō, ēiēcī, ēiectum hinauswerfen, vertreiben **95**
eius modī / eiusmodī derartig, so beschaffen **54**
emere, emō, ēmī, ēmptum kaufen **74**
ēmittere, ēmittō, ēmīsī, ēmissum entsenden, freilassen **T7**
enim *(nachgestellt)* nämlich **28**
eō *Adv.* dorthin; deswegen **100**
Epicūrus Epikur *(griech. Philosoph, um 341–270 v. Chr.)* **87**
epistula Brief **79**
equidem (ich) allerdings, freilich **45**
equus Pferd **1**
ergō *Adv.* also, deshalb **39**
ēripere, ēripiō, ēripuī, ēreptum entreißen **T7**
errāre, errō umherirren, (sich) irren **13**
esse, sum, fuī, futūrus sein, sich befinden **2. 26. 84**
et und, auch **1**
et ... et sowohl ... als auch **37**
etiam auch, sogar **5**
Etrūscus, a, um etruskisch; *Subst.* Etrusker **51**
etsī auch wenn, obwohl **28**
Eurōpa Europa *(Erdteil)* **9**
Eurōpa Europa *(die Tochter des phönizischen Königs Agenor)* **53**
Eurydica Eurydike *(Gattin des Orpheus)* **57**
Eurystheus *m* Eurystheus *(mythischer König von Mykene)* **30**
ēvenīre, ēveniō, ēvēnī, ēventum sich ereignen **74**
ēvenit, ut es ereignet sich, dass **74**
ex / ē *Präp. m. Abl.* aus, von ... her **12**
excēdere, excēdō, excessī, excessum hinausgehen, weggehen **T6**
patriā excēdere aus der Heimat weggehen **T6**
excipere, excipiō, excēpī, exceptum aufnehmen, eine Ausnahme machen **100**
excitāre, excitō erregen, ermuntern, wecken **46**
exemplum Beispiel, Vorbild **88**
exercēre, exerceō üben, trainieren; quälen **23**
exercitus, exercitūs *m* Heer **61**
exigere, exigō, exēgī, exāctum (ein)fordern, vollenden **74**
exilium Exil, Verbannung **79**
exīre, exeō, exiī, exitum herausgehen, hinausgehen; enden **40. 68**
exīstimāre, exīstimō meinen, einschätzen **22**
expellere, expellō, expulī, expulsum vertreiben, verbannen **63**
experīrī, experior, expertus sum erfahren, versuchen **91**
exspectāre, exspectō warten (auf), erwarten **10**
exstinguere, exstinguō, exstīnxī, exstīnctum auslöschen, vernichten **72**
exter, extera, exterum ausländisch **T5**
extrā *Präp. m. Akk.* außerhalb (von) **78**

F

fābula Erzählung, Geschichte, Theaterstück **29**
fac! tu! mach! handle! **27**
facere, faciō, fēcī, factum machen, tun, handeln **18. 29. 52** *m. dopp. Akk.* jdn. zu etw. machen **56**
facile *Adv.* leicht **83**
facilis, e leicht (zu tun) **43**
facinus, facinoris *n* Handlung; Untat **75**
factum Handlung, Tat, Tatsache **29**
fallere, fallō, fefellī täuschen, betrügen **58**
falsus, a, um falsch **66**
fāma (guter / schlechter) Ruf, Gerücht **66**
famēs, famis *f* Hunger **T7**
familia Familie **9**
familiāris, e freundschaftlich, vertraut; *Subst.* Freund **85**
rēs familiāris *f* (Privat-)Vermögen, Besitz **95**
fatērī, fateor, fassus sum bekennen, gestehen **90**
fātum Schicksal, Götterspruch **78**
Faustulus Faustulus *(Hirte, der Romulus und Remus entdeckte)* **34**
fēlīx, fēlīcis erfolgreich, glückbringend, glücklich **44**
fēmina Frau **43**
fenestra Fenster **50**
ferē *Adv.* fast, beinahe; ungefähr **91**
ferre, ferō, tulī, lātum bringen, tragen; ertragen **76**
ferrum Eisen; Waffe **33**
ferus, a, um wild **82**
fidēs, fideī *f* Glaube, Treue, Vertrauen, Zuverlässigkeit **58**
fidem servāre die Treue halten; sein Wort halten **58**

fīdūcia Vertrauen **68**
fīdūcia suī Selbstvertrauen **68**
fierī, fīō, factus sum gemacht werden; geschehen, werden; *m. Gen.* Eigentum (von jdm.) werden **99. 100**
Domus mercātōris fit. Das Haus wird Eigentum des Kaufmanns. **100**
fīlia Tochter **8**
fīlius Sohn **9**
fingere, fingō, fīnxī, fictum gestalten, sich (etw.) ausdenken **102**
statuam fingere eine Statue gestalten (erschaffen) **102**
causās fingere sich Gründe ausdenken **102**
fīnis, fīnis *m (Gen. Pl.* **-ium***)* Ende, Grenze, Ziel, Zweck; *Pl.* Gebiet **32**
flāgitium Schandtat, Gemeinheit **46**
Flāminīnus Flamininus *(röm. Politiker und Feldherr)* **83**
flamma Flamme, Feuer **96**
flectere, flectō, flexī, flexum biegen, (hin)lenken, umstimmen **57**
flēre, fleō, flēvī weinen, beweinen **5. 26**
flūctus, flūctūs *m* Flut, Strömung **98**
flūmen, flūminis *n* Fluss **T1**
fluvius Fluss **29**
foedus, foederis *n* Bündnis, Vertrag **T1**
fōns, fontis *m (Gen. Pl.* **-ium***)* Quelle, Ursprung **24**
forās *Adv.* heraus, hinaus *(wohin?)* **T5**
fōrma Form, Gestalt, Schönheit **43**
forte *Adv.* zufällig **75**
fortis, e kräftig, tapfer **35**
fortūna Schicksal, Glück **37**
forum Forum, Marktplatz **11**
Francus, a, um fränkisch; *Subst.* Franke **70**
frangere, frangō, frēgī, frāctum zerbrechen *(trans.)* **60**
Servus tabulam frangit. Der Sklave zerbricht die Schreibtafel. **60**
Tabula frangitur. Die Schreibtafel wird zerbrochen. Die Schreibtafel zerbricht. **60**
frāter, frātris *m* Bruder **21**
frequēns, frequentis häufig, zahlreich **66**
frūctus, frūctūs *m* Frucht, Nutzen, Ertrag **101**
frūctum capere Nutzen ziehen **101**
frūmentum Getreide **11**
frūstrā *Adv.* vergeblich **100**
fuga Flucht **26**
fugere, fugiō, fūgī *(m. Akk.)* fliehen (vor), meiden **49**
ad portum fugere zum Hafen fliehen **49**
perīculum fugere vor der Gefahr fliehen, die Gefahr meiden **49**
fundere, fundō, fūdī (aus)gießen, zerstreuen **48**
fūr, fūris *m* Dieb **20**
furor, furōris *m* Wahnsinn, Wut **66**
fūrtum Diebstahl, Hinterlist **89**
fūrtum committere einen Diebstahl begehen **89**

G

Gallus, a, um gallisch; *Subst.* Gallier **61**
gaudēre, gaudeō, gāvīsus sum sich freuen; *m. Abl.* sich freuen über **4. 30. 102**
auxiliō gaudēre sich über die Hilfe freuen **30**
gaudium Freude **79**
gemitus, gemitūs *m* Seufzen, Traurigkeit **41**
gēns, gentis *f (Gen. Pl.* **-ium***)* Familienverband, Stamm, Volk **48**
genus, generis *n* Abstammung, Art, Geschlecht **47**
gerere, gerō, gessī, gestum ausführen, führen, tragen **39. 67**
bellum gerere Krieg führen **39**
rēs gestae *f Pl.* Taten **69**
Germānia Germanien **71**
Germānus, a, um germanisch; *Subst.* Germane **69**
gladiātor, gladiātōris Gladiator **23**
gladius Schwert **5**
glōria Ruhm, Ehre **37**
Graecia Griechenland **78**
Graecus, a, um griechisch; *Subst.* Grieche **31. 83**
grandis, e alt; bedeutend, groß **88**
grātia Dank **6**
deō grātiās Gott sei Dank! **69**
grātiam habēre danken **6**
grātus, a, um dankbar, willkommen, beliebt **87**
dōnum grātum ein willkommenes Geschenk **87**
homō grātus ein beliebter Mensch **87**
gravis, e schwer **53**

H

habēre, habeō haben, halten **6**
grātiam habēre danken **6**
habitāre, habitō wohnen, bewohnen **10**
haerēre, haereō, haesī hängen, stecken bleiben **61**
Hamilcar, Hamilcaris *m* Hamilkar *(Vater Hannibals)* **62**
Hannibal, Hannibalis *m* Hannibal *(karthagischer Feldherr, 247–183 v. Chr.)* **62**
haud nicht **88**
Hector, Hectoris *m* Hektor *(stärkster der trojanischen Helden im Kampf gegen die Griechen)* **84**
Herculēs, Herculis *m* Herkules *(berühmtester Held der griechischen Sagenwelt)* **28**
Herc(u)le! Beim Herkules! **90**
herī *Adv.* gestern **21**
Hersilia Hersilia *(die sabinische Ehefrau des Romulus)* **38**
hīc *Adv.* hier **3**
hic, haec, hoc dieser, diese, dieses (hier); folgender **43**
Hunc mīlitem laudō. Diesen Soldaten (hier) lobe ich. **43**
Mīles haec dīxit: Der Soldat sagte Folgendes: **43**
In hāc cīvitāte libenter vīvō. In diesem (unserem) Staat lebe ich gerne. **43**
hiems, hiemis *f* Winter; Unwetter **98**
hinc *Adv.* von hier, hierauf **100**
Hispānia Spanien **T1. T4**

hodiē *Adv.* heute **19**
homō, hominis *m* Mensch **24**
honestus, a, um ehrenhaft, angesehen **31**
honor, honōris *m* Ehre, Ehrenamt **19**
in honōre esse in Ehren stehen, angesehen sein **19**
hōra Stunde **24**
Horātius Horaz *(röm. Dichter, 65–8 v. Chr.)* **87**
hortārī, hortor, hortātus sum auffordern, ermahnen **92**
hospes, hospitis *m* Fremder, Gast, Gastgeber **T6**
hostia Opfertier, Schlachtopfer **48**
hostis, hostis *m (Gen. Pl.* **-ium***)* Feind (Landesfeind) **37**
hūc *Adv.* hierher **51**
hūmānitās, hūmānitātis *f* Menschlichkeit, Menschenfreundlichkeit; Bildung **71**
hūmānus, a, um menschlich; gebildet **78**

---

iacēre, iaceō liegen **27**
iactāre, iactō schleudern, werfen; rühmen **75**
iam *Adv.* schon, bereits; nun **4**
nōn iam nicht mehr **4**
ibī *Adv.* dort **3**
Ībycus Ibykos *(griech. Dichter, um 550 v. Chr.)* **80**
Īcarus Ikarus *(der Sohn des Dädalus)* **55**
īdem, eadem, idem derselbe, der gleiche **61**
eādem ratiōne auf dieselbe Weise **92**
eiusdem ōrdinis vom gleichen Rang (Stand) **95**
īdem ac / atque derselbe wie **94**
Idem dīcitis ac amīcī. Ihr sagt dasselbe wie die Freunde. **94**
īdem ... quī derselbe ... wie **61**
idōneus, a, um geeignet, passend **36**
Iēsūs (Nāzarēnus), *Gen.* **Iēsū** Jesus (von Nazareth) **65**
igitur *Adv.* also, folglich **41**
īgnārus, a, um *(m. Gen.)* ohne Kenntnis, unwissend **99**
īgnārus perīculōrum ohne Kenntnis der Gefahren **99**
ignis, ignis *m* Feuer **54**
īgnōrāre, īgnōrō nicht kennen, nicht wissen **T6. T7**
nōn īgnōrāre gut kennen, genau wissen **T6. T7**
īgnōscere, īgnōscō, īgnōvī, īgnōtum verzeihen **70**
īgnōtus, a, um unbekannt **64**
ille, illa, illud jener, jene, jenes; der (dort); damalig, berühmt **43**
Ille vir est servus. Jener Mann (der Mann dort) ist ein Sklave. **43**
Vōcem illīus audiō. Ich höre die Stimme von jenem (seine Stimme). **43**
Illud bellum crūdēle fuit. Der damalige (dieser berühmte) Krieg war grausam. **43**
illīc *Adv.* dort **84**
illūc *Adv.* dahin, dorthin **86**
imāgō, imāginis *f* Bild, Abbild **101**
imitārī, imitor, imitātus sum nachahmen **93**
immō *Adv.* im Gegenteil, ja sogar **58**
immortālis, e unsterblich **62**
impedīre, impediō hindern, verhindern **50**
impedīre, nē *m. Konj.* (ver)hindern, dass **74**
impellere, impellō, impulī, impulsum antreiben, veranlassen **67**
imperāre, imperō befehlen, herrschen (über) **15**
populīs imperāre über (die) Völker herrschen **15**
imperātor, imperātōris *m* Befehlshaber, Feldherr, Kaiser **19**
Carolō Magnō imperātōre unter der Herrschaft Karls des Großen **70**
imperium Befehl, Herrschaft, Reich **14**
impetrāre, impetrō erreichen, durchsetzen **99**
impetus, impetūs *m* Angriff, Schwung **45**
impius, a, um gottlos, gewissenlos **81**
impōnere, impōnō, imposuī, impositum auferlegen, einsetzen **81**
cīvibus lēgem impōnere den Bürgern ein Gesetz auferlegen **81**
imprīmīs *Adv.* besonders, vor allem **77**
improbus, a, um schlecht, unanständig **74**
in *Präp. m. Abl.* in, an, auf, bei *(wo?)* **12**
in aquā im Wasser **12**
in *Präp. m. Akk.* in (... hinein), nach *(wohin?)*; gegen **12. 56**
in animō habēre im Sinn haben, vorhaben **20**
in aquam ins Wasser **12**
in honōre esse in Ehren stehen, angesehen sein **19**
in hostēs vindicāre gegen die Feinde vorgehen **56**
in vincula dare in Fesseln legen, fesseln, gefangen nehmen **54**
inānis, e leer, wertlos **37**
incēdere, incēdō, incessī, incessum heranrücken, eintreten; (jdn.) befallen **90**
In hostēs incēdimus. Wir rücken gegen die Feinde vor. **90**
Magna cūra incessit. Große Sorge kam auf (trat ein). **90**
Metus mē incēdit. Furcht befällt mich. **90**
incendere, incendō, incendī, incēnsum entflammen, in Brand stecken **88**
incendium Brand, Feuer **84**
incertus, a, um ungewiss, unsicher **74**
incipere, incipiō, coepī (incēpī), inceptum anfangen, beginnen **45. 63**
incolumis, e unverletzt, wohlbehalten **89**
incrēdibilis, e unglaublich **82**
inde *Adv.* von dort; darauf; deshalb **74**
indicāre, indicō anzeigen, melden **12**
indīgnus, a, um *(m. Abl.)* unwürdig *(einer Sache)* **82**
honōre indīgnus der Ehre unwürdig **82**
indūcere, indūcō, indūxī, inductum (hin)einführen, verleiten **T7**
novum mōrem indūcere einen neuen Brauch einführen **T7**
ad bellum indūcere zum Krieg verleiten **T7**
īnfēlīx, īnfēlīcis unglücklich **46**
īnferī, īnferōrum *m Pl.* die Bewohner der Unterwelt, Unterwelt **58**

L

nescīre, nesciō nicht wissen, nicht kennen, nicht verstehen 10
nex, necis *f* Mord, (gewaltsamer) Tod 80
niger, nigra, nigrum schwarz, dunkel 15
nihil nichts 10
nihil … nisī nichts … außer, nichts (anderes) … als, nur 74
Nihil (aliud) nisī veniam ā tē petō. Ich verlange nichts außer Nachsicht von dir. Ich verlange nichts (anderes) als Nachsicht von dir. Ich verlange nur Nachsicht von dir. 74
nimis / nimium *Adv.* (all)zu, (all)zu sehr 96
nimium lībertātis zu viel Freiheit 96
nimius, a, um übermäßig, zu groß 96
Nioba Niobe *(Königin von Theben)* 56
nisī *Subj.* wenn nicht 24
nītī, nītor, nīxus sum *(m. Abl.)* sich stützen auf; *(***ad / in** *m. Akk.)* streben (nach) 104
mēnsā nītī sich auf den Tisch stützen, sich auf dem Tisch abstützen 104
ad glōriam nītī nach Ruhm streben 104
nōbilis, e adelig, berühmt, vornehm 84
nōbilitās, nōbilitātis *f* Adel, vornehme Abstammung 95
nocte nachts 30
nocturnus, a, um nächtlich 77
nōlle, nōlō, nōluī nicht wollen 81
nōmen, nōminis *n* Name 47
nōmine namens 70
nōmināre, nōminō nennen 56
nōmine namens 70
nōn nicht 2
nōn iam nicht mehr 4
nōn sōlum …, sed etiam nicht nur …, sondern auch 57
nōndum *Adv.* noch nicht 26
nōnne? (etwa) nicht? 18
nōnnūllī, ae, a einige, manche 44
nōnus, a, um der neunte 51
nōs *Nom.* wir *(betont)* 13
nōscere, nōscō, nōvī, nōtum erkennen, kennenlernen; *Perf.* kennen, wissen 68. 101
noster, nostra, nostrum unser 15
novem *indekl.* neun 49
no(vi)sse, nōvī *Perf.* kennen, wissen 101
novus, a, um neu, ungewöhnlich 14
nox, noctis *f (Gen. Pl.* **-ium***)* Nacht 26
nocte nachts 30
nūbere, nūbō, nūpsī, nūptum *m. Dat.* heiraten 57
iuvenī nūbere einen jungen Mann heiraten 57
nūdus, a, um nackt T2-4. T6
nūllus, a, um *(Gen.* **nūllīus***, Dat.* **nūllī***)* kein 47
nūllā ratiōne ohne jeden Grund 92
nūllō cōgente ohne Zwang 69
num? *(im Hauptsatz)* etwa? 60
num? *(im Gliedsatz)* ob, ob nicht 74
nūmen, nūminis *n* Gottheit, göttlicher Wille 69
numerus Zahl, Menge 49
Numitor, Numitōris *m* Numitor *(König von Alba, Großvater von Romulus und Remus)* 35
numquam *Adv.* niemals 4
nunc *Adv.* nun, jetzt 2
nūntiāre, nūntiō melden 22
nūntius Bote, Nachricht 16
nūper *Adv.* neulich, vor kurzem 70
nūptiae, nūptiārum *f Pl.* Hochzeit 79

O

ob *Präp. m. Akk.* wegen; für; gegen(über) 99
quam ob rem weshalb; deshalb 99
obicere, obiciō, obiēcī, obiectum darbieten, vorwerfen 46. 63
scelerātum bēstiīs obicere einen Verbrecher den wilden Tieren vorwerfen 46
comitī iniūriam obicere dem Gefährten ein Unrecht vorwerfen 46
obscūrus, a, um dunkel, unbekannt 80
obsecrāre, obsecrō anflehen, bitten 58
obses, obsidis *m/f* Geisel 97
obtinēre, obtineō, obtinuī (in Besitz) haben, (besetzt) halten 71
occidere, occidō, occidī (zu Boden) fallen, umkommen, untergehen 28
occīdere, occīdō, occīdī, occīsum niederschlagen, töten 33. 64
occultē *Adv.* heimlich 67
occupāre, occupō besetzen, einnehmen 37
occupātus, a, um *(***in** *m. Abl.)* beschäftigt (mit) 87
Magistrātūs in negōtiīs occupātī sunt. Die Beamten sind mit ihren Aufgaben beschäftigt. 87
occurrere, occurrō, occurrī begegnen, entgegentreten 86
Ōceanus Ozean, Weltmeer T1
octāvus, a, um der achte 51
octō *indekl.* acht 49
oculus Auge 2
oculōs dēmittere die Augen (den Blick) senken T2
ōdisse, ōdī *Perf.* hassen 101
odium Hass 62
odiō esse verhasst sein 62
Rōmānī Hannibalī odiō erant. Die Römer waren Hannibal verhasst. Die Römer wurden von Hannibal gehasst. 62
offerre, offerō, obtulī, oblātum anbieten, entgegenbringen 76
officium Dienst, Pflicht(gefühl) 30
officium praestāre seine Pflicht erfüllen 72
omittere, omittō, omīsī aufgeben, beiseite lassen 38
omnīnō *Adv.* insgesamt, überhaupt, völlig 68
omnis, e jeder, ganz; *Pl.* alle 35
omnia, omnium *n Pl.* alles 44
omnia posse alles können 44
onus, oneris *n* Last 94
opera Arbeit, Mühe 93

premere, premō, pressī, pressum (unter)drücken, bedrängen 58
pretium Preis, Wert 12
prex, precis *f* Bitte, Gebet 48
prīmō *Adv.* zuerst 4
prīmum *Adv.* erstens, zum ersten Mal 25
ubī (prīmum) *Subj. m. Ind.* sobald 67
prīmus, a, um der erste 30
prīmā lūce bei Tagesanbruch 30
prīnceps, prīncipis *m* der Erste, der führende Mann, Kaiser 97
prior, prius *(Gen.* **priōris***)* der erste, der frühere, der vordere 79
prīstinus, a, um früher 104
prius *Adv.* früher, zuerst 98
priusquam *Subj.* bevor, eher als 55
Aderam, priusquam vēnistī. Ich war da, bevor du gekommen bist. Ich war eher da, als du gekommen bist. 55
prīvātus, a, um persönlich, privat; *Subst.* Privatperson 93
prō *Präp. m. Abl.* vor; anstelle von, für 59
prō domō sedēre vor dem Haus sitzen 59
prō amīcō respondēre für den Freund, anstelle des Freundes antworten 59
probāre, probō prüfen, beweisen, für gut befinden 12
probus, a, um anständig, gut 88
prōcēdere, prōcēdō, prōcessī (vorwärts)gehen, vorrücken 63
procul *Adv.* von fern, weit weg; **ā** *m. Abl.* fern von 90
prōdere, prōdō, prōdidī, prōditum verraten; überliefern 72
prōdūcere, prōdūcō, prōdūxī, prōductum (vor)führen, hervorbringen T4
proelium Kampf, Schlacht 61
profectō *Adv.* sicherlich, tatsächlich 6
prōferre, prōferō, prōtulī, prōlātum (hervor)holen, zur Sprache bringen 88
proficīscī, proficīscor, profectus sum (ab)reisen, aufbrechen 92
prōgredī, prōgredior, prōgressus sum vorrücken, weitergehen 93
prohibēre, prohibeō *(***ā** *m. Abl.)* abhalten (von), hindern (an) 30
(ā) lacrimīs prohibēre von den Tränen abhalten, am Weinen hindern 30
prohibēre, nē *m. Konj.* daran hindern, dass 72
proinde *Adv.* also, daher 72
Promētheus, Promētheī Prometheus *(Göttersohn, Schöpfer der Menschen)* 54
prōmittere, prōmittō, prōmīsī, prōmissum versprechen 58
prope *Adv.* nahe, in der Nähe; beinahe 75
properāre, properō eilen, sich beeilen 8
propinquus, a, um nahe; *Subst.* Verwandter T6
propius *Adv.* näher T1
prōpōnere, prōpōnō, prōposuī, prōpositum darlegen, in Aussicht stellen T4
propter *Präp. m. Akk.* wegen 23
prōrsus *Adv.* überhaupt, völlig 103
prōspicere, prōspiciō, prōspexī, prōspectum achtgeben, dafür sorgen, (vorher)sehen 95
mortem prōspicere den Tod vorhersehen 95
salūtī patris prōspicere für das Wohl des Vaters sorgen 95
prōtinus *Adv.* sofort 67
prōvidēre, prōvideō, prōvīdī, prōvīsum *m. Akk.* vorhersehen; *m. Dat.* sorgen für 59
perīculum prōvidēre eine Gefahr vorhersehen 59
cīvibus prōvidēre für die Bürger sorgen 59
prōvincia Provinz 9
proximus, a, um der nächste 89
pūblicus, a, um öffentlich, staatlich 93
rēs pūblica *f* Staat 42
pudet, puduit *m. Akk.* es beschämt (jdn.) 82
Pudet mē flēre. Es beschämt mich zu weinen. Ich schäme mich zu weinen. 82
Pudet mē huius facinoris. Ich schäme mich wegen dieser Untat. 82
pudor, pudōris *m* Scham(gefühl), Anstand 89
puella Mädchen, Freundin 1
puer, puerī *m* Junge 15
pūgna Kampf 9
pūgnāre, pūgnō kämpfen 9
pulcher, pulchra, pulchrum schön 15
putāre, putō glauben, meinen 31
m. dopp. Akk. halten für 56

Q

quā wie, wo, wohin T5
quaerere, quaerō, quaesīvī, quaesītum erwerben wollen, suchen; **ex / dē** *m. Abl.* jdn. fragen 32. 51. 59
ē mercātōre pretium quaerere den Händler nach dem Preis fragen 59
quaesere, quaesō bitten 98
quālis, e wie (beschaffen), was für ein(e) 61
tālis … quālis so beschaffen … wie (beschaffen) 61
quam als, wie; *mit Superlativ* möglichst 18. 86
magis … quam mehr … als 18
quam celerrimē möglichst schnell 86
Quam pulchrum est templum! Wie schön ist der Tempel! 18
quam ob rem weshalb; deshalb 99
quamquam *Subj.* obwohl 20
quamvīs *Subj. m. Konj.* wenn auch, obwohl 72
quandō wann 38
quantō … tantō *(m. Kompar.)* je … desto 104
quantō altius … tantō melius je höher … desto besser 104
quantus, a, um wie groß, wie viel 94
quārē weshalb? wodurch; *relativer Satzanschluss:* deshalb 71. T2. T4

quārtus, a, um der vierte 51
quasi Adv. gleichsam 73
quasi mōnstrum gleichsam ein Ungeheuer 73
quattuor *indekl.* vier 49
quattuordecim *indekl.* vierzehn 49
-que *(angehängt)* und 14
servī servaeque Sklaven und Sklavinnen 14
quemadmodum auf welche Weise, wie 37
querī, queror, questus sum *(m. Akk.)* klagen, sich beklagen über 91
quī *Adv.* wie 84
quī, quae, quod welcher, welche, welches; der, die, das 36. 71
quia *Subj.* weil 20
quid? was? 2
quīcumque, quaecumque, quodcumque jeder, der; wer auch immer 96
quīdam, quaedam, quiddam *subst.* ein gewisser, (irgend)einer; *Pl.* einige 65
quīdam, quaedam, quoddam *adj.* ein gewisser, (irgend)ein; *Pl.* einige 65
quidem *Adv.* freilich, gewiss, wenigstens, zwar 33
quidnam? was denn? 71
quiēscere, quiēscō, quiēvī, quiētum (aus)ruhen, schlafen 72
quīn? *(im Hauptsatz)* warum nicht? *Subj. m. Konj.* *(in festen Wendungen)* dass 18. 73
nōn dubitō, quīn *m. Konj.* Ich zweifle nicht (daran), dass ... 73
quīndecim *indekl.* fünfzehn 49
quīnque *indekl.* fünf 49
quīntus, a, um der fünfte 51
quippe *Adv.* freilich 96
quippe quī (quippe cum) da ja 101
quīre, queō, quīvī (quiī) können T5
Hoc vix dīcere nōn queō. Das kann ich kaum sagen. T5
... sī id facere nōn queunt. ... falls sie dies nicht machen können. T5
quis? wer? 3
quisnam wer denn? 81
quisquam, quicquam irgendjemand T4
neque quisquam (und) niemand T4
vix quisquam kaum niemand T4
quisque, quaeque, quodque *adj.* jeder 89
quisque, quidque *subst.* jeder 89
optimus quisque gerade die besten 89
quisquis, quidquid (quicquid) *subst.* jeder, der; wer auch immer 96
quō? wohin? wo? 51
quōcumque *Adv.* wohin auch immer T2
quod *Subj.* weil; dass 20
quōmodo wie? auf welche Weise? 102
quondam *Adv.* einmal, einst; manchmal 77
quoniam *Subj. m. Ind.* da ja, da nun 74

quoque *(nachgestellt)* auch 45
Ego quoque gaudeō. Auch ich freue mich. 45
quot? wie viel(e)? 49
Quot senātōrēs adsunt? Wie viele Senatoren sind da? 49
tot ... quot so viele ... wie (viele) 61
quotiēns wie oft, sooft 85
Quotiēns venīs, gaudeō. Sooft du kommst, freue ich mich 85

R

rapere, rapiō, rapuī, raptum wegführen, rauben, wegreißen 47. 53
rārō *Adv.* selten 87
rārus, a, um selten, vereinzelt T5
ratiō, ratiōnis *f* Grund, Vernunft, Überlegung; Art und Weise; Berechnung 92
nūllā ratiōne ohne jeden Grund 92
eādem ratiōne auf dieselbe Weise 92
ratiōne agere mit Vernunft (vernünftig) handeln 92
recēns, recentis frisch, neu 76
recipere, recipiō, recēpī, receptum zurücknehmen, aufnehmen, wiederbekommen 78
sē recipere sich zurückziehen 87
recitāre, recitō vortragen, vorlesen 52
rēctē *Adv.* richtig, zu Recht 4
rēctus, a, um gerade, recht, richtig 93
reddere, reddō, reddidī, redditum zurückgeben, etw. zukommen lassen; *m. dopp. Akk.* jdn. zu etw. machen 56
redīre, redeō, rediī, reditum zurückgehen, zurückkehren 53
redūcere, redūcō, redūxī, reductum zurückführen, zurückziehen 57
referre, referō, rettulī, relātum (zurück)bringen, berichten 76
relāta referre Berichtetes wiedergeben 76
rēfert *(m. Gen.)* es ist wichtig (für jdn.) 97
Omnium rēfert tē valēre. Es ist für alle wichtig, dass du gesund bist. 97
meā rēfert es ist wichtig für mich 97
regere, regō, rēxī, rēctum beherrschen, leiten, lenken 58
rēgīna Königin T4
regiō, regiōnis *f* Gebiet, Gegend, Richtung 24
rēgius, a, um königlich 78
(domus) rēgia königliches Haus, (Königs-)Palast 78
rēgnum (Königs-)Herrschaft, Reich 78
religiō, religiōnis *f* Glaube, Aberglaube, (Gottes-)Verehrung, Frömmigkeit, Gewissenhaftigkeit 65
relinquere, relinquō, relīquī, relictum verlassen, zurücklassen 16. 29. 54
reliquiae, reliquiārum *f Pl.* Überbleibsel, Überrest, Ruine 27
reliquus, a, um übrig, künftig 95
remanēre, remaneō, remānsī (zurück)bleiben 50
remittere, remittō, remīsī, remissum zurückschicken; nachlassen, vermindern 94

sūmptus, sūmptūs *m* Aufwand, Kosten **99**
sunt, quī *m. Konj.* es gibt Leute, die … **101**
superāre, superō besiegen, überwinden, übertreffen **9**
superbia Stolz, Überheblichkeit **81**
superbus, a, um stolz, überheblich **41**
superesse, supersum, superfuī überleben, übrig sein **63**
superī, superōrum *m Pl.* die Götter **56**
superior, superius *(Gen.* **superiōris***)* der frühere, der weiter oben gelegene **104**
supplex, supplicis demütig bittend **T2**
supplicium Strafe, Hinrichtung, flehentliches Bitten **46**
  suppliciō afficere hinrichten lassen **84**
  supplicium timēre vor der Strafe (Hinrichtung) Angst haben **46**
  suppliciīs deōs movēre durch flehentliches Bitten die Götter bewegen **46**
suprēmus, a, um der höchste, letzte, oberste **103**
surgere, surgō, surrēxī aufrichten; sich erheben, aufstehen **24. 33**
suscipere, suscipiō, suscēpī, susceptum auf sich nehmen, sich *(einer Sache)* annehmen, unternehmen **94**
suspicārī, suspicor, suspicātus sum vermuten **90**
suspīciō, suspīciōnis *f* Verdacht, Vermutung **98**
sustinēre, sustineō, sustinuī ertragen, standhalten **67**
  iniūriās sustinēre die Beleidigungen ertragen, den Beleidigungen standhalten **67**
suus, a, um sein, ihr **32**
Syria Syrien **9**

---

taberna Laden, Wirtshaus **43**
tabula (Schreib-)Tafel, Gemälde **4**
tacēre, taceō schweigen, verschweigen **2**
tālis, e derartig, ein solcher, so (beschaffen) **41**
  tālis … quālis so beschaffen … wie (beschaffen) **61**
tam so **21**
tam … quam so … wie **21**
  Capua nōn tam pulchra est quam Rōma. Capua ist nicht so schön wie Rom. **21**
tamen dennoch, jedoch **30**
  neque tamen freilich nicht, jedoch nicht **104**
tametsī *Subj.* obwohl, wenn auch **96**
tamquam *Adv.* wie; *Subj.* wie wenn, als ob **34**
tandem *Adv.* endlich **7**
tangere, tangō, tetigī, tāctum berühren **53**
Tantalus Tantalus *(Sohn des Jupiter)* **56**
tantum *Adv. (nachgestellt)* nur **5**
tantus, a, um so groß, so viel **19**
  tantus … quantus so groß … wie (groß) **61**
  tantum … quantum so viel … wie (viel) **61**
Tarpēia Tarpeia *(Tochter des Spurius Tarpeius)* **39**
Tarquinius Superbus Tarquinius Superbus *(etruskischer König von Rom)* **41**
Tartarus der Tartarus, die Unterwelt **57**
Tatius Tatius *(König der Sabiner)* **39**
taurus Stier **53**
tēctum Dach; Haus **26**
tēcum mit dir **13**
tegere, tegō, tēxī, tēctum bedecken, schützen, verbergen **46. 68**
tēlum (Angriffs-)Waffe, Geschoss **46**
tempestās, tempestātis *f* Sturm, (schlechtes) Wetter; Zeit **98**
templum Tempel **11**
temptāre, temptō angreifen; prüfen, versuchen **27**
tempus, temporis *n* (günstige) Zeit, Umstände **47**
  brevī tempore nach kurzer Zeit, bald (darauf) **58**
tendere, tendō, tetendī, tentum (aus)strecken, spannen, sich anstrengen **100**
tenebrae, tenebrārum *f Pl.* Dunkelheit, Finsternis **27**
tenēre, teneō, tenuī halten, festhalten, besitzen **4**
  memoriā tenēre im Gedächtnis behalten **43**
tergum Rücken **53**
terra Erde, Land **22**
  orbis terrārum Erdkreis, Welt **71**
terrēre, terreō, terruī, territum erschrecken **3. 51**
tertius, a, um der dritte **51**
testis, testis *m/f (Gen. Pl.* **-ium***)* Zeuge, Zeugin **80**
Thalēs, Thalis *m* Thales *(griech. Philosoph aus Milet, um 600 v. Chr.)* **77**
theātrum Theater **100**
thermae, thermārum *f Pl.* warme Bäder, Thermen **44**
Tiberis, Tiberis *m (Akk.* **-im***, Abl.* **-ī***)* der Tiber *(Fluss durch Rom)* **68**
Tibullus Tibull *(röm. Dichter, um 55–19 v. Chr.)* **87**
timēre, timeō fürchten, Angst haben **2**
  timēre, nē *m. Konj.* fürchten, dass **64**
timor, timōris *m* Angst, Furcht **26**
Titus Titus *(röm. Kaiser 79–81 n. Chr.)* **19**
tollere, tollō, sustulī, sublātum aufheben, in die Höhe heben, wegnehmen **97**
  manūs ad caelum tollere die Hände zum Himmel erheben **97**
  lēgem tollere ein Gesetz aufheben **97**
torquēre, torqueō, torsī, tortum drehen; quälen **5. 28. 54**
tot *indekl.* so viele **61**
  tot … quot so viele … wie (viele) **61**
tōtus, a, um *(Gen.* **tōtīus***, Dat.* **tōtī***)* ganz, gesamt **50**
trādere, trādō, trādidī, trāditum übergeben, überliefern **65**
trahere, trahō, trāxī, tractum schleppen, ziehen **16. 28. 52**
trāns *Präp. m. Akk.* über (… hinaus), jenseits **62**
  trāns montēs über die Berge, jenseits der Berge **62**
trānsīre, trānseō, trānsiī durchqueren, hinübergehen, überschreiten **63**
trēdecim *indekl.* dreizehn **49**
trēs, trēs, tria drei **49**
tribuere, tribuō, tribuī, tribūtum schenken, zuteilen **48. 67**

tribūnus Tribun *(führender Vertreter eines Stadtbezirkes, einer Legion oder der Plebs)* **59**
trīstis, e traurig, unfreundlich **35**
Trōia Troja *(Stadt in Kleinasien)* **84**
Trōiānus, a, um trojanisch; *Subst.* Trojaner *(Einwohner von Troja)* **31**
tū *Nom.* du *(betont)* **13**
tuērī, tueor betrachten, schützen, (milit.) sichern **90**
nātūram tuērī die Natur betrachten **90**
fīnēs tuērī die Grenzen (das Gebiet) sichern **90**
tum *Adv.* da, dann, darauf, damals **4**
tunc *Adv.* damals, dann **85**
turba (Menschen-)Menge **7**
turbāre, turbō durcheinanderbringen, stören **45**
Turnus Turnus *(Anführer der Rutuler, Gegner des Äneas)* **33**
turpis, e unanständig, hässlich, schändlich **35**
turris, turris *f (Akk. Sg.* **-im**, *Abl. Sg.* **-ī**, *Gen. Pl.* **-ium***)* Turm **49**
tūtus, a, um sicher **37**
tuus, a, um dein **14**

U

ubī? wo? **10**
ubī (prīmum) *Subj. m. Ind.* sobald **67**
ūllus, a, um *(Gen.* **ūllīus**, *Dat.* **ūllī***)* irgendeiner **T6**
neque ūllus (und) keiner, (und) niemand **T6**
ultimus, a, um der äußerste, der entfernteste, der letzte **89**
ultrō *Adv.* freiwillig, noch dazu **93**
umbra Schatten **12**
umerus Schulter, Oberarm **43**
umquam *Adv.* jemals **43**
ūnā *Adv.* zugleich, zusammen **80**
ūnā cum patre zusammen mit dem Vater **80**
unda Welle, Gewässer **55**
unde? woher? **9**
ūndecim *indekl.* elf **49**
ūndēvīgintī *indekl.* neunzehn **49**
undique *Adv.* von allen Seiten, von überallher **52**
ūniversus, a, um gesamt; *Pl.* alle zusammen **101**
ūnus, a, um einer, ein einziger **35**
ūnus ē / ex *m. Abl.* einer von **35**
ūnusquisque nostrum ein jeder von uns **101**
urbs, urbis *f (Gen. Pl.* **-ium***)* Stadt; die Stadt Rom **23**
ūsque *Adv.* ohne Unterbrechung **63**
ūsque ad *m. Akk.* bis (zu) **71**
ūsque ad campum īre bis zum Feld gehen **63**
ūsus, ūsūs *m* Nutzen, Benutzung **60**
ūsuī esse von Nutzen sein, nützlich sein **60**
ut *Adv.* wie **14**
ut *Subj. m. Konj.* dass, sodass, damit, um zu *(m. Inf.)* **64. 65**
uterque, utraque, utrumque *(Gen.* **utrīusque**, *Dat.* **utrīque***)* beide, jeder *(von zweien)* **99**
Uterque cōnsul adest. Beide Konsuln sind anwesend. **99**
ūtī, ūtor, ūsus sum *m. Abl.* benutzen, gebrauchen **93**
Ulixēs dolō ūtitur. Odysseus wendet eine List an. **93**
Mārcō ūtor amīcō. Ich habe Markus als Freund. **93**
ūtilis, e nützlich **73**
utinam *m. Konj.* hoffentlich, wenn doch **83**
Utinam veniās! Hoffentlich kommst du! **83**
Utinam vēnissēs! Wenn du doch gekommen wärest! **83**
utrum … an *(Wahlfrage im Hauptsatz)* … oder **71**
utrum … an *(im Gliedsatz)* ob … oder **74**
uxor, uxōris *f* Ehefrau **19**

V

valēre, valeō gesund sein, stark sein, Einfluss haben **7**
multum valēre großen Einfluss haben **36**
valē! valēte! Leb wohl! Lebt wohl! **7**
varius, a, um bunt, verschieden, vielfältig **22**
vās, vāsis *n (Pl.* **vāsa, vāsōrum***)* Gefäß **103**
vāstus, a, um riesig; öde, verwüstet **T1**
-ve oder **95**
vehemēns, vehementis energisch, heftig **55**
vehere, vehō, vēxī, vectum fahren, tragen, ziehen **98**
Frumentum vehō. Ich fahre (transportiere) Getreide. **98**
vehī, vehor, vectus sum sich fortbewegen, fahren **98**
Carrō vehor. Ich fahre mit (auf) dem Wagen. **98**
vel oder **23**
aqua vel vīnum Wasser oder Wein **23**
vel … vel entweder … oder **T5**
velle, volō, voluī wollen **20. 26**
velut wie, wie zum Beispiel **91**
vēndere, vēndō, vēndidī, vēnditum verkaufen **19. 76**
venia Gefallen; Nachsicht, Verzeihung **33**
venīre, veniō, vēnī, ventum kommen **10. 29. 52**
auxiliō venīre zu Hilfe kommen **60**
ventum est man kam **52**
ventus Wind **6**
Venus, Veneris *f* Venus *(Göttin der Liebe und Schönheit)* **97**
vēr, vēris *n* Frühling **68**
verbum Wort, Äußerung **11**
verērī, vereor, veritus sum fürchten, sich scheuen; verehren **90**
Perīculum vereor. Ich fürchte die Gefahr. **90**
Deōs vereor. Ich verehre die Götter. **90**
verērī, nē *m. Konj.* fürchten, dass **92**
Vergilius Vergil *(röm. Dichter, 70–19 v. Chr.)* **88**
vērō *Adv.* aber; in der Tat, wirklich **90**
neque vērō aber nicht **95**
versārī, versor, versātus sum sich aufhalten, sich befinden, sich beschäftigen **92**
in rē pūblicā versārī politisch tätig sein **92**
versus, versūs *m* Vers **79**
vertere, vertō, vertī, versum drehen, wenden **29. 62**
vērum *Adv.* aber, sondern **T6**
vērus, a, um echt, richtig, wahr **69**
vērī similis wahrscheinlich **T7**
Vespasiānus Vespasian *(röm. Kaiser 69–79 n. Chr.)* **21**
vester, vestra, vestrum euer **15**

Eigennamenverzeichnis

Aaron *m* Harun al-Rashid (arab. „Harun der Rechtgeleitete", um 763-809; Kalif aus dem muslimischen Herrschergeschlecht der Abbasiden, das seinen Ursprung auf Abbas, den Onkel Mohammeds, zurückführte. Harun führte das Kalifenreich politisch, wirtschaftlich und kulturell zu höchster Blüte. Er unterhielt von Bagdad aus Handelsbeziehungen bis nach China, Indien und Europa. Harun war Zeitgenosse Karls des Großen, mit dem er politische Beziehungen pflegte.) **70**

Abul Abbas *m* (ein Elefant, den Karl der Große vom Kalif Harun al-Rashid im Jahr 802 als Geschenk erhielt. Fränkische Chronisten berichten, dass der Elefant im Sommer 810 im Anschluss an eine Rheinüberquerung verendet ist.) **70**

Achillēs, is *m* Achilles (stärkster der griech. Helden im Trojanischen Krieg) **31**

aedīlis, is *m* Ädil (röm. Beamter; ursprünglich gab es zwei Ädilen, die die Polizeigewalt innerhalb der Stadt innehatten. Im 4. Jh. v. Chr. kamen zwei Ädilen hinzu, denen die Besorgung der Spiele und die Beaufsichtigung der Tempel oblag. Allen vier Beamten gemeinsam war die Aufsicht über die öffentlichen Gebäude, Thermen, Wasserleitungen, Straßen, Märkte und das Bauwesen.) **19. VII. 51. 52**

Aegyptus *f* Ägypten (röm. Provinz seit 30 v. Chr.) **71. 79**

Aenēās, ēae *m* Äneas (trojanischer Held, Sohn der Venus und des Anchises; Stammvater der Römer; nach der Zerstörung Trojas musste er gemeinsam mit seinem Vater, seinem Sohn Askanius und seinen Gefährten lange Irrfahrten bestehen, bis er zu der von den Göttern geweissagten neuen Heimat Italien gelangte; vgl. „Vergilius") **32. 33. XI. 34. 47**

Aeolus Äolus (griech. Aiolos; der Gott der Winde) **6. 9**

Aeschylus Aischylos (griech. Tragödiendichter aus Athen, 525-456 v. Chr. Seine Stücke spiegeln die moralischen Vorstellungen seiner Zeit wider: Ungesühnte Schuld vererbt sich fort, oft über Generationen, und erzeugt neue Schuld. Großes menschliches Glück kann zur Überheblichkeit (griech. hybris) führen, die in der Vernichtung enden muss.) **81**

Aesōpus Äsop (griech. Dichter von Fabeln und Gleichnissen; um 600 v. Chr. Er gilt als Begründer der europäischen Fabeldichtung.)

Aetna der Ätna (Vulkan auf Sizilien) **10**

Āfrica Afrika (Die Römer verstanden darunter in erster Linie das ihnen bekannte Nordafrika.) **9. 15. 32. 64. 71. 84**

Agamemnō, onis *m* Agamemnon (König von Mykene, Bruder des Menelaos, einer der Anführer der Griechen im Trojanischen Krieg) **31**

Agrippa *m* Herodes Agrippa II. (eigentlich Marcus Iulius Agrippa; 50-70 n. Chr. König von Judäa.) **65**

Alba Longa Alba Longa (Stadt in Latium, die von Askanius gegründet wurde, nachdem Lavinium – die alte Hauptstadt der trojanischen Einwanderer – zu klein geworden war. Alba Longa blieb Hauptstadt, bis Romulus Rom gründete. Die Ruinen der Stadt sind südöstlich von Rom gefunden worden.) **XI. 34**

Alcaeus Alkaios (griech. Lyriker von der Insel Lesbos, um 600 v. Chr.; Zeitgenosse und Landsmann der Dichterin Sappho. Alkaios dichtete Kampflieder, Liebes- und Trinklieder. Da er sich als Angehöriger der aristokratischen Oberschicht an den Kämpfen gegen die Tyrannis beteiligte, musste er nach Ägypten ins Exil gehen.) **79. XXVI**

Alcmēna Alkmene (Frau des Amphitryon, des Königs von Theben. Wurde von Jupiter schwanger und gebar ihm den Herkules.) **29**

Allia Allia (Fluss in der Nähe von Rom. In der Schlacht an der Allia wurden die Römer 387 v. Chr. von einfallenden Galliern besiegt. Die Römer bezeichneten die Schlacht an der Allia fortan als „Dies ater".) **61**

Alpēs, ium *f* die Alpen **63. XXI. 65. 68. 70**

Alphēus, ēī der Alpheios (Fluss in der griech. Landschaft Elis. Mit Hilfe dieses Flusses reinigte Herkules den Stall des Augias.) **29**

Amor, ōris *m* Amor (griech. Eros; der Liebesgott)

Amūlius Amulius (König von Alba Longa. Er vertrieb seinen älteren Bruder Numitor und tötete dessen Söhne. Numitors Enkel, Romulus und Remus, töteten später Amulius und gaben Numitor die Herrschaft zurück.) **XI. 34-36**

Anchīsēs, ae *m* Anchises (trojanischer Fürst, Vater des Äneas) **32**

Ancus Mārcius Ancus Marcius (Vierter König Roms. Er gründete an der Mündung des Tiber die Stadt Ostia als Hafen für Rom.)

Antigona Antigone (Tochter des Ödipus; sie widersetzte sich dem Verbot ihres Onkels Kreon, den Leichnam ihres Bruders Polyneikes zu bestatten, und musste dafür mit dem Leben bezahlen.) **81. 82**

Antiochīa Antiochia (Hafenstadt am Mittelmeer, Hauptstadt der röm. Provinz Syria, heute Antakya in der Türkei)

Aphrodītē, ēs *f* Aphrodite (vgl. „Venus")

Apollō, Apollinis *m* Apoll (griech. Apollon; Gott des Lichts, der Musik und Künste sowie der Heilkunst und Weissagung. Sohn des Jupiter und der Göttin Latona. Zwillingsbruder der Diana. In der griech. Stadt Delphi befand sich sein berühmtestes Heiligtum mit Orakelstätte. Kaiser Augustus wählte Apollo zu seiner besonderen Schutzgottheit. Ihm zu Ehren ließ er auf dem Palatin, in unmittelbarer Nähe seines Wohnhauses, den Tempel des Apollo Palatinus erbauen.) **22. 56. 60. 65**

Aquīsgrānum Aachen (Die Siedlung Aquisgranum wurde im 1. Jh. n. Chr. von den Römern gegründet. Die Römer nutzten die heißen, schwefelhaltigen Quellen und bauten die Ansiedlung gezielt zu einem Heilbad mit Thermalanlagen aus. Karl der Große wählte im 8. Jh. Aachen zu seiner Residenz, die er nach römisch-byzantinischem Vorbild zu einer Kaiserpfalz ausbaute.) **70**

Āra Pācis Augustae der Altar des Augustusfriedens (Der röm. Senat gab den Altar im Jahre 13 v. Chr. in Auftrag und widmete ihn Kaiser Augustus, der von Feldzügen gegen Spanien und Gallien siegreich nach Rom zurückgekehrt war. Eingeweiht wurde der Altar im Jahr 9 v. Chr. Auf den Reliefbildern des Altars werden Frieden und Wohlstand als Ergebnis der kaiserlichen Politik dargestellt.)

Arausiō Arausio (Stadt in Südfrankreich (heute Orange). Im Jahre 105 v. Chr. wurde bei Arausio ein röm. Heer von den einfallenden germanischen Stämmen der Kimbern und Teutonen vernichtend geschlagen.)

Arēs, is *m* Ares (vgl. „Mars")

Aristotelēs, is *m* Aristoteles (griech. Philosoph, 384-322 v. Chr.; Schüler Platons und Lehrer Alexanders des Großen; gründete eine Philosophenschule in Athen, den „Peripatos"; Aristoteles gehört bis heute zu den bedeutendsten Philosophen des Abendlandes. Werke u. a.: „Politik", „Nikomachische Ethik", „Poetik") **104**

Arminius Arminius (Feldherr der Cherusker, eines germanischen Stammes, der die Römer unter der Führung des Varus im Teutoburger Wald 9 n. Chr. besiegte.) **XXIV. XXV**

Arpīnum Arpinum (Städtchen in Latium, 100 km östlich von Rom, heute Arpino; Geburtsort Ciceros) **85**

Artemis, idis *f* Artemis (vgl. „Diana")

Ascanius Askanius bzw. Julus (Sohn des Äneas, Gründer von Alba Longa) **32. XI. 34**

Asia Kleinasien (seit 129 v. Chr. röm. Provinz) **9. 71. 89. 90**

Athēna Athene (Schutzgöttin Athens; vgl. „Minerva")

Athēnae, ārum *f Pl.* Athen (bedeutendste Stadt in Griechenland) **78. 81. XXXI. 95**

(Titus Pompōnius) **Atticus** Atticus (röm. Schriftsteller und Gelehrter, 109-32 v. Chr.; Atticus war von Jugendzeit an ein enger Freund Ciceros, mit dem er einen jahrelangen Briefwechsel führte. Aufgrund seines ererbten Vermögens konnte er viele Jahre zu Studienzwecken in Athen verbringen. Wegen seiner Liebe zur griech. Kultur wurde ihm der Beiname Atticus verliehen. Als Anhänger der epikureischen Philosophie verzichtete er auf eine politische Karriere. Atticus war auch als Verleger tätig; insbesondere kümmerte er sich um die Vervielfältigung und Verbreitung der Schriften seines Freundes Cicero.) **85**

Augīās, ae *m* Augias (König der griech. Landschaft Elis. Er besaß einen Stall mit 3.000 Rindern, der 30 Jahre lang nicht ausgemistet worden war. Herkules musste ihn auf Befehl des Eurystheus in einem Tage reinigen.) **29. 30. X**

augur, uris *m* Augur (Der Augur war ein röm. Beamter, der zu ergründen hatte, ob ein vom Staat oder von einer Einzelperson geplantes Unternehmen den Göttern genehm sei. Wichtige Staatshandlungen durften nicht ohne Befragung eines Augurs durchgeführt werden. Er verkündete den Götterwillen, den er aus dem Flug und dem Geschrei der Vögel und aus verschiedenen anderen Naturphänomenen las.) **36. 47**

Augusta Trēverōrum Trier (um 16 v. Chr. von den Römern unter Kaiser Augustus in der Nähe eines Stammesheiligtums der keltischen Treverer gegründet. Gegen Ende des 3. Jh.s n. Chr. machte Kaiser Diokletian Trier zur röm. Kaiserresidenz und zur Hauptstadt des weström. Teilreiches. Aus dieser Zeit stammen viele historische Bauwerke, wie die mächtige Porta Nigra, die Römerbrücke, das Amphitheater, die Basilika und die Kaiserthermen.) **68**

Augusta Vindelīcōrum Augsburg (Anlässlich des nach Rätien führenden Eroberungsfeldzuges entstand 15 v. Chr. durch ein Militärlager die Keimzelle der Stadt; später Hauptstadt der röm. Provinz Raetia (u. a. Ost-Württemberg, Schwaben, Ober- und Niederbayern). Der Beiname bezieht sich auf den keltischen Volksstamm der Vindeliker, die in diesem Teil Rätiens ansässig waren.)

(Imperātor Caesar dīvī filius) **Augustus** Augustus (63 v. Chr. – 14 n. Chr., erster röm. Kaiser, ursprüngl. Name Gaius Octavius, Großneffe und Adoptivsohn Julius Cäsars; mit seinem Sieg über Markus Antonius hatte er 31 v. Chr. die Alleinherrschaft über das röm. Reich erlangt. Damit gingen die Jahrzehnte der röm. Bürgerkriege zu Ende. 27 v. Chr. verlieh ihm der Senat den Ehrentitel Augustus („der Erhabene"); dieses Datum gilt als Beginn des röm. Kaisertums bzw. als Ende der röm. Republik. Die Herrschaft des Augustus, die man als eine Epoche des inneren Friedens, der wirtschaftlichen und kulturellen Blüte wahrnahm, wird Augusteisches Zeitalter genannt.) **24. 51. 86. 87. XXIX. 95. 97. XXXII**

Augustus Augustus (Der Ehrentitel Augustus („der Erhabene" von lat. augere) wurde 27 v. Chr. Oktavian, dem Begründer des röm. Kaisertums, vom Senat verliehen und war – wie auch der Titel Caesar – fortan Bestandteil der Kaisertitulatur.) **71**

Aventīnus (mōns) der Aventin (einer der sieben Hügel Roms; auf dem Aventin weideten der Sage nach Amulius und Numitor ihre Herden, stellte Remus die Vogelschau für die Gründung Roms an.) **36. XII. 40**

Bacchus Bacchus (griech. Dionysos; Gott des Weines)

basilica Aemilia Basilika Ämilia (Die 179 v. Chr. errichtete Basilika Ämilia ist die einzige noch sichtbare der vier großen Basiliken aus der Zeit der röm. Republik und befindet sich auf dem Forum Romanum.) **12. IV**

basilica Iūlia Basilika Julia (Halle, die ab 54 v. Chr. von Julius Cäsar auf dem Forum Romanum errichtet wurde. Sie beherbergte eine Gerichtshalle und Ladengeschäfte und diente auch als Versammlungsort des Senates.) **11. 12. IV. 98**

Biriciāna Weißenburg (röm. Kastell im heutigen Weißenburg am Rätischen Limes. Im 1. Jh. n. Chr. wurde das Kastell zur Sicherung des nördlich der Donau eroberten Territoriums angelegt. Um 254 wurde das Lager und die dazugehörige Siedlung im Zuge der Germaneneinfälle zerstört. 1979 wurde in der Nähe der Thermen der sog. Weißenburger Römerschatz entdeckt, der als bedeutendster süddeutscher Fund dieser Art gilt. Im Zusammenhang

mit der Anerkennung des Limes als UNESCO-Weltkulturerbe im Jahre 2005 wurde Weißenburg zum Standort des Bayerischen Limes-Informationszentrums ausgewählt.) **72. 73**

Bitōn, ōnis *m* Biton (vgl. „Cleobis") **78**

Bonifātius der heilige Bonifatius (um 672–754, erhielt von Papst Gregor II. den Missionsauftrag für die germanischen Länder: „Apostel der Deutschen". Er wirkte bei der Gründung zahlreicher deutscher Bistümer mit.) **69. 70**

Bonna Bonn (Im Jahr 12 v. Chr. errichteten die Römer im Bereich der gallischen Siedlung Bonna ein befestigtes Lager am Rhein. Im 1. Jh. n. Chr. wurde der Stützpunkt zu einem Legionslager ausgebaut.) **71. 73**

Brennus Brennus (gallischer Heerführer im 4. Jh. v. Chr. Die Schlacht an der Allia (387 v. Chr.), in der Brennus' Heer die Römer besiegte, ging als „Dies ater", als schwarzer Tag, in die röm. Geschichte ein. Die Gallier plünderten in der Folge die Stadt Rom.) **61**

Britannia Britannien (Britannien war im 1. Jh. n. Chr. zu einem Rückzugsgebiet für gallische Rebellen geworden. Im Jahr 43 marschierten die Römer auf Befehl des Kaisers Claudius in Britannien ein und machten den südlichen Teil der Insel zur Provinz Britannia.) **71**

Brundīsium Brindisi (Stadt im Süden Italiens, am „Stiefelabsatz", röm. Flottenstützpunkt und Endpunkt der Via Appia; von Brundisium liefen vor allem die Schiffe mit dem Reiseziel Griechenland aus.) **7**

(Lūcius Iūnius) **Brūtus** Lucius Junius Brutus (Freund des Collatinus und seiner Frau Lukretia; um 500 v. Chr. Anführer der Verschwörer gegen den letzten röm. König Tarquinius Superbus. Später soll er – zusammen mit Collatinus – erster röm. Konsul geworden sein.) **41. 42. XIV. 59**

Caelius (mōns) der Cälius (einer der sieben Hügel Roms. Hier befand sich in republikanischer Zeit ein stark bevölkertes Stadtviertel mit vielen Mietskasernen. Nach einer Feuersbrunst im 1. Jh. n. Chr. wurde der Cälius zu einer bevorzugten Wohngegend der Oberschicht.) **40**

Caere, Caeretis *f* Caere (heute Cerveteri; bedeutende etruskische Stadt und Handelsmetropole, nordwestl. von Rom. Im Jahr 353 v. Chr. wurde Caere von den Römern unterworfen. Berühmt sind die Hügelgräber der Nekropole von Caere, in denen man Wandmalereien und Kunstgegenstände gefunden hat.) **52**

(Gāius Iūlius) **Caesar,** aris *m* Gaius Julius Cäsar (100–44 v. Chr., röm. Politiker, Feldherr und Schriftsteller; Eroberer Galliens von 58–51 v. Chr. Als Politiker strebte er die Alleinherrschaft in Rom an. Am 15. März 44 v. Chr. wurde er von einer Gruppe röm. Senatoren ermordet, die in ihm einen Tyrannen sahen. Cäsar war auch als Schriftsteller tätig: „De bello Gallico", „De bello civili".) **12. 51. XXV. 86**

Caesar, aris *m* Cäsar / Kaiser (Der Begriff „Caesar" war seit Augustus Teil des Namens und damit Titel der röm. Herrscher.) **21. VII. 44. 46**

(Mārcus Fūrius) **Camillus** Camillus (röm. Feldherr und Staatsmann im 4. Jh. v. Chr.; nach dem gallischen Sieg über die Römer an der Allia 387 v. Chr. und der Plünderung Roms soll Camillus zum Diktator ernannt worden sein. Der Sage nach versammelte er ein Heer und vertrieb die Gallier aus Rom. Tatsächlich aber zogen sich die Gallier wohl zurück, nachdem die Römer ein hohes Lösegeld entrichtet hatten.) **61**

Campānia Kampanien (mittelitalische Landschaft, 100 km südlich von Rom. Kampanien war berühmt für seinen Reichtum an Getreide, Gemüse, Obst, Oliven und Wein, denn der vulkanische Boden brachte eine besondere Fruchtbarkeit des Landes mit sich und gestattete 3–4 Ernten pro Jahr. Bedeutende Städte Kampaniens waren Capua, Neapel, Pompeji und Herkulaneum.) **16. 17. 24. 90**

Campus Mārtius das Marsfeld (ursprünglich ein außerhalb der Stadtgrenze Roms gelegenes militärisches Übungsfeld und politischer Versammlungsort; später wurde das Marsfeld mit prachtvollen öffentlichen Gebäuden ausgeschmückt.)

Cannae, ārum *f Pl.* Cannä (Stadt in Italien; Schauplatz der Schlacht 216 v. Chr., bei der die Römer dem karthagischen Feldherrn Hannibal unterlagen.) **64. XXI**

Capitōlium das Kapitol (einer der sieben Hügel Roms; heiligster Ort Roms, denn hier stand der Tempel des Iuppiter Optimus Maximus.) **7. 39. XIII. 40. 61. XXI**

Capua Capua (Stadt im westlichen Mittelitalien, bedeutende Stadt Kampaniens) **16. 26**

Carolus Magnus Karl der Große (König des Frankenreiches, lebte 747–814 n. Chr. Karl begründete durch zahlreiche Eroberungsfeldzüge ein europäisches Großreich. Er prägte die historische Entwicklung Europas auf politischem, kirchlichem und kulturellem Gebiet, förderte Wissenschaft und Kunst („Karolingische Renaissance"). Im Jahre 800 wurde er durch Papst Leo III. zum Kaiser gekrönt. Karl der Große starb 814 in Aachen, wo er in der von ihm erbauten Pfalzkapelle beigesetzt wurde.) **70. XXIII. 104**

Carthāginiēnsis, e karthagisch; Karthager (Einwohner von Karthago) **32**

Carthāgō, ginis *f* Karthago (Stadt in Nordafrika, in der Nähe des heutigen Tunis; der Sage nach war Dido die Gründerin und Königin der Stadt. Karthago war erbitterte Konkurrentin Roms im Kampf um die Beherrschung des Mittelmeerraumes; nach dem Ende des 3. Punischen Krieges 146 v. Chr. wurde die Stadt von den Römern zerstört.) **32. 33. 62. 65. 84**

Castra Regina *n Pl.* Regensburg (179 n. Chr. von den Römern gegründet, hervorgegangen aus einem seit ca. 90 n. Chr. bestehenden Kohortenkastell.)

(M. Porcius) **Catō,** ōnis (Cēnsōrius) *m* Marcus Porcius Cato (röm. Politiker und Schriftsteller, 234–149 v. Chr.; 184 v. Chr. hatte er die Zensur inne und erfüllte diese mit besonderer Sittenstrenge, sodass er den Beinamen Censorius erhielt; Cato war griechischen (insbesondere den philosophischen) Einflüssen gegenüber feindselig eingestellt, u. a. sprach er sich 155 v. Chr. für eine Ausweisung der griech. Philosophen aus, die im Rahmen einer diplomatischen Mission der Stadt Athen nach Rom gekommen waren. Cato warnte die Römer nach dem 2. Punischen Krieg vor einem Wiedererstarken Karthagos und forderte wiederholt die endgültige Zerstörung der Stadt.) **83. 84**

(Gāius Valerius) **Catullus** Catull (röm. Dichter, um 84–54 v. Chr.; 116 seiner Gedichte sind erhalten: Gedichte an und über Freunde, Schmäh- und Liebesgedichte (Gedichte an Lesbia). Besonders berühmt sind seine Kussgedichte. Catull gehörte zum Dichterkreis der sog. Neoteriker, die sich bewusst gegen groß angelegte, „konservative" Dichtungsformen wandten und stattdessen kleine, „feine" Dichtungen griechischen Stils pflegten. Die griech. Dichterin Sappho war eines seiner künstlerischen Vorbilder.) **85. XXVIII. 88**

Caucasus (mōns) der Kaukasus (Gebirge zwischen Schwarzem und Kaspischem Meer) **54. XVIII**

cēnsor, ōris *m* Zensor (röm. Beamter; zwei Zensoren, die Konsuln gewesen sein mussten, wurden alle fünf Jahre für eine achtzehnmonatige Amtszeit gewählt. Sie überwachten die öffentliche Sittlichkeit, erstellten das Staatsbudget und führten die Volkszählung auf dem Marsfeld und die Vermögensschätzung durch. Außerdem hatten sie das Recht, Senatoren wegen liederlichen Lebenswandels aus dem Senat auszustoßen (senatu movere). Der bekannteste Träger dieses besonders angesehenen Amtes war der für sein strenges Amtsverständnis berüchtigte Cato Censorius.) **83. 84**

Cerberus Zerberus (der dreiköpfige Hund, der den Eingang zum Hades (Unterwelt) bewachte. Herkules zerrte ihn – im Auftrag von König Eurystheus – mit Gewalt zur Oberwelt, zeigte ihn dem König – und brachte ihn wieder zurück.) **30. X. 57**

Cerēs, Cereris *f* Ceres (griech. Demeter; Göttin des Ackerbaus und der fruchttragenden Erde. Von Jupiter Mutter der Proserpina) **XVIII. XIX**

Charōn, ōnis *m* Charon (der Fährmann, der die Verstorbenen in seinem Kahn über den Unterweltsfluss Styx in den Hades (die Unterwelt) brachte. Für diesen Dienst verlangte er ein Fährgeld; die Toten wurden deshalb stets mit einer Münze im Mund beigesetzt.) **30**

Chrīstiānī, ōrum *m Pl.* die Christen **65–67. XXII. 68–70. XXIII. XXXIII**

Chrīstus Christus (griech. Übersetzung für das hebräische Wort Messias, das „der Gesalbte" bedeutet und den königlichen Erlöser des Volkes Israel und der Menschheit bezeichnet. Ehrentitel Jesu.) **65–67. XXII**

(M. Tullius) **Cicerō,** ōnis *m* Cicero (röm. Politiker, Redner, Philosoph und Schriftsteller, 106–43 v. Chr.; während seines Konsulats im Jahr 63 v. Chr. kam es zur Catilinarischen Verschwörung, die von Cicero aufgedeckt und vereitelt wurde. Als Anwalt und Politiker hielt er zahlreiche literarisch bedeutsame Reden, die erhalten sind. Er stellte durch mehrere Schriften die röm. Beredsamkeit auf ein breites theoretisches Fundament. Er vermittelte den Römern durch seine philosophischen Schriften die griech. Philosophie. Bedeutend als historische Quelle ist auch die Sammlung seiner Briefe an Familienangehörige und Freunde. Das Latein Ciceros gilt als Höhepunkt der röm. Kunstprosa. Cicero war ein entschiedener Befürworter der alten röm. Republik und geriet daher in Konflikt mit Cäsar und Marcus Antonius; auf Betreiben des Letzteren wurde Cicero ermordet.) **85. 86. 92. 104**

Cimbrī, ōrum *m Pl.* die Kimbern (germanischer Volksstamm, fielen um 115 v. Chr in Gallien und Italien ein; wurden 101 v. Chr. von den Römern unter der Führung des Konsuls Gajus Marius in Norditalien vernichtend geschlagen.)

Circus Maximus Circus Maximus (größte Rennbahn Roms zwischen den Hügeln Palatin und Aventin; angeblich bereits im 6. Jh. v. Chr. von König Tarquinius Priscus erbaut, später von Cäsar erneuert.) **40. 51. XXIX**

(Tiberius) **Claudius** (Nerō Germānicus) Claudius (röm. Kaiser 41–54 n. Chr. Unter der Herrschaft des Claudius wurde das röm. Reich um zahlreiche neue Provinzen erweitert. Claudius war auch als Schriftsteller tätig: Er verfasste Werke über die Herrschaft des Augustus, über die Geschichte Karthagos sowie ein etruskisches Wörterbuch. Angeblich soll seine letzte Gattin Agrippina ihn durch ein vergiftetes Pilzgericht ermordet haben.) **52**

Cleobis, is *m* Kleobis (Sohn der griech. Hera-Priesterin Kydippe; Kleobis und sein Bruder Biton zeichneten sich durch so große Tugendhaftigkeit aus, dass ihre Mutter die Göttin Hera bat, ihren beiden Söhnen als Dank das Beste zukommen zu lassen, was ein Mensch erhalten könne, woraufhin die schlafenden Brüder nicht mehr aufwachten und somit, noch in Jugend und Schönheit stehend, einen schnellen und sanften Tod errangen.) **78**

Cleopatra Kleopatra VII. (letzte Königin Ägyptens von 51–30 v. Chr., war von ihrem Bruder und Mitregenten Ptolemaios XIII. verstoßen, wurde aber von Cäsar, den die Verfolgung des Pompejus nach Ägypten geführt hatte, wieder eingesetzt. Kleopatra hatte zuerst ein Verhältnis mit Cäsar, dann mit Antonius; 31 v. Chr. unterlagen sie und Antonius dem Heer des Oktavian / Augustus bei Aktium, beide begingen daraufhin Selbstmord.) **61**

Collātia Collatia (alte sabinische Stadt östlich von Rom, Heimat der Lukretia und des Collatinus) **42**

(Lūcius Tarquinius) **Collātīnus** Lucius Tarquinius Collatinus (Ehemann der Lukretia, die von Sextus Tarquinius vergewaltigt wurde, was die Vertreibung der Tarquinier aus Rom auslöste.) **42**

Colōnia Claudia Āra Agrippīnēnsium Köln (55 n. Chr. von Kaiser Nero gegründet, benannt nach Agrippina, der Mutter des Kaisers; entwickelte sich neben Trier zur wichtigsten röm. Stadt in Germanien.) **73–75**

Colōnia Ulpia Trāiāna Xanten (Kaiser Trajan erhob das seit dem 1. Jh. v. Chr. bestehende Legionslager Castra Vetera zur Colonia Ulpia Traiana. Als colonia gehörte sie zu den etwa 150 Städten im röm. Reich, die weitreichendes Stadtrecht besaßen und als „Abbilder Roms" galten. Xanten war nach Köln und Trier die drittgrößte röm. Stadt nördlich der Alpen und ein Hauptort der Provinz Germania Inferior.)

Colosseum (Amphitheātrum Flāvium) Kolosseum (das größte Amphitheater der Antike; die Bezeichnung Amphitheatrum Flavium leitet sich von den Kaisern der flavischen Dynastie her, unter deren Herrschaft das Kolosseum von 72–80 n. Chr. errichtet wurde. 80 n. Chr. wurde es von Kaiser Titus mit hunderttägigen Spielen eröffnet, unter anderem mit Gladiatorenkämpfen, nachgestellten Seeschlachten und Tierhetzen. Im Kolosseum fanden ca. 50.000 Zuschauer Platz.) **45. 46. XV**

(Chrīstophorus) **Columbus** Christoph Kolumbus (ital. Seefahrer und Entdecker Amerikas, 1451–1506; Kolumbus verfolgte den Plan, die seit der Antike behauptete Möglichkeit einer Westfahrt nach Indien zu erkunden. 1492 erklärten sich König Ferdinand II. und Königin Isabella von Spanien bereit, sein Vorhaben zu finanzieren. Bei seiner ersten Fahrt (1492–93) entdeckte er San Salvador, Kuba und Tahiti; bei weiteren drei Entdeckungsfahrten in den Jahren 1493–1504 entdeckte er außerdem Jamaica, Puerto Rico, die Nordküste Südamerikas (Trinidad) und die Küste Zentralamerikas (Honduras, Panama). Kolumbus leitete mit seinen Expeditionen das Zeitalter der großen Entdeckungen ein, mit denen die Neuzeit beginnt.) **T1–T4**

(Iohannes Amos) **Comenius** Johann Amos Comenius (tschechischer Philosoph, Theologe und Pädagoge, 1592–1670; Comenius war der Erste, der die Pädagogik vom Kind her entwarf. Comenius' Vision war eine freundliche, lebensnahe Schule ohne Gewalt und Zwang. Er forderte die allgemeine Schulpflicht, Chancengleichheit für Mädchen, sozial Schwache und Behinderte. Der Grundsatz seiner Pädagogik lautet: „Omnes omnia omnino." („Alle alles ganz [zu lehren].")) **101**

Concordia Concordia (röm. Göttin der Eintracht. Sie förderte und erhielt die Eintracht und die Einheit der Bürger Roms. Ihre Attribute waren Füllhorn, Opferschale und ineinandergeschlungene Hände. Der Göttin Concordia war ein prachtvoller Tempel am Fuße des Kapitols geweiht.) **11. IV**

(Flāvius Valerius) **Cōnstantīnus** Konstantin der Große (röm. Kaiser von 306–337 n. Chr.; gründete 330 n. Chr. das alte Byzanz als Konstantinopel neu und erhob es zur Hauptstadt des röm. Reiches. 313 n. Chr. erließ er in Mailand ein Edikt zum Schutz der Christen.) **68. 69**

cōnsul, cōnsulis *m* Konsul (röm. Beamter; mit dem 43. Lebensjahr konnte das Konsulat, das höchste zivile und militärische Amt, ausgeübt werden. Dieses war für eine einjährige Amtszeit auf zwei Konsuln aufgeteilt. Die Konsuln saßen den Senatssitzungen vor, brachten Gesetzesanträge ein und überwachten die Durchführung der Beschlüsse und Gesetze.) **59. 64. 83–85**

(Nīcolāus) **Copernicus** Nikolaus Kopernikus (deutsch-polnischer Mathematiker und Astronom, 1473–1543. In seinem Werk „De revolutionibus orbium caelestium" entwickelte er das Modell des heliozentrischen Weltbildes, nach dem sich die Planeten um die Sonne bewegen und die Erde sich um die eigene Achse dreht. Seine Theorien wurden später durch Galileo Galilei und Johannes Kepler weiterentwickelt. Kopernikus' Werk wurde erst nach seinem Tod 1543 veröffentlicht und 1616 auf den päpstlichen Index der verbotenen Bücher gesetzt, von dem es erst 1835 gestrichen wurde.) **102**

Corinthus, ī *f* Korinth (reiche griech. Handelsstadt am Isthmos) **58. 69. 80**

(Gnaeus Mārcius) **Coriolānus** Coriolan (sagenhafter röm. Feldherr im 5. Jh. v. Chr.; als Patrizier war er entschiedener Gegner des Volkstribunats und plädierte für dessen Abschaffung. Die Plebejer klagten ihn des Verfassungsumsturzes an und schickten ihn in die Verbannung. Coriolan schloss sich daraufhin den Volskern, den ärgsten Feinden Roms, an und führte sie gegen seine Heimatstadt (489 / 488 v. Chr.). Durch die Intervention seiner Mutter Veturia und seiner Frau Volumnia ließ er von dem Angriff ab.) **60–62**

Creōn, ontis *m* Kreon (Bruder des Ödipus, Onkel der Antigone und der Ismene; er ließ Antigone töten, die sich seinem Befehl widersetzt hatte, den toten Polyneikes unbestattet zu lassen.) **81. 82**

Crēta Kreta (griech. Insel. Jupiter entführte die phönizische Königstochter Europa dorthin. Sie gebar ihm Minos, den späteren König der Insel.) **10. 53. 55. XVIII. 56**

Creūsa Kreusa (Ehefrau des Äneas; kam während der Eroberung und Zerstörung Trojas ums Leben.) **32**

Croesus Krösus (letzter König von Lydien (Kleinasien), Mitte des 6. Jh.s v. Chr.; berühmt durch seinen unermesslichen Reichtum. Sagenumwoben ist auch seine Begegnung mit dem athenischen Weisen Solon. Das Lyderreich ging im 6. Jh. v. Chr. im Kampf gegen das aufstrebende Perserreich unter.) **78. 79**

cūria die Kurie (das Versammlungsgebäude des Senates auf dem Forum Romanum. Die erste Kurie – die Curia Hostilia – wurde der Sage nach von König Tullus Hostilius errichtet. Nachdem sie 52 v. Chr. einem Brand zum Opfer gefallen war, veranlasste Julius Cäsar einen Neubau der Kurie (Curia Iulia).) **84**

Cyanē Kyane (eine Quellnymphe, die den Raub der Proserpina durch Pluto vergeblich zu verhindern suchte) **XVIII. XIX**

Daedalus Dädalus (sagenhafter athenischer Künstler und Baumeister. Auf der Insel Kreta errichtete er auf Verlangen des Königs Minos ein Labyrinth, in dem das Ungeheuer Minotauros gefangen gehalten wurde. Da Minos ihn nicht von der Insel fortlassen wollte, schuf

Dädalus für sich und seinen Sohn Ikarus Flügel und floh mit ihm durch die Luft. Da Ikarus den Anweisungen seines Vaters nicht folgte, stürzte er ins Meer, das seither Ikarisches Meer genannt wird.) **55. XVIII. 56–58**

Damascus Damaskus (bedeutende Stadt in der röm. Provinz Syria, Hauptstadt des modernen Staates Syrien. Damaskus ist eine der ältesten, kontinuierlich bewohnten Städte der Welt sowie ein kulturelles und religiöses Zentrum des Orients.) **65. 68**

Dānubius / Dānuvius die Donau

Decius Decius (röm. Kaiser von 249–251 n. Chr., der allen Bewohnern des röm. Reiches befahl, den Staatsgöttern zu opfern und sich dies schriftlich bestätigen zu lassen. Die Christen weigerten sich, die geforderten Opfer zu bringen, und wurden daraufhin auf kaiserlichen Befehl verfolgt.) **67**

Delphī, ōrum *m Pl.* Delphi (Ort in Griechenland, berühmte griech. Orakelstätte des Gottes Apollon) **41. 65**

Dēlus *f* Delos (griech. Insel in der Ägäis. Der Sage nach gebar die Göttin Latona auf Delos das göttliche Zwillingspaar Apollon und Diana.) **56**

Dēmēter, tros *f* Demeter (vgl. „Ceres")

Diāna Diana (griech. Artemis; Göttin der Jagd, des Waldes und des Mondes, Schützerin der Frauen und der Jungfräulichkeit. Tochter des Jupiter und der Göttin Latona. Zwillingsschwester des Apollon.) **22. 56**

dictātor, ōris *m* Diktator (röm. Sonderbeamter; in Zeiten höchster Gefahr für den Staat konnte einer der beiden Konsuln im Auftrag des Senates einen dictator ernennen, der die höchste militärische, politische und richterliche Macht in seiner Person vereinigte. Seine Amtsgewalt war auf ein halbes Jahr beschränkt.) **61**

Didō, ōnis *f* Dido (Gründerin und Königin von Karthago; verliebte sich in Äneas, den es auf seiner Irrfahrt an die afrikanische Küste verschlagen hatte; gab sich den Tod, nachdem Äneas sie auf Geheiß Jupiters verlassen musste.) **32. 33**

Dioclētiānus Diokletian (röm. Kaiser von 284–305 n. Chr.; unter seiner Herrschaft kam es zu einer großen Christenverfolgung, weil der Kaiser das Christentum als eine Gefährdung seines Herrschaftssystems ansah. Diokletians Regierungszeit gilt als Beginn der Spätantike.) **67**

Diogenēs, is *m* Diogenes (griech. Philosoph und Wanderlehrer aus Sinope am Schwarzen Meer, 4. Jh. v. Chr.; bekannt geworden ist er vor allem durch zahlreiche Anekdoten. Nach Diogenes ist die Unabhängigkeit von äußeren Gütern und gesellschaftlichen Konventionen Grundbedingung für Glück und wahre Tugend. Diogenes war der erste Mensch, der sich als „Weltbürger" (Kosmopolit) bezeichnete. Durch sein Bettlerleben und seinen beißenden Spott erwarb er sich den Beinamen kýon (griech. Hund). Von diesem Begriff leitete die Philosophenschule der Kyniker ihren Namen her. Moderne Begriffe wie zynisch und Zynismus haben ebenfalls dort ihren Ursprung.)

Dionysus *m* Dionysos (vgl. „Bacchus")

duumvir Duumvir (Ein Duumvir war Bestandteil eines – wie der Name schon sagt – Zweimänneramtes. Die beiden Duumvirn waren die Spitzenbeamten von Städten, die nach röm. Recht verfasst waren. Das Duumvirat war also eine „Kopie" des röm. Konsulates. Die Duumvirn übten die Rechtsprechung aus, beriefen Volksversammlungen ein und organisierten die Wahlen zu anderen öffentlichen Ämtern.) **19–21**

Elysium das Elysium (der Teil der Unterwelt, in den diejenigen Toten eingehen durften, die tugendhaft gelebt hatten. Die Verstorbenen führten im Elysium ein paradiesisches Dasein ohne Sorgen und Arbeit.) **30**

Ephesus *f* Ephesos (wichtige Hafenstadt im kleinasiatischen Karien (heute Efes, an der Westküste der Türkei); der dortige Artemis-Tempel gehörte zu den sieben Weltwundern. Zu den bedeutenden Bauwerken der Stadt zählt die Celsusbibliothek.) **XXII**

Epicūrus Epikur (griech. Philosoph aus Samos, um 341–270 v. Chr. Epikur ließ sich 306 v. Chr. in Athen nieder und gründete dort eine Philosophenschule. In Epikurs Philosophie ist die Lust das einzige Gut, Schmerz hingegen das einzige Übel. Dabei ist die wahre Lust der Zustand vollkommener Ruhe und Ungestörtheit, z. B. das stille Glück des Landlebens, das sich aus dem Getriebe der Welt heraushält. Epikur lehrt, dass Götter zwar existieren, sie aber in glückseliger Abgeschiedenheit leben und keinen Einfluss auf Welt und Menschen ausüben. Epikurs Lehre fand auch bei den Römern großen Anklang.) **87. 90–93. XXXI**

Erōs, ōtis *m* Eros (vgl. „Amor")

Ēquiliae, ārum *f Pl.* (collis Ēsquilīnus) der Esquilin (der größte der sieben Hügel Roms) **40**

Eteoclēs, is *m* Eteokles (Sohn des Ödipus, Bruder der Antigone; er und sein Bruder Polyneikes brachten sich im Kampf um die Herrschaft über Theben gegenseitig um.) **81**

Etrūria Etrurien (antike Landschaft in Mittelitalien; umfasste die Toskana, den nördlichen Teil des heutigen Latium und Teile Umbriens. Etrurien war das Kerngebiet der Etrusker.)

Etrūscī, ōrum (auch: **Tūscī**) *m Pl.* die Etrusker (Volk im nördl. Mittelitalien. Ab dem 7. Jh. v. Chr. beherrschten die Etrusker, zusammen mit den verbündeten Karthagern, das westl. Mittelmeer. Sie expandierten im Süden bis nach Kampanien, im Norden bis an den Rand der Alpen. Die Etrusker beherrschten auch Rom. Im 6. Jh. jedoch wurden die etruskischen Herrscher – die Tarquinier – aus Rom vertrieben; damit begann der allmähliche Niedergang der Etrusker. Zug um Zug eroberten die Römer die etruskischen Städte bzw. schlossen Bündnisverträge mit ihnen. Die Römer haben viele Elemente der etruskischen Kultur und Religion übernommen.) **40. 41. 47. 48. XVI. 51. 52. XVII. 59. 65. 73**

Hector, oris *m* Hektor (Sohn des trojanischen Königs Priamos; stärkster der trojanischen Helden im Krieg gegen die Griechen; fiel im Zweikampf gegen den Griechen Achilles.) **84**

Helena Helena (Frau des Spartanerkönigs Menelaos; wurde vom Trojaner Paris geraubt, was den Trojanischen Krieg auslöste.) **31. 61**

Hēphaistos *m* (vgl. „Vulcanus")

Hēra, ae *f* Hera (vgl. „Iuno")

Hēraklītus Heraklit (griech. Philosoph aus Ephesos, um 550-480 v. Chr.; wesentlich für Heraklits Philosophie ist die Lehre vom Sein, das stetem Wandel unterworfen ist, sich aber trotzdem – geregelt von der göttlichen Vernunft – in vollkommener Harmonie befindet. Der Fluss ist für Heraklit ein Sinnbild des Seins: Das Wasser eines Flusses wechselt ständig und doch bleibt er immer derselbe. („Alles fließt."))

Herculānei, ōrum *m Pl.* die Herkulaneer (Einwohner von Herkulaneum) **28**

Herculāneum Herkulaneum (Stadt in Kampanien am Golf von Neapel. Der Sage nach soll die Stadt eine Gründung des Herkules gewesen sein. Herkulaneum ist wie Pompeji beim Ausbruch des Vesuv untergegangen. Mit seinen ca. 4.000 Einwohnern war Herkulaneum deutlich kleiner als Pompeji. Wegen der natürlichen Schönheit, des prächtigen Blicks über den Golf von Neapel und seiner reinen Luft erbauten viele reiche Römer ihre Sommervillen in Herkulaneum.) **IX. 28. 29. 89-94**

Herculēs, is *m* Herkules (griech. Herakles; berühmtester der griech. Helden mit übermenschlichen Kräften. Sohn des Jupiter und der Alkmene. Um sich von einer im Wahnsinn begangenen Freveltat reinzuwaschen, musste er auf Geheiß eines Orakels dem König Eurystheus von Mykene dienen. Eifersüchtig auf Herkules' Stärke, bürdete Eurystheus ihm zwölf so ungeheuer schwierige Aufgaben auf, dass nur ein Sohn des Jupiter sie erfüllen konnte: Er musste verschiedene Ungeheuer erlegen (den Nemeischen Löwen, die Lernäische Hydra, die Stymphalischen Vögel), wilde Tiere einfangen (die Kerynithische Hirschkuh, den Erymanthischen Eber, den Kretischen Stier), den Stall des Augias ausmisten und dem Eurystheus bestimmte Dinge rauben und herbeiholen (die Stuten des Diomedes, den Gürtel der Hippolyte, das Vieh des Geryones, die Äpfel der Hesperiden). Die letzte und schwierigste Aufgabe war der Abstieg in die Unterwelt, aus der Herakles den Zerberus heraufholen sollte. Nachdem Herkules alle zwölf Aufgaben erfüllt hatte, überließ Eurystheus ihm seinen Thron. Nach seinem Tod wurde Herkules in den Kreis der Götter aufgenommen.) **V. 28-30. X. 47. 54. 55. XVIII. 56. 91**

Hermēs *m* Hermes (vgl. „Mercurius")

Hērodotus Herodot (um 490 – um 425 v. Chr., griech. Historiker aus der kleinasiatischen Stadt Halikarnassos) **10. T7**

Hersilia Hersilia (Sabinerin, Ehefrau des Romulus) **38. 39**

Hesperidēs, um *f Pl.* (weibliche Gottheiten, Töchter der Nacht; sie hüteten in einem Garten am westlichen Ende der Welt die goldenen Äpfel, die den Göttern ewige Jugend verliehen. Diese Äpfel zu pflücken war eine der zwölf Aufgaben des Herkules.) **54**

Hessī, ōrum *m Pl.* die Hessen (germanischer Volksstamm, der im Bereich der Täler von Eder, Fulda und Lahn – im nördlichen Teil des heutigen Bundeslandes Hessen – seinen Siedlungsschwerpunkt hatte.) **69**

Hierosolyma, ōrum *n Pl.* Jerusalem (größte und bedeutendste Stadt im antiken Israel (Iudaea). Sitz des röm. Statthalters zur Zeit Jesu) **65. 66. XXII. 68. XXIII**

Hispānia Spanien (seit 197 v. Chr. röm. Provinz) **71. T1. T4**

(Mārcus) **Holcōnius Rūfus** Marcus Holconius Rufus (die bedeutendste uns bekannte Persönlichkeit Pompejis im 1. Jh. n. Chr.) **VII. 23**

Homērus Homer (ältester griech. Dichter im 8. Jh. v. Chr., unter seinem Namen sind die beiden bedeutendsten griech. Epen, die „Ilias" und die „Odyssee", überliefert.) **31. 32. XXVI**

(Quīntus) **Horātius** (Flaccus) Horaz (röm. Dichter der augusteischen Zeit, 65 - 8 v. Chr.; der Dichter Vergil stellte ihn 38 v. Chr. dem großen Gönner und Adeligen Mäzenas vor. Dieser nahm sich des jungen Dichters an und es entstand eine enge Freundschaft. Die Themen von Horaz' Dichtungen sind vor allem Liebe und Politik, aber auch Freundschaft, Alltäglichkeiten des Lebens und philosophische Fragen. Zu seinen Vorbildern gehörten die griech. Dichter Alkaios und Sappho. In philosophischer Hinsicht bezeichnete Horaz sich selbst als einen Anhänger Epikurs.) **86-88. 91**

Hydra Lernaea die Hydra von Lerna (ein vielköpfiges schlangenartiges Untier, das im See Lerna nahe der gleichnamigen griech. Stadt hauste. Wenn man ihr einen ihrer Köpfe abschlug, wuchsen zwei neue nach. Herkules besiegte das Ungeheuer mit Hilfe seines Gefährten Iolaos.) **X. 54**

Ibērus der Ebro (Fluss im Nordosten Spaniens. Im sog. „Ebrovertrag" hatten die Römer und Karthager um 226 v. Chr. den Ebro als Grenze ihrer jeweiligen Einflussgebiete festgelegt. Die Überschreitung des Ebro durch Hannibals Truppen löste 218 v. Chr. den 2. Punischen Krieg aus.)

Ībycus Ibykos (griech. Liebesdichter aus der unteritalischen Stadt Rhegion, um 530 v. Chr.; er führte das Leben eines wandernden Sängers, u. a. hielt er sich längere Zeit auf der Insel Samos am Hof des Tyrannen Polykrates auf; der Sage nach soll er auf der Fahrt zu den Isthmischen Spielen von Räubern ermordet worden sein; vgl. Friedrich Schillers Ballade „Die Kraniche des Ibykus", 1797.) **80**

Īcaria Ikaria (griech. Ägäisinsel, westlich von Samos. Die Insel leitet ihren Namen von Ikarus her: Dädalus beerdigte hier seinen Sohn Ikarus, der bei der Flucht aus Kreta ins Meer gestürzt war.) **55**

Mycēnae, ārum *f Pl.* Mykene (in alter Zeit eine der bedeutendsten Städte Griechenlands. In Homers Epos „Ilias" wird Mykene als Hauptstadt des Königs Agamemnon erwähnt. Seine größte Blüte hatte Mykene im 14. und 13. Jh. v. Chr.) **29**

Mytilēnae, ārum *f Pl.* Mytilene (Hauptort der griech. Insel Lesbos; Geburtsort des Lyrikers Alkaios) **79**

Neāpolis, is *f* Neapel (bedeutende Stadt in Kampanien. Neapolis („Neustadt") wurde im 5. Jh. v. Chr. von griech. Kolonisten gegründet.) **IX**

Nemeaeus leō *m* der Nemeische Löwe (Ungeheuer nahe der griech. Stadt Nemea. Die Tötung dieses Löwen war die erste der zwölf Arbeiten des Herkules. Nach seinem Sieg trug er das Fell des Löwen als Trophäe.) **28. 29. X. 54**

Neptūnus Neptun (griech. Poseidon; Gott des Meeres. Bruder des Jupiter.) **22. 38. 56. 90**

Nerō, ōnis *m* Nero (röm. Kaiser 54–68 n. Chr.; in den ersten Jahren regierte er unter dem positiven Einfluss seines Lehrers Seneca. Nachdem Nero diesen zum Rückzug aus der Politik gezwungen hatte, begann eine Willkürherrschaft. Während Neros Herrschaft brannte Rom aus ungeklärten Gründen nieder (64 n. Chr.); er beschuldigte die Christen, den Brand gelegt zu haben, und verfolgte sie. Sein ausschweifender Lebenswandel verschaffte ihm viele Feinde. Als schließlich ein Aufstand der Prätorianergarde ausbrach, setzte Nero seinem Leben selbst ein Ende.) **70. XXIII**

Nioba Niobe (Tochter des Tantalus; im kleinasiatischen Phrygien aufgewachsen, später durch die Heirat mit Amphion Königin von Theben.) **56**

Nīlus der Nil (Fluss in Ägypten) **49**

(Mārcus) **Nōnius Balbus** Marcus Nonius Balbus (röm. Senator und prominenter Einwohner der Stadt Herkulaneum.) **28. 29**

Nōricum Noricum (Siedlungsgebiet des keltischen Stammes der Noriker auf dem Gebiet des heutigen Österreich, Ostbayerns und Sloweniens. Noricum wurde 15 v. Chr. unter Kaiser Augustus Teil des röm. Reiches.) **44**

Numa Pompilius Numa Pompilius (zweiter König Roms, galt als besonders weise und fromm. Die Römer schrieben ihm viele ihrer religiösen Einrichtungen zu: Feste, Opfer und Riten, die Pontifices und Vestalinnen.)

Numitor, ōris *m* Numitor (König von Alba Longa, Sohn des Prokas, Vater der Rea Silvia. Numitor wurde von seinem jüngeren Bruder Amulius abgesetzt. Seine Enkel Romulus und Remus rächten dieses Verbrechen und gaben ihm die Herrschaft zurück.) **XI. 34–36**

Odyssēa die „Odyssee" (Epos des griech. Dichters Homer über die Irrfahrten des Odysseus) **32. 33**

Odysseus vgl. „Ulixes" **31. 32. 58**

Oedipūs, podis *m* Ödipus (sagenhafter Herrscher der griech. Stadt Theben; löste das Rätsel der Sphinx; tötete in Unwissenheit seinen Vater Laios und heiratete seine Mutter Iokaste; Vater von Eteokles, Polyneikes, Antigone und Ismene. Als seine Taten ans Licht kamen, stach sich Ödipus die Augen aus und wanderte fortan als Ausgestoßener umher.) **XXVII**

Orpheus, eī Orpheus (berühmter thrakischer Sänger; sein Gesang war so schön, dass selbst Tiere, Pflanzen und leblose Dinge von ihm gerührt wurden. Orpheus stieg in die Unterwelt hinab, um durch seinen Gesang und das Spiel seiner Lyra die Unterweltsgötter zu bewegen, ihm seine verstorbene Gattin Eurydike zurückzugeben. Seine Bitte wurde ihm gewährt – jedoch unter der Bedingung, dass er sich während des Aufstiegs in die Oberwelt nicht nach Eurydike umschauen dürfe. Da er die Schritte der Eurydike nicht hörte, sah er sich um – und sie verschwand für immer in der Unterwelt.) **57. 58**

Ōstia Ostia (Hafenstadt Roms an der Tibermündung, seit dem 4. Jh. v. Chr. bestehende Hafenanlage, später auch Flottenstützpunkt. In Ostia landeten die für Rom bestimmten Lebensmittellieferungen, vor allem die Getreideschiffe aus Ägypten, Afrika, Sardinien und Sizilien.) **46. 49–52**

(Publius) **Ovidius** (Nāsō) Ovid (röm. Dichter, 43 v. Chr. – 18 n. Chr.; seine frechen Dichtungen brachten ihn in Konflikt mit Kaiser Augustus' Programm einer moralischen Erneuerung; deshalb wurde er auf Lebenszeit nach Tomi am Schwarzen Meer verbannt. Werke u. a.: „Metamorphosen", „Ars amatoria", „Fasti", „Tristia", „Heroides". Neben Vergil und Horaz ist er der bedeutendste Dichter der augusteischen Zeit.) **56. 88. XXIX**

Palātium (mōns Palātīnus) der Palatin (einer der sieben Hügel Roms; ältester besiedelter Teil der Stadt. Viele prominente Römer hatten hier ihre Häuser. Kaiser Augustus errichtete hier seinen Wohnsitz, den man palātia nannte; davon leitet sich das deutsche Wort „Palast" her.) **35. XII. 40. 61**

Pallās, antis *m* Pallas (Sohn des italischen Königs Euander. Er wurde von Turnus getötet und von Äneas – dem Bundesgenossen des Euander – gerächt.) **33**

Paris, idis *m* Paris (Sohn des trojanischen Königs Priamos; raubte die schöne Helena aus Sparta und löste damit den Trojanischen Krieg aus.) **31**

patriciī, ōrum *m Pl.* Patrizier (röm. Adelsfamilien; nach der Vertreibung der Könige Anfang des 5. Jh.s v. Chr. hatten sie die politische Macht inne.) **59. 60. XX**

Patroclus Patroklos (Freund und Kampfgefährte des Achilles im Trojanischen Krieg; von Hektor getötet.) **31**

Paulus Paulus (Sohn einer vermögenden jüdischen Familie; durch Christusvisionen wurde er zum christlichen Glauben bekehrt. Seine Missionsreisen trugen entscheidend zur Verbreitung des christlichen Glaubens bei; Paulus verfasste zahlreiche Briefe an die christlichen Urgemeinden, die sich im Neuen Testament wiederfinden und seine wesentlichen theologischen Aussagen enthalten. Der Überlieferung nach wurde Paulus während der Christenverfolgung Neros verhaftet und um 66 n. Chr. in Rom enthauptet.) **65. 66. 68**

Paulus Iovius Paolo Giovio (ital. Historiker, Bischof und Arzt, 1483–1552; in seiner Biografiensammlung „Vitae virorum illustrium" findet sich auch eine Lebensbeschreibung des Christoph Kolumbus.) **T1. T2**

Penātēs, ium *m Pl.* die Penaten (röm. Haus- und Schutzgötter)

Pēnelopa Penelope (Gattin des Odysseus) **58**

Persae, ārum *m Pl.* die Perser **70**

Petrōnius (Arbiter) Petron (röm. Schriftsteller, gest. um 66 n. Chr.; gehörte zu den engsten Vertrauten am Hof des Kaisers Nero und stand dort als Meister der kultivierten Lebensführung in hohem Ansehen. Nachdem er beschuldigt worden war, an einer Verschwörung gegen den Kaiser teilgenommen zu haben, beging er Selbstmord. Autor des „Satyrikon", eines erotischen Abenteuerromans.)

Petrus Petrus (Jünger Jesu und christl. Apostel; nach dem Tod Jesu war er Leiter der christl. Gemeinde in Jerusalem; seine letzten Jahre verbrachte er in Rom, wiederum als Leiter der dortigen Gemeinde, und starb unter Kaiser Nero den Märtyrertod.) **66**

Petrus Martyr Anglerius Petrus Martyr von Anghiera (ital. Geschichtsschreiber, 1459–1525; als Geistlicher, Erzieher und Politiker am spanischen Königshof tätig. Sein Werk „De orbe novo" (1516) ist die erste Beschreibung der Entdeckung Amerikas.) **T3–T5**

Phaeāces, um *m Pl.* die Phäaken (mythisches Seefahrervolk auf der griech. Insel Scheria (Korfu). Homer berichtet, dass Odysseus auf der letzten Station seiner Irrfahrten zur Insel der Phäaken kam. Mit Hilfe der gastfreundlichen Phäaken gelang es Odysseus schließlich, in seine Heimat Ithaka zurückzukehren.) **58**

Phoenīces, um *m Pl.* die Phönizier (Seefahrervolk, das in Phönizien, einer historischen Landschaft an der heutigen syrisch-libanesischen Mittelmeerküste, beheimatet war. Die Stadtstaaten der Phönizier (z. B. Tyros und Sidon) waren bedeutende Handelszentren, die Kontakte im gesamten Mittelmeerraum pflegten und zahlreiche Handelskolonien gründeten. Die berühmteste dieser Kolonien war Karthago. Die Phönizier schufen im 11. Jh. v. Chr. die Urform des europäischen Alphabets.) **53**

Platō, ōnis *m* Platon (griech. Philosoph, 427–347 v. Chr.; Schüler des Sokrates und Lehrer des Aristoteles; Verfasser vieler noch erhaltener und bis in die Neuzeit nachwirkender Schriften; gründete um 385 v. Chr. eine Philosophenschule in Athen, die sogenannte „Akademie", die erst 529 n. Chr. von Kaiser Justinian geschlossen wurde. Der Einfluss der platonischen Philosophie ist so bedeutsam, dass der englische Philosoph Alfred North Whitehead meinte, die gesamte europäische Philosophiegeschichte sei nur eine „Fußnote zu Platon".) **104**

(Titus Maccius) **Plautus** Plautus (röm. Komödiendichter, um 254 - um 184 v. Chr. Seine Komödien sind von griech. Vorbildern beeinflusst. Die Motive und Charaktere wurden jedoch der röm. Lebenswirklichkeit angepasst. Lieder und Flötenspiel ergänzten die gesprochenen Dialoge. Bedeutende Dichter wie Shakespeare, Kleist, Molière oder Lessing ließen sich von den Werken des Plautus inspirieren.) **43. 44. 100**

plēbēī, ōrum *m Pl.* Plebejer (größter Teil der röm. Bevölkerung; zunächst ohne politischen Einfluss, im Laufe der Ständekämpfe im 5./4. Jh. v. Chr. setzten sie immer mehr Rechte durch.) **59. XX**

(Gāius) **Plīnius** (Caecilius Secundus) **Māior** Plinius der Ältere (röm. Schriftsteller, Gelehrter und Feldherr, um 23 – 79 n. Chr. Sein naturwissenschaftliches Werk „Naturalis historia" (Naturgeschichte) ist eine Zusammenfassung des naturkundlichen Wissens seiner Zeit in 37 Büchern. Plinius d. Ä. starb 79 n. Chr. beim Ausbruch des Vesuv. Sein Neffe, Plinius der Jüngere, überlieferte die Todesumstände seines Onkels in einem Brief an Tacitus.) **IX**

(Gāius) **Plīnius** (Caecilius Secundus) **Minor** Plinius der Jüngere (röm. Schriftsteller, 61 – ca. 113 n. Chr. Er veröffentlichte eine große Sammlung literarischer Briefe, die ein meisterhaftes Bild der Kaiserzeit in allen Lebensbereichen vermitteln; die berühmtesten Briefe beschäftigen sich mit dem Vesuvausbruch des Jahres 79 n. Chr.) **IX**

Plūtō, ōnis *m* Pluto (griech. Hades; Gott der Unterwelt) **30. XVIII. 57. 58. XIX. 59. 66**

Poenī, ōrum *m Pl.* die Punier, Karthager **62–64. 84**

Polynīcēs, is *m* Polyneikes (Sohn des Ödipus, Bruder der Antigone; er und sein Bruder Eteokles brachten sich im Kampf um die Herrschaft über Theben gegenseitig um.) **81**

Pompēiānī, ōrum *m Pl.* die Bewohner von Pompeji, die Pompejaner **19. 20–24. 27. 28**

Pompēī, ōrum *m Pl.* Pompeji (Stadt in Kampanien am Golf von Neapel; wurde 79 n. Chr. beim Ausbruch des nahegelegenen Vulkans Vesuv verschüttet. Erst in der Neuzeit wurde die Stadt – die durch die Lavamassen nahezu perfekt konserviert wurde – wiederentdeckt und ausgegraben. Im 1. Jh. n. Chr. war Pompeji eine blühende Hafen- und Marktstadt. Zur Zeit des Untergangs hatte Pompeji schätzungsweise 20.000 Einwohner. Ca. 2.000 Menschen sollen beim Vesuvausbruch umgekommen sein.) **7. 16. 18. VI. 19. 20. VII. 22–27. IX. 28**

(Gnaeus) **Pompēius** (Magnus) Gnaeus Pompeius Magnus (106–48 v. Chr., einflussreicher Politiker und Feldherr) **45**

pōns Milvius *m* die Milvische Brücke (Tiberbrücke an der Via Flaminia, 5 km nördlich von Rom. Hier fand 312 n. Chr. die Entscheidungsschlacht zwischen den Heeren der Kaiser Maxentius und Konstantin statt.) **68**

Poseidōn *m* (vgl. „Neptunus")

praetor, ōris *m* Prätor (röm. Beamter; den Prätoren oblagen die Rechtsprechung und Rechtspflege. Mindestalter für die Prätur war die Vollendung des 40. Lebensjahres. Der praetor urbanus war in Rom selbst tätig; für Streitigkeiten zwischen einem röm. Bürger und einem Fremden wurde das Amt des praetor peregrinus geschaffen. Ehemalige Prätoren wurden in die Provinzen als Statthalter entsandt (pro praetore).) **75. 95. 96. 98**

Priamus Priamos (König von Troja zur Zeit des Trojanischen Krieges, Vater des Paris) **31**

prīnceps, cipis *m* der Prinzeps („der Erste", „der Führende"; allgemein versteht man unter princeps eine führende, einflussreiche Persönlichkeit. Im röm. Senat wurde der angesehenste Senator als princeps senatūs bezeichnet; er hatte das Recht, bei Senatssitzungen als Erster seine Meinung zu äußern bzw. seine Stimme abzugeben. Seit Augustus ist princeps die selbstgewählte Bezeichnung des röm. Kaisers.) **95. 97**

prīncipātus, ūs *m* Prinzipat (Der bzw. das Prinzipat ist die seit Augustus übliche Bezeichnung der röm. Kaiserherrschaft (vgl. „princeps").)

Procās, ae *m* Prokas (König von Alba Longa, Vater des Amulius und des Numitor) **XI. 34**

Promētheus, eī *m* Prometheus (Sohn des Titanen Iapetos; erschuf die Menschen aus Lehm und Wasser und schenkte ihnen das – eigentlich den Göttern vorbehaltene – Feuer. Er wurde dafür auf Geheiß des Jupiter von Vulcanus an den Kaukasus geschmiedet.) **54. 55. XVIII. 56**

(Sextus) **Propertius** Properz (röm. Liebesdichter der augusteischen Zeit, um 49 – um 15 v. Chr.; Properz gehört mit Tibull und Ovid zu den drei Vertretern der röm. Liebeselegie; vier seiner Gedichtbücher sind erhalten.) **86**

Proserpina Proserpina (griech. Persephone; Tochter des Jupiter und der Ceres; wird von Pluto in die Unterwelt entführt und zu seiner Gemahlin und Königin der Unterwelt gemacht. Zwei Drittel des Jahres darf sie zu ihrer Mutter und zur Oberwelt zurück.) **XVIII. XIX**

Pyrenaeī (montēs) *m Pl.* die Pyrenäen (Gebirgszug zwischen Spanien und Frankreich) **63**

Pythagorās, ae *m* Pythagoras (griech. Philosoph und Mathematiker aus Samos, um 570 v. Chr. – um 510 v. Chr.; die von ihm gegründete Schule der Pythagoreer glich einer religiösen Lebensgemeinschaft. Pythagoras, der schon zu Lebzeiten göttliche Verehrung genoss, lehrte die Unsterblichkeit der Seele und die Seelenwanderung. Der geradeste Weg zur Gottheit ist nach pythagoreischer Auffassung die intellektuelle Tätigkeit, d. h. die Seele soll gereinigt werden durch intensive Beschäftigung mit Arithmetik, Geometrie, Astronomie und Musikwissenschaft. Nach Pythagoras sind die Prinzipien der Mathematik die Prinzipien aller Dinge („Alles ist Zahl!").)

Quirīnālis (collis) *m* der Quirinal (einer der sieben Hügel Roms) **40**

Rēa Silvia Rea Silvia (die Tochter des Königs Numitor von Alba Longa. Ihr Onkel Amulius, der seinen Bruder Numitor vom Thron gestürzt hatte, machte Rea zur Vestapriesterin, um zu verhindern, dass sie Kinder bekäme, denn die Vestalinnen mussten unverheiratet und kinderlos bleiben. Der Kriegsgott Mars durchkreuzte diese Pläne und zeugte mit ihr Romulus und Remus.) **XI. 34. 36**

Remus Remus (Zwillingsbruder des Romulus, von dem er erschlagen wurde) **V. XI. 34–36. XII. 37. 47**

Rhēgium Rhegion (Stadt an der Stiefelspitze Italiens; im 8. Jh. v. Chr. von griech. Siedlern gegründet; heute Reggio di Calabria; Heimat des Dichters Ibykos) **80**

Rōma Rom **7 ff.**

Rōmānī, ōrum die Römer **9 ff.**

Rōmānus, a, um römisch; Römer(in) **14 ff.**

Rōmulus Romulus (sagenhafter Gründer und erster König Roms im 8. Jh. v. Chr. Zwillingsbruder von Remus. Wurden als Kinder von ihrem Großonkel Amulius ausgesetzt. Eine Wölfin säugte sie jedoch, bis der Hirte Faustulus sich ihrer annahm. Als die Zwillinge erwachsen waren, stürzten sie Amulius und setzten dessen Bruder Numitor, ihren Großvater, wieder in die Herrschaft ein. Zum Dank gestattete Numitor ihnen, eine Stadt zu gründen. Romulus und Remus gerieten jedoch in Streit, wer der Namensgeber der Stadt sein würde. Bei diesem Streit erschlug Romulus seinen Bruder. Gegründet wurde Rom der Sage nach am 21. April 753 v. Chr.) **V. 32. XI. 34–36. XII. 37–39. XIII. 41. 47**

Sabīnī, ōrum *m Pl.* die Sabiner (Bewohner des Berglandes nördlich von Rom; sie wurden – wegen des in Rom herrschenden Frauenmangels – auf Geheiß des Romulus ihrer Töchter beraubt. Als die Sabiner Rom angriffen, drängten sich die Frauen auf das Schlachtfeld und beschwichtigten die gegnerischen Parteien.) **38. 39. XIII. 40**

Saguntum Sagunt (Stadt im Osten Spaniens. Die wirtschaftlich bedeutende Stadt war mit Rom gegen Karthago verbündet. 219 v. Chr. eroberte Hannibal die Stadt und löste damit den 2. Punischen Krieg aus.) **62. 63**

Salamīs, īnis *f* Salamis (griech. Insel, der attischen Küste vorgelagert) **XXVI**

Salomōn, ōnis *m* Salomon (Sohn des biblischen Königs David; um 960–920 v. Chr. dritter König des Reiches Israel. Seine Weisheit und Gerechtigkeit sind sprichwörtlich. Besonders bekannt ist die im Alten Testament überlieferte Geschichte des Salomonischen Urteils (1 Könige 3, 16–28).) **75**

saltus Teutoburgiēnsis *m* der Teutoburger Wald (vermeintlicher Schauplatz der Schlacht zwischen Varus und Arminius im Jahr 9 n. Chr., die der Cheruskerfürst für sich entschied. Der genaue Ort der Schlacht wurde bei Kalkriese in der Nähe von Osnabrück lokalisiert.)

Samarītānus Samariter (Die Samariter bzw. Samaritaner bilden eine Religionsgemeinschaft, die wie das Judentum aus dem Volk Israel hervorgegangen ist.) **XXII**

Samus *f* Samos (griech. Insel an der jonischen Küste; Heimat des Philosophen Epikur) **XXXI**

Sapphō, Sapphūs *f* Sappho (griech. Lyrikerin von der Insel Lesbos, um 600 v. Chr.; Zeitgenossin des Dichters Alkaios. Sappho gilt als die bedeutendste Lyrikerin der Antike. Sie stammte aus einem mytilenischen Adelsgeschlecht und musste im Zuge politischer Wirren nach Sizilien ins Exil gehen. Später kehrte sie nach Lesbos zurück und versammelte dort eine Gruppe von Schülerinnen um sich. Sie unterrichtete die jungen adeligen Frauen in Poesie, Musik, Gesang und Tanz und trat mit ihnen bei Festen zu

Ehren der Götter auf. Zum Werk der Sappho gehörten Götterhymnen, Hochzeits- und Liebeslieder. Viele Dichter nahmen sich die Werke Sapphos zum Vorbild, so z. B. die röm. Dichter Horaz und Catull. Der griech. Philosoph Platon schätzte Sapphos Lyrik so sehr, dass er sie als „zehnte Muse" bezeichnete.) **79. XXVI. 86**

Sardinia Sardinien (nach Sizilien die zweitgrößte Insel im Mittelmeer. Infolge des 1. Punischen Krieges wurde die strategisch wichtige Insel 227 v. Chr. zur röm. Provinz.)

Sāturnus Saturn (röm. Gott der Fruchtbarkeit, besonders des Ackerbaus. In seinem Tempel auf dem Forum Romanum war das aerārium, in dem die Staatskasse, das Staatsarchiv und die Feldzeichen der röm. Legionen aufbewahrt wurden.) **11. IV**

(Publius Cornēlius) **Scīpiō** (Āfricānus māior), Scīpiōnis *m* Scipio (röm. Politiker und Feldherr; im Jahr 206 v. Chr. hat er die Karthager aus Spanien vertrieben; Sieger über Hannibal 202 v. Chr. in der Schlacht bei Zama, erhielt daraufhin den ehrenden Beinamen Africanus.) **62**

(Publius Cornēlius) **Scīpiō** (Aemiliānus Āfricānus minor), Scīpiōnis *m* der jüngere Scipio (röm. Politiker und Feldherr, 185–129 v. Chr.; zur Unterscheidung von seinem Adoptivgroßvater, dem älteren Scipio Africanus, wird er Scipio Aemilianus oder „der jüngere Scipio" genannt. Im 3. Punischen Krieg (149–146 v. Chr.) eroberte er Karthago und zerstörte die Stadt auf Weisung des Senats bis auf die Grundmauern. Wie sein Adoptivgroßvater vor ihm erhielt Scipio den ehrenden Beinamen Africanus. Er und sein Freund Laelius standen in Kontakt mit bedeutenden Intellektuellen – wie z. B. dem griech. Geschichtsschreiber Polybios, dem Philosophen Panaitios und den Dichtern Lucilius und Terenz.) **84. 86**

Sebastiānus der hl. Sebastian (3. Jh. n. Chr.; Sebastian war Hauptmann der Prätorianergarde am Hof von Kaiser Diokletian. Der Legende nach ließ Diokletian ihn, als er von Sebastians christlichem Glauben erfuhr, von numidischen Bogenschützen erschießen.) **67**

senātor, ōris *m* der Senator (Mitglied des röm. Senates) **18. 19. 28. 29. 48. 59. 60. XX. 64. XXI. 83. 84. 95. 96. 98**

senātus, ūs *m* der Senat (die wichtigste politische Institution der röm. Republik. Er bestimmte die Richtlinien der Politik, erließ Gesetze, kontrollierte die Beamten und verwaltete die Staatsfinanzen. Die Senatsversammlung wurde von rund 300 Senatoren gebildet. In der Spätzeit der Republik wurde die Mitgliederzahl auf bis zu 900 erweitert. Die Senatoren setzten sich ursprünglich zusammen aus den „senēs", also älteren und erfahrenen Männern, sowie den „patrēs", den Oberhäuptern des röm. Adels. Zeichen der Senatorenwürde waren ein breiter Purpurstreifen auf der Toga und ein goldener Siegelring. Die Senatssitzungen waren öffentlich und fanden zweimal im Monat in der Kurie statt. Senatsbeschlüsse wurden niedergeschrieben und im Saturntempel aufbewahrt. In der röm. Kaiserzeit existierte der Senat weiter, die meisten senatorischen Rechte jedoch gingen in die Hand des Kaisers über. Der Rang des Senators wurde nun zum Ehrentitel, der verdienten Personen aus dem ganzen Reich verliehen wurde.) **59. 61. 64. 68. 84. 95. 97. XXXII**

(Lūcius Annaeus) **Seneca,** ae *m* Seneca (röm. Schriftsteller, Politiker und Philosoph mit Nähe zur Lehre der Stoiker, 4 v. Chr. – 65 n. Chr.; Agrippina machte ihn zum Erzieher und Berater ihres Sohnes Nero. Nachdem er seinen politischen Einfluss verloren und sich an einer Verschwörung gegen Nero beteiligt hatte, musste er auf Befehl des Kaisers 65 n. Chr. Selbstmord begehen. Seneca verfasste zahlreiche philosophische Schriften und Tragödien, die das europäische Theater maßgeblich beeinflusst haben.) **VIII**

Servius Tullius Servius Tullius (sechster König Roms; errichtete im 6. Jh. v. Chr. den ersten röm. Mauerring; wurde von seinem Nachfolger Tarquinius Superbus ermordet.)

Sicilia die Insel Sizilien (größte Insel des Mittelmeeres, an der „Stiefelspitze" Italiens gelegen, wurde 241 v. Chr. erste röm. Provinz.) **9. 10. XVIII. 62. 71. 79**

Sīsyphus Sisyphos (Gründer und König von Korinth. Wegen seiner Freveltaten muss er im Tartarus auf ewig büßen.) **58. 59**

Sōcratēs, is *m* Sokrates (griech. Philosoph aus Athen, 470 – 399 v. Chr. Seine philosophische Tätigkeit bestand vor allem in dem Gespräch mit seinen Mitbürgern, mit dem Ziel, deren Meinungen über moralische Grundfragen kritisch zu prüfen und Scheinwissen als solches zu entlarven (sokratische Fragetechnik). Durch seine auf Dialog beruhende, unablässige Suche nach der Wahrheit und seine Auseinandersetzung mit Grundfragen menschlicher Existenz hat er das abendländische Denken entscheidend beeinflusst.)

Sōl, Sōlis *m* Sol (griech. Helios; der Sonnengott) **77**

Solōn, ōnis *m* Solon (um 600 v. Chr.; athenischer Gesetzgeber und Lyriker; einer der „Sieben Weisen". Als Reformer und Streitschlichter beseitigte er in Athen die Schulden der armen Kleinbauern, unterteilte die Bevölkerung in vier Klassen und richtete ein Volksgericht ein, an das sich jeder freie Athener wenden konnte. Nach Durchsetzung seines Reformwerks soll er die Athener zur Einhaltung der neuen Gesetze verpflichtet und das Land verlassen haben. Sagenhaft wurde sein Besuch beim lydischen König Krösus.) **78. 79. 86**

Sophoclēs, is *m* Sophokles (griech. Tragödiendichter aus Athen, 497–406 v. Chr.; von seinen angeblich 130 Dramen sind sieben erhalten, unter anderem die „Antigone" und „König Ödipus". Seine Stücke zeugen von einer tiefempfundenen Religiosität: Die Götter zwingen dem menschlichen Leben ihre Gerechtigkeit auf, sodass der Weise am besten fährt, wenn er in Übereinstimmung mit dem göttlichen Willen handelt. Geschieht dies nicht, entsteht der tragische Konflikt.) **81. XXVII**

Sphinx, Sphingis *f* die Sphinx (Fabelwesen der griech.-ägypt. Mythologie. Die Sphinx war ein Ungeheuer mit dem Rumpf eines geflügelten Löwen und dem Oberkörper

Zeittafel

vor Christus

um 900	Erste Hirtensiedlungen auf dem Palatin
8. Jh.	Entstehung der homerischen Epen „Ilias" und „Odyssee"
753	sagenhaftes **Gründungsdatum der Stadt Rom**
um 750	**Beginn der griechischen Kolonisation:** Einwanderung der Griechen nach Unteritalien und Sizilien
um 550	**Herrschaft etruskischer Könige in Rom;** Errichtung des **Circus Maximus** und der ersten römischen Stadtmauer
510/509	Vertreibung des Tarquinius Superbus: Ende der etruskischen Königsherrschaft und **Beginn der römischen Republik**
507	Einweihung des Tempels des Iuppiter Capitolinus
450	**Zwölftafelgesetz:** Erste schriftliche Fixierung des römischen Rechts
387	Schlacht an der Allia und Plünderung Roms durch die Gallier unter Brennus
367	Zulassung der Plebejer zum Konsulat
seit 312	Bau der Via Appia
269	Erste römische Münzprägungen
um 264	Nach zahlreichen Kriegen gegen die umliegenden Völker ist die **römische Herrschaft in Mittel- und Süditalien** gefestigt.
264–241	**1. Punischer Krieg** gegen Karthago
242	Einrichtung der ersten römischen Provinz (Sicilia)
227	Einrichtung der Provinzen Sardinia et Corsica
218–201	**2. Punischer Krieg**
219/218	**Hannibal** zieht durch Spanien bis nach Italien: **Alpenübergang**
216	Schlacht bei Cannae: Verheerende Niederlage der Römer gegen die Karthager
202	Schlacht bei Zama: Sieg der Römer über Hannibal
197	Spanien wird römische Provinz (Hispania).
149–146	**3. Punischer Krieg**
148	Einrichtung der Provinz Macedonia
146	**Zerstörung Karthagos:** Africa wird römische Provinz. Griechenland wird zur römischen Provinz Achaia. **Herrschaft der Römer über den Mittelmeerraum**
129	Einrichtung der Provinz Asia
91–88	Bundesgenossenkrieg: Forderung der italischen Bundesgenossen nach dem römischen Bürgerrecht
59	**Konsulat Cäsars**
58–51	**Eroberung Galliens** durch Cäsar
51	Einrichtung der Provinz Gallia
49–46	**Bürgerkrieg:** Cäsar gegen Pompejus
46–44	Diktatur Cäsars
45	Einführung des julianischen Kalenders
15.3.44	**Ermordung Cäsars**
42	**Schlacht bei Philippi:** Niederlage der Cäsarmörder
31	**Seeschlacht bei Aktium:** Sieg Oktavians über Markus Antonius und Kleopatra
30	Selbstmord des Antonius und der Kleopatra; Ägypten wird römische Provinz.
27	Der Senat verleiht Oktavian den Ehrentitel **Augustus: Beginn des Prinzipats**
um 25	Livius beginnt mit der Herausgabe seines Geschichtswerks „Ab urbe condita".
19 v. Chr.	Veröffentlichung der „Aeneis" Vergils

nach Christus

9 n. Chr.	**„Schlacht im Teutoburger Wald":** Sieg des Cheruskerfürsten Arminius über die Legionen des römischen Feldherrn Varus (Kalkriese bei Osnabrück)
14	**Tod des Augustus**
14–68	**Julisch-Claudisches Herrscherhaus**
um 30	Kreuzigung Jesu
14–37	**Kaiser Tiberius**
37–41	**Kaiser Caligula**
41–54	**Kaiser Claudius**
43	Britannien wird römische Provinz.
54–68	**Kaiser Nero**
um 55	Missionsreisen des Apostels Paulus (u. a. nach Ephesos)
64	**Brand Roms:** erste Christenverfolgungen
66–70	Aufstand der Juden gegen die römische Besatzung
68–69	Vierkaiserjahr (Galba, Otho, Vitellius, Vespasian)
69–96	**Flavisches Herrscherhaus**
69–79	**Kaiser Vespasian**
70	**Eroberung Jerusalems** durch Titus
79–81	**Kaiser Titus**
79	**Vesuv-Ausbruch:** Zerstörung von Pompeji und Herkulaneum
80	Bau des **Kolosseums** beendet
81–96	**Kaiser Domitian**
84	Baubeginn des **Limes** in Germanien
90	Einrichtung der Provinzen Germania superior und inferior
96–192	**Adoptivkaiser**
96–98	**Kaiser Nerva**
98–117	**Kaiser Trajan**
106–115	**Größte Ausdehnung des römischen Reiches** (Schaffung der Provinzen Arabia, Dacia, Armenia, Mesopotamia und Assyria)
117–138	**Kaiser Hadrian**
122	Errichtung des Hadrianswalls in Nordengland
138–161	**Kaiser Antoninus Pius**
161–180	**Kaiser Mark Aurel**
180–192	**Kaiser Commodus**
193–235	**Severisches Kaiserhaus**
235–305	**Soldatenkaiser**
um 250	Christenverfolgung unter den Kaisern Decius und Valerian
284–305	**Kaiser Diokletian**
303–311	Christenverfolgung unter Diokletian
306–337	**Kaiser Konstantin der Große**
313	Toleranzedikt von Mailand: Religionsfreiheit für die Christen
330	**Konstantinopel wird Hauptstadt des römischen Reiches.**
um 375	Die Hunnen erobern im Norden große Teile des römischen Reiches. Beginn der **Völkerwanderung**
379–395	**Kaiser Theodosius der Große**
380	**Das Christentum wird Staatsreligion.**
390	Hieronymus beginnt mit der Übertragung der Bibel ins Lateinische (**„Vulgata"**).
391	Verbot heidnischer Kulte
395	**Reichsteilung** nach dem Tod des Theodosius (Entstehung eines west- und eines oströmischen Reiches)
410	Rom wird von den Westgoten (Alarich) eingenommen.
455	Plünderung Roms durch die Vandalen
476	Absetzung des letzten weströmischen Kaisers durch den Germanen Odoaker: **Ende des weströmischen Reiches**
527–565	**Kaiser Justinian** (Sein Versuch, die Reichseinheit wiederherzustellen, scheitert.)
seit 7. Jh.	Ausbreitung des Islam: Die Provinzen der östlichen Reichshälfte fallen an die Araber.
800	Kaiserkrönung Karls des Großen
1453	**Ende des oströmischen Reiches** (Einnahme Konstantinopels durch die Osmanen)

DAS STADTZENTRUM VON ROM

in der Mitte des 4. Jahrhunderts n. Chr.

1. Tiber
2. Marcellus-Theater
3. Tempel des Apollo und der Bellona
4. Forum Holitorium
5. Tempel des Portunus
6. Rundtempel des Hercules Victor
7. Forum Boarium
8. Pons Aemilius
9. Tempel des Iuppiter Optimus Maximus (Iuppiter Capitolinus)
10. Capitolium
11. Arx
12. Tempel der Iuno Moneta
13. Staatsarchiv (Tabularium)
14. Vespasian-Tempel
15. Tempel der Concordia
16. Trajan-Tempel
17. Tempel der Venus Genetrix
18. Basilica Ulpia
19. Forum Traiani
20. Forum Iulium (Cäsar-Forum)
21. Curia
22. Forum Romanum
23. Saturn-Tempel (Aerarium)
24. Basilica Iulia
25. Septimius-Severus-Bogen
26. Basilica Aemilia
27. Tempel des Castor und Pollux (Tempel der Dioskuren)
28. Cäsar-Tempel (T. des Divus Iulius)

29 Tempel der Vesta
30 Haus der Vestalinnen (Atrium Vestae)
31 Forum Nervae (F. Transitorium)
32 Forum Augusti
33 Tempel des Mars Ultor
34 Tempel des Antoninus Pius und der Faustina
35 Forum Vespasiani (Forum Pacis)
36 Tempel des Romulus (bzw. Tempel des Iuppiter Stator)
37 Maxentius-Basilica (Konstantins-Basilika)
38 Tempel der Pax
39 Titus-Bogen
40 Tempel der Venus und der Roma
41 Kolossalstatue Neros
42 Colosseum (Amphitheatrum Flavium)
43 Titus-Thermen
44 Trajans-Thermen
45 Claudius-Tempel
46 Konstantins-Bogen
47 Aquädukt (Aqua Claudia)
48 Hippodrom des Domitian
49 Kaiserpaläste (Domus Augustana, D. Tiberiana, D. Flavia)
50 Palatin
51 Tempel des Apollon
52 Tempel der Kybele (Magna Mater)
53 Circus Maximus
54 Ianus-Bogen

IMPERIUM ROMANUM
Das Römische Reich
zur Zeit seiner größten Ausdehnung
2. Jh. n. Chr.
km 200 400
Maßstab 1:145000
CALEDONIA
HIBERNIA
Vallum Hadriani
Eburacum
BRITANNIA
Londinium
OCEANUS ATLANTICUS
Mare Germanicum
Oceanus Britannicus
Rhenus
Visurgis
Albis
Viadua
Germania inferior
Colonia Agrippina
Limes
GERMANIA
Belgica
Sequana
Lugdunensis
Lutetia
GALLIA
Mosella
Augusta Treverorum
Mogontiacum
Germania superior
Castra Regina
Liger
Mare Cantabricum
Vesontio
Augusta Vindelicum
Vindobona
Augusta Rauricorum
Raetia
Noricum
Aquitania
Brigantium
Burdigala
Duranius
Lugdunum
Dravus
Garumna
Mediolanum
Aquileia
Pannonia
HISPANIA
Rhodanus
Padus
Tarraconensis
Iberus
Narbonensis
Arausio
Durius
Tolosa
Arelate
Aquae Sextiae
Genua
Salmantica
Numantia
PYRENAEI
Ravenna
ILLYRICU
Lusitania
Narbo
Massilia
Caesaraugusta
Pisae
Dalm
Tagus
Bilbilis
Salonae
Olisipo
Emerita Augusta
Toletum
Tarraco
Corsica
Tiberis
Mare Adriaticum
ITALIA
Anas
Saguntum
Ostia
Roma
Corduba
Valentia
Sardinia
Capua
Baetis
Baleares
Neapolis
Pompei
Paestum
Tarentum
Gades
Baetica
Nova Carthago
Mare Tyrrhenum
Tingis
Mare Ibericum
Mauretania Tingitana
Panormus
Segesta
Hippo Regius
Sicilia
Carthago
Agrigentum
Syracusae
Volubilis
Mauretania Caesariensis
Numidia
Zama
Thapsus
Syrtis minor
Tripolis
Leptis Magna
Africa proconsularis
Syrtis
AFRICA